LOS AÑOS
PERDIDOS
DE JESÚS

LOS AÑOS PERDIDOS DE JESÚS

Pruebas documentales de los 17 años que Jesús pasó en Oriente

Elizabeth Clare Prophet

Porcia Ediciones
Barcelona Miami

Título original:
THE LOST YEARS OF JESUS
by Elizabeth Clare Prophet

Traducción: Rafael Lassaletta
Copyright © 2002 Porcia Ediciones, S.L.
Reservados todos los derechos. Publicado por

PORCIA EDICIONES, S.L.
Enamorados, 68 principal 1ª - Barcelona 08013 (España)
Tel./Fax (34) 93 245 54 76
E-mail: porciaediciones@wanadoo.es

Diseño de cubierta: © 2003 Porcia Ediciones, S.L.
Fotografía portada: *Jesús, de joven, aproximándose a Ladak* de J. Michael Spooner.
La imagen de la cubierta tiene los derechos para su uso reservados. No puede ser usada o copiada en
ningún medio, incluso por fotocopia, sin autorización del autor, quedando sometida cualquier in-
fracción a las sanciones legalmente establecidas.

Para información sobre la magnífica obra de Nicolás Roerich reproducida en este libro, dirigirse a
Nicholas Roerich Museum, 319 West 107th St., New York, NY 10025.

1ª edición: marzo 2003
Depósito legal: B.11.716-2003
ISBN: 84-95513-28-5

Impreso en España por Romanyà/Valls, S.A.
Printed in Spain

Índice

IMÁGENES

A los discípulos del Maestro
que siguen sus pasos

Leh es un lugar extraordinario. Aquí las leyendas unieron los caminos de Buda y de Cristo. Buda pasó por Leh de camino hacia el norte. Issa se comunicó aquí con el pueblo, procedente del Tíbet. Las leyendas se guardan secreta y precavidamente. Es difícil sondearlas, pues los lamas saben más que nadie cómo guardar silencio. Sólo por medio de un idioma común —y no simplemente de una lengua hablada, sino también de un entendimiento interior—, puede uno abordar sus misterios significativos.

NICOLÁS ROERICH

Capítulo I

LOS AÑOS PERDIDOS DE JESÚS

*Análisis de relatos basados en el testimonio
presencial de viajeros que fueron a Himis*

Y hay también otras muchas cosas
que hizo Jesús, las cuales
si se escribieran una por una,
pienso que ni aun en el mundo
cabrían los libros
que se habrían de escribir[...]

JUAN

El caso Issa

Imagina que eres un detective. Llega a tu escritorio un caso inusual. Abres una carpeta amarillenta. No se trata exactamente del caso de una identidad equivocada o de una persona desaparecida. Lo que se busca son unos antecedentes...: unos años perdidos. Y los detalles son escasos.

Fecha de nacimiento: desconocida. Año exacto de nacimiento: también desconocido; algunos lo sitúan entre el año 8 y el 4 antes de Cristo.

Lugar de nacimiento: discutido. Se piensa que fue Belén[1].

El padre, José, era carpintero. Procedía de un noble e ilustre linaje que comenzó con Abraham y que continuó a través de Isaac y Jacob hasta el rey David; luego, a través de Salomón hasta Jacob, el padre de José, esposo de María.

---

[1] Raymond E. Brown: *The Birth of the Messiah*, (Garden City, N.Y.: Doubleday & Co., 1977), págs. 513-516.

Queda establecido por tanto el linaje por descendencia paterna, aunque la paternidad de José es negada con vehemencia por algunos que apoyan la doctrina de un parto virginal. Un relato dice de él que «era, según se supone, el hijo de José», pero rastrea su real origen a través de la genealogía de María, su madre[2].

Aventuras en los primeros años de vida. Después de que su padre tuviera un sueño, huye con ambos padres a Egipto. Regresa a Nazaret, o sus alrededores, unos cuantos años después (de número incierto).

Ya te habrás dado cuenta de en dónde te estás metiendo. Pero eso no tiene sentido. ¿Por qué un expediente sobre Jesús? Sigue leyendo.

Hacia los treinta años de edad, comienza su misión. Fue bautizado por su primo, Juan. Viajó extensamente con un grupo de doce discípulos durante unos tres años. Predicó, curó enfermos, resucitó muertos. Fue acusado por el Sanedrín y por el sumo sacerdote judío Caifás. Sentenciado por el procurador romano Poncio Pilato, en contra de lo que parecía mejor. Crucificado por cuatro soldados romanos. Bajado de la cruz y depositado en la tumba por José de Arimatea y Nicodemo.

Postura ortodoxa: resucitó de entre los muertos al tercer día[3]. Enseñó a los discípulos durante cuarenta días. Luego desapareció de su vista en «una nube». Ascendió a los cielos y se sentó a la derecha de Dios.

Ello entra en contradicción con una tradición del siglo II según la cual pasó muchos años en la Tierra después de la resurrección[4]. Ireneo,

---

[2] Debido a la extensión de esta nota, se ha colocado como apéndice en la página 299.

[3] Para otras opiniones sobre la resurrección, véase John Dart: *The Laughing Savior* (New York: Harper & Row, 1976), págs. 104-106; Elaine Pagels: *The Gnostic Gospels* (New York: Random House, 1979), págs. 3-27; The Secret Book of John, en Willis Barnstone, ed.: *The Other Bible* (New York: Harper & Row, 1984), pág. 53 (citado a partir de ahora como TOB); Basilides, en TOB, págs. 628, 634; The Sethian-Ophites, en TOB, pág. 664; y «Mani and Manichaeism», en TOB, pág. 674.

[4] Existió una tradición durante la época subapostólica y en el siglo II según la cual se produjo un largo intervalo entre la resurrección y la ascensión. Aparecen indicios de ella no sólo en los escritos del eminente padre de la Iglesia Ireneo, quien sostenía que Jesús sufrió a los 30 años pero enseñó hasta que tuvo 40 ó 50 años, sino también en otras obras gnósticas que se refieren a una estancia prolongada en la Tierra después de la resurrección.

padre de la Iglesia, afirma que vivió por lo menos entre diez y veinte años después de la crucifixión:

> Al concluir su trigésimo año sufrió, siendo todavía un hombre joven que no había alcanzado en absoluto una edad avanzada. Que la primera fase de la vida ocupa treinta años, y que ésta se extiende hasta los cuarenta, todo el mundo lo admite; pero entre los cuarenta y los cincuenta un hombre empieza a declinar hacia la vejez, que alcanzó a nuestro Señor mientras desempeñaba el cargo de Maestro, como el Evangelio y todos los ancianos testifican; los que estaban familiarizados en Asia con Juan, el discípulo del Señor, [afirman] que Juan les transmitió esa información [*Contra las herejías*, hacia el año 180][5].

Esa opinión la apoya un texto gnóstico del siglo III de Pistis Sofía:

> Se ha dicho que cuando Jesús se levantó de entre los muertos pasó once años conversando con sus discípulos e instruyéndoles [...][6].

El Apócrifon de Santiago (alrededor del siglo II) afirma que tras la resurrección Jesús se apareció a los doce discípulos y conversaron con él durante 550 días. Más tarde Jesús ascendió. (Véase *Apocryphon of James*, en TOB, págs. 343-349). La Ascensión de Isaías, un texto apócrifo cristiano sobre el Apocalipsis (compuesto en fases en los siglos I y II), «predice» después de los hechos, tal como solía ocurrir en las obras pseudoepigráficas, que Jesús «se levantará al tercer día y permanecerá en este mundo 545 días; y después muchos de los justos ascenderán con él, pues sus espíritus no recibirán sus prendas hasta que el Señor Cristo ascienda y ellos asciendan con él». Posteriormente, en esta obra Isaías dice: «En Jerusalén vi cómo fue crucificado en el árbol, y cómo se levantó al cabo de tres días y se quedó todavía mucho tiempo» (TOB, págs. 527-530).

Una leyenda *Sethian-Ophite* y los escritos valentinianos mencionan que Jesús permaneció en la Tierra durante 18 meses después de la resurrección (ver *The Sethian-Ophites* en TOB, pág. 664; «Valentinius and the Valentinian System of Ptolemaeus», TOB, pág. 613). La discrepancia en estas fechas puede ser indicativa del diferente espacio de tiempo durante los cuales los autores o sus fuentes vieron realmente a Jesús tras la resurrección. O puede que los números sean un intento de realizar numerología divina; Francis Legge: *Forerunners and Rivals of Christianity*, 2 vols. (New Hyde Park, N.Y.: Univeristy Books, 1964), 2:61.

[5] Ireneo, Contra las herejías 2.22.5, en Alexander Roberts y James Donaldson, eds.: *The Ante-Nicene Fathers*, reimpresión americana de la edición de Edimburgo, 9 vols. (Grand Rapids, Mich.: Wm. B. Eerdmans Publishing Co., 1981), vol. 1, *The apostolic Fathers with Justin Martyr and Irenaeus*, págs. 391-392.

[6] G. R. S. Mead, trad.: *Pistis Sophia*, ed. rev. (London: John M. Watkins, 1921), pág. 1.

El impacto que tuvieron su vida y sus enseñanzas es incalculable. Trataba de producir cambios purificando el corazón de los hombres. Denominado el mayor revolucionario.

Aparece este relato de diversas formas en el Nuevo Testamento y en escritos apócrifos. Seguidores actuales: mil cuatrocientos millones, denominados cristianos[7]. La mayor de todas las doctrinas religiosas.

Las naciones cristianas son cultural, económica y políticamente dominantes. La historia humana se ha dividido conforme a su nacimiento: antes de Cristo, después de Cristo. Eso sugiere que su llegada es el eje de la historia.

Toma una inspiración profunda y espira lentamente. Es un caso nada irrelevante. Se trata de una investigación hacia el pasado, de una de las personas más influyentes de la historia. Mira hacia arriba desde tu escritorio, por encima de la máquina de escribir, al calendario que hay en la pared. Es un caso realmente antiguo. Vuelve al expediente. Está lleno de preguntas sin respuesta.

No hay ningún registro de su existencia durante su vida. Si lo hubo, no sobrevivió. Tampoco sobrevivió nada que pudiera haber escrito.

Ningún dato sobre su aspecto físico: altura, peso, color de pelo u ojos. No hay rasgos distintivos[8]. Pocos detalles sobre su niñez. Poca información sobre su familia y vida familiar. Quizá se trasladaron a Menfis, Egipto, poco después de su nacimiento, y vivió allí con su familia tres años[9]. Las leyendas de las Islas [Británicas] dicen que su

---

[7] David B. Barret, ed.: *World Christian Encyclopedia* (Oxford y New York: Oxford University Press, 1982), pág. 3.

[8] W. D. Davies: *Invitation to the New Testament* (Garden City, N.Y.: Doubleday & Co., 1966), págs. 78-79.

[9] El Nuevo Testamento no proporciona información sobre la estancia de la Sagrada Familia en Egipto aparte de la de Mateo 2:13-15, que dice que José «tomó de noche al niño y a su madre y se fue a Egipto, y estuvo allí hasta la muerte de Herodes.». Los textos apócrifos y la tradición cristiana copta, bastante parecidos, señalan los numerosos lugares donde estuvieron Jesús y sus padres durante la estancia en Egipto. «La tradición registra algunos lugares del bajo y el alto Egipto en los que se construyeron iglesias para conmemorar esta visita; algunos de ellos son monasterios de Wadi El Natrun, Mataria y el monasterio de Al Moharrak. Pero el más famoso de estos lugares es Babilonia, la fortaleza romana del Viejo

tío-abuelo José de Arimatea le llevó a Glastonbury cuando era joven. Pudo haber estudiado allí[10].

Lo más desconcertante de todo: aparte de las tradiciones de Glastonbury y de los textos apócrifos[11], ningún registro de ningún

---

Cairo. Dentro de sus muros está la iglesia de "Abu Sarga" (San Sergio), construida sobre una cripta, en la que nuestro Señor habitó durante su estancia en el antiguo barrio judío de Babilonia. También dice la tradición que la iglesia primitiva de la cripta fue construida en la época apostólica. Citando a Butcher: fue el barrio judío de Babilonia, y no hay motivos para dudar de la tradición que explica que José y María permanecieron allí durante la mayor parte de su estancia en Egipto, período cuya duración ha sido calculada con muchas diferencias por los estudiosos occidentales y orientales. Algunos la reducen a seis meses, mientras que otros la extienden de dos a cuatro años o incluso a seis.".» (Hakim Ameen: «Saint Mark in Africa», en *St. Mark and the Coptic Church*. Cairo: Coptic Orthodox Patriarchate, 1968, pág. 8.) «La Sagrada Familia en Egipto», contiene una lista más completa de las iglesias construidas en los lugares en donde se dice que estuvo la Sagrada Familia. El Evangelio de la infancia de Jesucristo, una obra Apócrifa aproximadamente del siglo II, contiene muchos de los mismos elementos encerrados en la tradición copta. Véase Gospel of the Infancy of Jesus Christ, en *The Lost Books of the Bible* (Cleveland: Collins World, 1977) y E. L. Butcher: *The Story of the Church of Egypt*, 2 vols. (London: Smith, Elder & Co., 1847).

[10] Hay por lo menos cuatro tradiciones británicas distintas e independientes que dicen que Jesús viajó a Bretaña cuando era joven, acompañando a José de Arimatea, quien debió ser su tío-abuelo. Según la tradición, José se dedicaba al comercio de estaño y llevó a Jesús con él a Glastonbury y otras ciudades cercanas en sus viajes de negocios. En ese tiempo, había cuarenta universidades druídicas en Bretaña cuyos 60.000 estudiantes englobaban a la nobleza británica así como a los hijos de hombres importantes de toda Europa. Glastonbury era un centro importante de druidismo. Según el reverendo C. C. Dobson, experto en las tradiciones de Glastonbury, las creencias druídicas abarcaban conceptos como el de la Trinidad y presagiaban la llegada de Cristo.

El reverendo Dobson no considera improbable que Jesús estudiara el druidismo. Según escribe: «¿Acaso no es probable que nuestro Señor, trayendo con él la ley mosaica y estudiándola conjuntamente con los secretos orales del druidismo, se preparara para dar su mensaje, el cual iba a producir tanta admiración entre los judíos ancianos?» «En Bretaña habría estado libre de la tiranía de la opresión romana, de la superstición por las interpretaciones erróneas de los rabinos y de la grosería de la idolatría pagana, con sus costumbres bestiales e inmorales. En la Bretaña druídica habría vivido entre personas dominadas por los ideales más altos y más puros, los mismos ideales que él había venido a proclamar.».

Para las leyendas de Jesús en Glastonbury, véase «Following the Grail» y «Did Jesus Go to High School in Britain?» *Heart: For the Coming Revolution*, Winter 1985, págs.4-22, 112-115; C. C. Dobson: *Did Our Lord Visit Britain as They Say in Cornwall and Somerset?* (London: Covenant Publishing Co., 1974); Lionel Smithett Lewis, *St. Joseph of Arimathea at Glastonbury* (Cambridge: James Clarke & Co., 1955); George F. Jowett: *The Drama of the Lost Disciples* (London: Covenant Publishing Co., 1980); y E. Raymond Capt: *The Traditions of Glastonbury* (Thousand Oaks, Calif.: Artisan Sales, 1983).

[11] Ibíd. Dobson cree que Jesús pudo haber regresado a Glastonbury cuando tenía 28 ó 29 años, un poco antes de su misión en Palestina. Como su edad no está especificada en las tradiciones de Glastonbury, Jesús pudo haber ido a Bretaña con José de Arimatea durante los años perdidos. The Arabic Gospel of the Infancy of the Saviour, en *The Ante-Nicene Fathers, vol. 8, Fathers of the Third and Fourth Centuries: The Twelve Patriarchs, Excerpts and Epistles, the Clementina, Apocrypha, Decretals, Memoirs of Edessa and Syriac Documents, Remains of the First Ages*, pág. 415.

tipo sobre dónde estuvo y qué hizo entre los doce y los treinta años, período que recibe el nombre de «los años perdidos de Jesús». Por lo general se piensa que debió estar en Palestina o Nazaret durante todo este tiempo, trabajando de carpintero. Hechos que apoyen esa hipótesis: ninguno.

Te levantas de la mesa de trabajo, vas hacia la ventana y miras al exterior. Estás pensando: «¿Cómo me llegarán a mí estos casos? No hay testigos. Quizá no haya pistas sólidas. La posibilidad de encontrar cooperación y pagar es escasísima».

Es de noche. La ciudad duerme. Te sientes tentado de cerrar el expediente y devolverlo. Pero estás intrigado: *¿Dónde estuvo Jesús durante los años perdidos?* Vas al escritorio, tomas el expediente y te diriges hacia la oscuridad en busca de una pista.

Evidentemente, ese expediente no existe. Ningún detective parecido a Bogart ronda una importante ciudad metropolitana buscando pistas. Y si las hubiera, es cuestionable que pudiera tener éxito. Como sugiere nuestro expediente informativo pero imaginario, simplemente no sabemos mucho sobre Jesús, aunque su vida haya sido el foco de la más detallada, esmerada y agotadora investigación histórica que se ha realizado jamás.

La búsqueda del Jesús histórico empezó a finales del siglo XVIII cuando los estudiosos y teólogos empezaron a examinar críticamente las fuentes principales de la vida de Jesús: los evangelios. La agitación intelectual de la Ilustración, combinada con el desarrollo de la historiografía y el sentido histórico (es decir, el reconocimiento de que era posible y deseable descubrir lo que sucedió realmente en un momento particular en el tiempo), puso en marcha «la búsqueda del Jesús histórico»; una búsqueda que ha dominado la teología crítica del siglo XIX y la mayor parte del XX.[12]

---

[12] James M. Robinson: *A New Quest of the Historical Jesus* (Philadelphia: Fortress Press, 1983), pág. 172.

Los estudiosos discutieron si Jesús era un hombre o un mito, o un poco de ambas cosas; si llegó a establecer una nueva religión o si se trató de una figura escatológica: un precursor que anunciaba el fin del mundo. Debatieron si había una explicación racional para los milagros, si Jesús fue necesario para el desarrollo del cristianismo, si los evangelios sinópticos fueron históricamente más importantes que el evangelio de Juan, e incluso si se podía conseguir algo a través de estudios más exhaustivos. La erudición fue tan intensa y los escritos tan abundantes, que podrían reunirse bibliotecas enteras dedicadas al tema del Jesús histórico.[13]

En la actualidad los estudiosos están prácticamente de acuerdo en que Jesús existió, pero por la escasez de información histórica no se puede redactar una biografía de su vida en el sentido moderno de la palabra.

Los primeros escritos sobre Jesús se dividen en dos categorías: cristianos y no cristianos. Los no cristianos, escritos por Josefo, Plinio el joven, Tácito y Suetonio, entre unos sesenta y noventa años después de la crucifixión, son tan breves que apenas hacen algo más que ayudar a establecer su historicidad.[14]

---

[13] Harvey K. McArthur, ed.: *In Search of the Historical Jesus* (New York: Charles Scribner's Sons, 1969), pág. vii.

[14] La primera de estas referencias aparece en *Las antigüedades de los judíos*, escrito por el historiador judío Flavio Josefo entre los años 93-94 de nuestra era. Josefo registra la muerte «del hermano de Jesús, que fue llamado Cristo, cuyo nombre era Santiago» (*Las antigüedades de los judíos* 20.9.1), a manos del sumo sacerdote Annas, hijo del Annas mejor conocido, también sumo sacerdote y suegro de Caifás, cuyos actos son registrados en Juan 18:13-24.

Otra referencia a Jesús hecha en *Las antigüedades de los judíos* (18.3.3) se considera un embellecimiento de autores cristianos primitivos porque equivale a una confesión de fe, lo cual es poco probable en la pluma de un judío ansioso por complacer a los romanos o a los judíos que estaban en aquel tiempo en conflicto con el cristianismo. Pero aunque el pasaje ha sido casi con toda certeza alterado, atestigua la historicidad de Jesús.

Tácito, el historiador romano aristocrático, describe la persecución, dirigida por Nerón, a los cristianos tras el gran incendio de Roma (año 64 d. C.) en sus *Anales*, publicados hacia el año 116 d. C. Circulaba el rumor de que Nerón había ordenado provocar el incendio. «Por tanto, para acallar el rumor, culpó falsamente, castigándoles con las peores torturas, a las personas comúnmente llamadas cristianos, quienes fueron odiados por sus atrocidades. Cristo, el fundador, fue condenado a muerte como un criminal por Poncio Pilato, procurador de Judea, durante el reinado de Tiberio [...].» (Tácito, Anales 15.44.)

La principal fuente de información sobre Jesús son los evangelios, escritos probablemente entre los años 60 y 100 de nuestra era. Aunque de inmenso valor histórico, los estudiosos afirman que nunca trataron de ser biografías, juicio que ha de ser reconsiderado a la luz del hecho de que posiblemente no tenemos los escritos de los evangelistas y los apóstoles en su forma original no corregida.

Con la excepción de algunos fragmentos en papiros del siglo II, los manuscritos de los evangelios más antiguos que se conocen pertenecen al siglo IV. Además, los textos de los evangelios se hallaban en un estado flexible, variable, es decir, sometidos a cambios que habrían de realizar los copistas, por razones teológicas o de otra índole, hasta que fueron estandarizados, hacia mediados del siglo IV. En consecuencia, no tenemos ningún modo de afirmar si hemos recibido los evangelios intactos o hasta qué punto han sido corregidos, interpolados, sometidos a errores de los escribanos, o alterados de cualquier otro modo para satisfacer las necesidades de la ortodoxia, mientras la Iglesia luchaba para contener las llamadas herejías, como el gnosticismo[15].

Los descubrimientos de una biblioteca gnóstica en Nag Hammadi, Egipto, realizado por Mohamed Alí al-Sammán, un campesino árabe, en 1945, y de un fragmento de un «evangelio secreto» de san Marcos, en el desierto judío de Mar Saba, por Morton Smith en 1958, sugieren que los primitivos cristianos poseían un cuerpo de escritos y tradiciones sobre la vida y enseñanzas de Jesús, más amplio y diverso del que se nos ha entregado con el Nuevo Testamento.[16]

En el año 111 d. C., Plinio el Joven, estadista romano, envió una carta ahora famosa al emperador Trajano preguntándole cómo debía tratar a los cristianos que cantaban «himnos a Cristo, como si fuera un dios» (Plinio el Joven: *Cartas* 10.97). Suetonio, otro historiador romano, registró la expulsión de Roma de los judíos, que Claudio llevó a cabo tras los alborotos instigados por «Chrestus», lo que se considera una evidente corrupción de Christus (Suetonio: *Vita Claudii*, 25.4).

[15] Entrevista telefónica con James A. Sanders, profesor de Estudios Intertestamentales y Bíblicos, School of Theology de Claremont, California, 7 de septiembre de 1984.

[16] Ibíd.; James M. Robinson, ed.: *The Nag Hammadi Library in English* (New York: Harper & Row, 1977), págs. ix, 1-25; Morton Smith: *The Secret Gospel* (New York: Harper & Row, 1973); Elaine Pagels: *The Gnostic Gospels* (New York: Random House, 1979), págs. xiii-xxxvi. Algunos de los evange-

Aunque las reseñas biográficas contemporáneas sobre personajes históricos famosos abundan en detalles puramente personales (podemos saber cuántos cigarros fumaba diariamente Winston Churchill y lo que comía Mahatma Gandhi), los evangelios no dicen cuál era el aspecto de Jesús, sólo proporcionan los más vagos datos geográficos y cronológicos, e incluso dejan en vilo la cuestión de cuál era exactamente su ocupación[17].

Los estudiosos creen que Jesús era carpintero. José lo era, y en aquel tiempo era costumbre que un hijo continuara la profesión de su padre. El lenguaje de carpinteros, pescadores y otras personas comunes está encerrado en las palabras de Jesús tal como queda registrado en los evangelios[18]. Pero no hay ninguna prueba concluyente de que Jesús fuera carpintero. De hecho, Orígenes puso objeciones a esa idea basándose en que «el propio Jesús no es descrito como carpintero en ninguna parte de los evangelios aceptados por las Iglesias»[19].

Los escritos apócrifos dicen que mientras Jesús crecía en Egipto y en Palestina realizó muchas curaciones y otros milagros. En una ocasión ordenó a una serpiente que había mordido a un joven, Simón el Cananita, «que succionara todo el veneno que había introducido en el chico». La serpiente le obedeció. Jesús la maldijo e «inmediatamente estalló y murió». Jesús tocó entonces a Simón y lo sanó. En otros pasajes, Jesús curó el pie de un muchacho, llevó agua en su

---

lios gnósticos pueden basarse en tradiciones anteriores a los evangelios. Por ejemplo, el evangelio de Tomás contiene frases de Jesús utilizadas en los evangelios pero en una forma más antigua. El fragmento del evangelio secreto de Marcos se incluye en una carta atribuida a Clemente de Alejandría. Dice la carta que tras el martirio de Pedro, Marcos fue a Alejandría donde «compuso un evangelio más espiritual para el uso de los que estaban siendo perfeccionados» (Smith: *The Secret Gospel*, págs. 14-15). Aunque el descubrimiento del profesor Smith es muy controvertido y originalmente topó con mucho escepticismo, Birger A. Pearson, profesor de Estudios Religiosos de la Universidad de California, en Santa Bárbara, destaca que «muchos estudiosos, quizá la mayoría, aceptarían ahora la autenticidad del fragmento de Clemente, incluyendo lo que dice sobre el evangelio secreto de Marcos.» (entrevista telefónica el 4 de septiembre de 1984).

[17] Davies: *Invitation to the New Testament*, págs. 78-79.

[18] Entrevista telefónica con James M. Robinson, profesor de religión y director del Institute for Antiquity and Christianity en la Claremont Graduate School, Claremont, California, primavera de 1983.

[19] Brown: *The Birth of the Messiah*, pág. 538, n. 15.

manto, alargó una viga de madera para ayudar a José en su trabajo de carpintero y modeló doce gorriones con arcilla, dándoles vida con una palmada.[20]

Estos relatos proporcionan una cierta información sobre las primeras tradiciones cristianas acerca de la infancia de Jesús, mientras que sólo cuatro de los ochenta y nueve capítulos de los evangelios, dos de Mateo y dos de Lucas, describen la vida de Jesús anterior a su ministerio. Conocidos como los relatos de la infancia, se detienen en la genealogía de Jesús, su concepción y nacimiento, y en una serie de acontecimientos familiares, como la Anunciación, la llegada de los Magos de Oriente, la visita de los pastores al pesebre, la circuncisión, la presentación en el Templo de Jerusalén, la huida a Egipto, donde permaneció la familia hasta la muerte de Herodes en el año 4 a.C., y el regreso a Nazaret.[21]

Tras estos acontecimientos extraordinarios, la vida de Jesús queda cubierta por la oscuridad hasta el inicio de su misión. En realidad, sólo en el evangelio según Lucas se registran otros dos sucesos: su crecimiento físico y espiritual, y su visita, a los doce años, al Templo de Jerusalén con ocasión de la Pascua.

En una viñeta breve pero poderosa, Lucas se refiere al regreso a Nazaret de sus padres. Tras asistir a la fiesta de la Pascua, José y María se dieron cuenta, de pronto, de que Jesús se había perdido, por lo que regresaron a la ciudad y «le hallaron en el templo, sentado en medio de los doctores de la ley, oyéndoles y preguntándoles. Y todos los que le oían, se maravillaban de su inteligencia y de sus respuestas». Cuando María se lo reprochó, Jesús contestó: «¿No sabíais que en los negocios de mi Padre me es necesario estar?»[22].

---

[20] «Gospel of the Infancy of Jesus Chirst» (18:14, 16-17), en *The Lost Books of the Bible*, pág. 55; véase Edgar Hennecke: *New Testament Apocrypha*, 2 vols., ed. Wilhelm Schneemelcher (Philadelphia: Westminster Press, 1963).

[21] Mateo 1, 2; Lucas 1, 2.

[22] Lucas 2:46-49.

Jesús fue entonces a Nazaret con sus padres «sujeto a ellos»[23]. De nuevo desciende el velo, oscureciendo todas las actividades de Jesús durante aproximadamente los diecisiete años siguientes, hasta que es bautizado por Juan en el río Jordán a la edad de treinta años.

El evangelio según Lucas sólo contiene un verso de transición: «Y Jesús crecía en sabiduría y en estatura, y en gracia para con Dios y los hombres.»[24] Cuando todo se ha dicho y hecho, como el estudioso cristiano Kenneth S. Latourette señala: «Los datos auténticos de su vida y enseñanzas son tan breves que podrían imprimirse fácilmente en un solo número de uno de nuestros diarios, y en éstos, una parte sustancial del espacio estaría dedicada a los últimos días de su vida»[25].

¿Por qué no escribió nadie de un modo más completo sobre la vida de Jesús? Los estudiosos han pensado mucho en esa cuestión. El doctor John C. Trever, director del Proyecto de Pergaminos del Mar Muerto de la School of Theology de Claremont, California, cree que la escasez de información es una ironía de la historia, el resultado sociológico natural de un pueblo con inclinaciones religiosas, no académicas ni históricas.[26]

Por causa de nuestra educación y cultura, tendemos por naturaleza a ver las cosas desde un punto de vista histórico. Queremos saber «lo que sucedió». Pero tal como se dice en el *Dictionary of the History of Ideas* («Diccionario de la historia de las ideas»), «los primeros cristianos al parecer dejaban muy poco lugar a la historia mundana; en cierto sentido, eran demasiado de otro mundo, estaban demasiado absortos en la vida espiritual»[27].

Como muchos otros estudiosos, el Dr. Trever teoriza acerca de los primeros cristianos, los cuales, esperando el retorno inminente de

---

[23] Lucas 2:51.

[24] Lucas 2:52.

[25] Kenneth Scott Latourette: *A History of Christianity*, vol. I: *to A. D. 1500* (New York: Harper & Row, 1975), pág. 34.

[26] Entrevista personal con el Dr. John C. Trever, primavera de 1983.

[27] Philip P. Wiener, ed.: *Dictionary of the History of Ideas* (New York: Charles Scribner's Sons, 1973), 2:470.

Jesús y con él el final de la historia, pensaron probablemente que no era necesario escribir nada. El estudioso del Nuevo Testamento James M. Robinson, autor de *A New Quest of the Historical Jesus* («Nueva búsqueda del Jesús histórico»), cree que la primera generación de seguidores de Jesús conocían ciertamente el aspecto de éste, así como otros muchos datos personales, pero no registraron nada porque estaban interesados en sus enseñanzas, no en sus rasgos personales.

A lo largo de toda esta búsqueda, los estudiosos se han centrado en el ministerio de Jesús, ignorando los años perdidos. No se ha debido a una falta de interés, sino a una falta de pruebas. «Si hubiéramos tenido un pedacito de información [sobre los años perdidos], nos habríamos lanzado sobre ella», dice el Profesor Robinson. «Pero nos vemos como imposibilitados». Utilizando un tópico erudito, se trata de un caso en el que «no hay textos, no hay historia».[28]

La postura tradicional adoptada por los teólogos y estudiosos cristianos es la de que Jesús estuvo en Nazaret o sus alrededores durante los años perdidos, y que no se escribió nada sobre ese período de su vida porque no hizo nada que fuera digno de mención.

En 1894, un periodista ruso, Nicolás Notovitch, publicó un libro, *La Vie inconnue de Jésus-Christ* («La vida desconocida de Jesucristo»), que cuestionaba ese punto de vista. Afirmaba que al viajar por Ladak (el pequeño Tíbet) a finales de 1887, encontró la copia de un antiguo manuscrito budista que decía explícitamente dónde estuvo Jesús en los años perdidos: en la India.

Notovitch es un enigma. Según *The National Union Catalog*, escribió once libros. Sin embargo, casi no se dispone de información biográfica sobre él. Aparentemente ¡sabemos incluso menos sobre él que sobre Jesús! Aunque se ha podido verificar su nacimiento en Crimea en el año 1858[29], no hemos podido localizar registro alguno

---

[28] Entrevista telefónica con el Prof. Robinson.
[29] *Catalogue Général de la Librairie Française (Période de 1906 à 1909)*, voz «Notowitch (Nicolas)».

de su muerte. Pudo ser corresponsal de guerra o periodista, y es cierto que fue confundido por un médico mientras viajaba a Oriente[30].

Notovitch afirmaba su creencia en la religión ortodoxa rusa, pero con toda probabilidad era un converso, pues una breve entrada de la *Enciclopedia Judaica* denota que su hermano Osip Notovitch había nacido judío pero se convirtió a la Iglesia Ortodoxa griega en su juventud.[31]

Escribiendo sobre todo en francés, Nicolás trató los asuntos de estado rusos y las relaciones internacionales en muchas de sus obras, que incluyen, por nombrar sólo algunas, *La pacificación de Europa y Nicolás II, Rusia y la alianza inglesa: un estudio histórico y político*, y *El Zar, su Ejército y su Armada*.

La vida desconocida de Jesucristo fue su primer y, por lo que sabemos, único libro de tema religioso. Contiene una transcripción del texto que afirmó haber descubierto, pero es sobre todo una recapitulación del viaje del descubrimiento. Y éste, si creemos lo que dice en su relato, se produjo por una serie de coincidencias.

En resumen, la historia de Notovitch es la siguiente. Tras la guerra ruso-turca de 1877-78, nuestro aventurero inició una serie de viajes por Oriente. Estaba interesado en los pueblos y la arqueología de la India. Deambulando al azar, llegó a la India cruzando Afganistán. El 14 de octubre de 1887 partió desde Lahore hacia Rawalpindi, se abrió camino por Cachemira y llegó a Ladak. Desde allí pensaba volver a Rusia por el Karakorum y el Turkestán chino.

Por el camino visitó un *gonpa*, un monasterio budista que había en Mulbekh. Gonpa, que literalmente significa «un lugar solitario», es simplemente eso: un lugar de refugio frente a las tentaciones del

---

[30] Edgar J. Goodspeed: *Strange New Gospels* (Chicago: University of Chicago Press, 1931), pág. 10.

[31] Osip (1849-1914) era también periodista. En 1876 adquirió *Novosti*, un pequeño diario que convirtió en una importante publicación política. En 1905 el diario fue confiscado tras publicar un llamamiento revolucionario a favor de un sindicato. Posteriormente Osip huyó de Rusia y murió en el extranjero. [*Encyclopaedia Judaica*, voz «Notovich, Osip Konstantinovich»; *Catalogue Général de la Librairie Française* (Période de 1891 à 1899), voz «Notowitch (O. K.)»]

mundo. Algunos gonpas obtienen su soledad por hallarse situados a una distancia razonable de un pueblo. Otros, como el de Mulbekh, se construyen en la cima de una montaña o sobre un risco.[32]

Mulbekh es la puerta de entrada al mundo del budismo tibetano. Notovitch fue recibido por un lama que le dijo que en los archivos de Lhasa, capital del Tíbet y en aquel tiempo sede del Dalai Lama, había varios miles de antiguos rollos de pergaminos en los que se hablaba de la vida del profeta Issa, nombre oriental de Jesús. Aunque no había ninguno de esos documentos en Mulbekh, el lama dijo que algunos de los monasterios principales tenían copias.

Notovitch estaba decidido a encontrar datos de la vida de Issa, aunque ello significara ir hasta Lhasa. Tras abandonar Mulbekh, visitó varios conventos donde los monjes habían oído hablar de los documentos, pero dijeron que no tenían copias. Llegó pronto al gran convento de Himis, situado a unas 25 millas (40 km.) de Leh, la capital de Ladak.

Himis, al que su fundador había dado el nombre de *Sangye chi ku sung thug chi ten* («el apoyo del significado de los preceptos de Buda»)[33], es el monasterio más grande y famoso de Ladak; también es el escenario de una conocida fiesta religiosa que se celebra anualmente en honor del santo Padma Sambhava. Representa la victoria de Buda sobre las fuerzas del mal, el alejamiento de los espíritus malignos y el triunfo último del bien sobre el mal.

El convento se halla escondido en un valle oculto del Himalaya, a 3.352 metros (11.000 pies) de altura sobre el nivel del mar. Algunos visitantes dicen que trae a la mente visiones de Shangri-La. Por su posición, es uno de los pocos gonpas que se ha librado de la destrucción de los ejércitos invasores de conquistadores asiáticos. En consecuencia, según L. Austine Waddell, «los más interesantes y curiosos

---

[32] L. Austine Waddell: *The Buddhism of Tibet* (Cambridge: W. Heffer & Sons, 1967), págs. 255-56.
[33] Nicholas Notovitch: *The Unknown Life of Jesus Christ*, trad. Virchand R. Gandhi (Chicago: Progressive Thinker Publishing House, 1907), pág. xv; Waddell: *The Buddhism of Tibet*, pág. 257.

objetos, libros, vestidos, máscaras, etc., se encuentran en Himis en mayor cantidad que en cualquier otro monasterio de Ladak»[34].

Al visitar Himis en 1974-75, los tibetólogos David L. Snellgrove y Tadeusz Skorupski fueron informados de que «otros monasterios, por la posición oculta de éste, habían traído a menudo en el pasado sus tesoros aquí para salvaguardarlos, y existe una importante colección alojada en una habitación segura, colección que recibe el nombre de "Tesoro Oscuro" [...] que según se dice se abre sólo cuando el tesorero entrega las llaves a su sucesor»[35].

En Himis, Notovitch presenció una de las numerosas obras de misterios representadas por los lamas. Después preguntó al lama rector si había oído hablar alguna vez de Issa. El lama dijo que los budistas respetan mucho a Issa, pero que nadie sabía demasiado sobre él, salvo los lamas principales que habían leído los datos registrados de su vida.

A lo largo de la conversación, el lama mencionó que entre los múltiples *rollos de pergaminos* existentes en Himis «se encuentran descripciones de la vida y actos del Buda Issa, quien predicó la santa doctrina en la India y entre los hijos de Israel». Según el lama, los documentos, llevados desde la India hasta el Nepal y traídos luego al Tíbet, estaban escritos originalmente en pali, la lengua religiosa de los budistas. La copia de Himis había sido traducida al tibetano.

Notovitch preguntó: «¿Cometería usted un pecado si recitara esa copia a un extranjero?» Aunque el lama no ponía objeción a ello («lo que pertenece a Dios pertenece también al hombre»), no estaba seguro de dónde se encontraban. Le dijo a Notovitch que si alguna vez regresaba al convento estaría encantado de enseñarle esa copia.

Como no quería comprometer su posibilidad de ver el documento por aparentar demasiado interés, pero determinado, sin em-

---

[34] Waddell: *The Buddhism of Tibet*, pág. 282.
[35] David L. Snellgrove y Tadeusz Skorupski: *The Cultural Heritage of Ladakh* (Boulder, Colo.; Prajña Press, 1977), pág. 127.

bargo, a encontrarlo antes de verse obligado a regresar a Rusia, Notovitch abandonó Himis y empezó a buscar un pretexto que le permitiera regresar al monasterio. Varios días después, envió al lama varios presentes consistentes en un reloj despertador, un reloj de bolsillo y un termómetro, con un mensaje en el que expresaba su deseo de visitar Himis de nuevo.

Notovitch dijo que pensaba ir a Cachemira antes de regresar a Himis pero «el destino lo dispuso de otro modo». Cerca del gonpa de Pintak, Notovitch se cayó del caballo, se fracturó la pierna y utilizó esa lesión como excusa para regresar a Himis que estaba sólo a medio día de viaje.

Mientras el ruso convalecía de su lesión, el lama rector consintió finalmente a sus «sinceras súplicas», sacó «dos grandes volúmenes de hojas amarillentas por el tiempo», y leyó en voz alta los párrafos que trataban de Issa. El intérprete de Notovitch tradujo el texto, que el periodista ruso escribió cuidadosamente en un libro de notas.

Según Notovitch, la biografía de Issa estaba compuesta de versos aislados que no tenían título y se hallaban esparcidos sin orden por todo el texto. El autor ruso agrupó los versos y los puso en orden, y publicó el documento varios años más tarde, junto con el relato de su descubrimiento.

El texto se llama *La vida del santo Issa: el mejor de los hijos del hombre*; evidentemente, un título inventado por el propio Notovitch. No es una obra larga: 244 versos dispuestos en 14 capítulos, el más largo de los cuales tiene 27 versos.

Algunos le resultarán familiares a quien conozca el Antiguo y el Nuevo Testamentos: la cautividad entre los egipcios, la liberación de los israelitas por Mossa (Moisés), la reincidencia de los israelitas seguida por invasiones extranjeras, la dominación de Roma y, finalmente, la encarnación de un hijo divino de padres pobres, pero piadosos. Dios habla por boca del niño y gentes de todas partes vienen a escucharle.

La narración salta rápidamente al año décimo tercero de Issa, el primero de los «años perdidos», y la época, según la historia, «en que un israelita debía tomar esposa». La casa de sus padres, a pesar de su humildad, se convirtió en lugar de encuentro para ricos y nobles que deseaban tener como yerno al joven Issa, «famoso ya por sus discursos edificantes en nombre del Todopoderoso».

Pero Issa había puesto su mira en otras metas. Según el manuscrito que publicó Notovitch, abandonó secretamente la casa de su padre, se fue de Jerusalén y, con una caravana de mercaderes, viajó a Oriente para perfeccionarse en la «Palabra Divina» y estudiar las leyes de los grandes Budas.

Dicen que Issa tenía catorce años cuando cruzó el Sind, región que está situada al Sureste del Pakistán actual, en la parte inferior del valle del río Indo, y se estableció entre los «arios»; sin duda, una referencia a los arios que emigraron al valle del Indo a principios del segundo milenio antes de Cristo. Su fama se extendió y los jainitas le pidieron que se quedara con ellos. Pero él fue a Juggernaut, donde fue gozosamente recibido por los sacerdotes brahmanes, quienes le enseñaron a leer y entender los Vedas y a enseñar, curar y realizar exorcismos.

Issa pasó seis años estudiando y enseñando en Juggernaut, Rajagriha, Benarés y otras ciudades santas. Entró en conflicto con los brahmanes y los kshatriyas (las castas sacerdotal y guerrera, respectivamente) por enseñar las sagradas escrituras a las castas inferiores: los vaisyas (granjeros y mercaderes) y los sudras (campesinos y obreros). Los brahmanes decían que los vaisyas estaban autorizados a oír los Vedas que se leían sólo durante las fiestas, y que los sudras no podían hacerlo nunca. Ni siquiera se les permitía mirarlos.

En lugar de obedecer este mandato, Issa predicó contra los brahmanes y los kshatriyas ante los vaisyas y sudras. Conscientes de tal censura, los sacerdotes y guerreros planearon dar muerte a Issa.

Advertido por los sudras, Issa abandonó Juggernaut por la noche y se dirigió hacia los pies del Himalaya, en el Nepal meridional, lugar de nacimiento, cinco siglos antes, del gran Buda Sakyamuni (un título de Gautama), nacido príncipe del clan Sakya, y cuyo nombre significa literalmente el sabio (*muni*) de la tribu Sakya.

Tras seis años de estudio, Issa «se había convertido en un perfecto comentador de las escrituras sagradas». Abandonó entonces el Himalaya, y viajó hacia el Oeste, predicando por el camino contra la idolatría, y regresando finalmente a Palestina a los veintinueve años de edad.

La vida del santo Issa se puede dividir en tres partes. La primera, del capítulo 1 a la mitad del 4, trata de las circunstancias que llevaron a su encarnación, su nacimiento y sus primeros años. La segunda parte, desde el resto del capítulo 4 hasta el 8, detalla los años perdidos, de los trece a los veintinueve, cuando Issa estudiaba en la India y el Himalaya. Y la parte final, capítulos 9 al 14, narra el despliegue de acontecimientos durante su misión en Palestina.

El relato de lo que sucedió cuando Issa regresó a Palestina, aunque es similar a lo que dicen los evangelios, tiene diferencias de suma importancia. Juan el Bautista no aparece en *La vida del santo Issa*. La resurrección se omite, aunque no se niega completamente. Y en una sorprendente inversión (quizá una alteración de la historia que había sido transmitida oralmente desde muy antiguo, traducida y copiada), Pilato, que es aquí claramente el enemigo, trata mediante una serie de intrigas de atrapar a Issa, y finalmente le condena, mientras que los ancianos y sacerdotes judíos no encuentran falta en él.

Pilato teme la popularidad de Issa y la posibilidad de que pueda convertirse en un rey electo. Cuando Issa lleva predicando tres años, Pilato ordena a un espía que le acuse. Issa es arrestado y los soldados romanos le torturan en un esfuerzo vano para extraerle una confesión traicionera.

Enterados de sus sufrimientos, los sumos sacerdotes y ancianos imploran a Pilato que libere a Issa, con ocasión de una gran festividad. Cuando Pilato se niega en redondo a sus súplicas, piden que permita a Issa aparecer ante el tribunal de los ancianos, para que pueda ser absuelto o condenado antes de la fiesta. Pilato consiente a ello.

Issa es juzgado con dos ladrones. Durante el juicio, Pilato le interroga y obtiene en su contra falsos testigos. Issa perdona a los testigos y replica a Pilato, el cual, enfurecido, absuelve a los dos ladrones y condena a Issa a muerte. Los jueces dicen a Pilato: «No tomamos sobre nosotros el gran pecado de condenar a un hombre inocente y absolver a los ladrones», y proceden a lavarse las manos en un recipiente sagrado diciendo: «Somos inocentes de la muerte de este hombre justo.»

Pilato ordena entonces que Issa y los dos ladrones sean clavados en cruces. En el crepúsculo, Issa pierde la conciencia y su alma abandona el cuerpo «para ser absorbida por la Divinidad».

Cansado de la gente, Pilato entrega el cuerpo de Issa a sus padres, quienes lo entierran cerca del lugar de la ejecución. Las multitudes van a rezar ante la tumba de Issa. Tres días más tarde, Pilato, temeroso de una insurrección, envía a sus soldados para que saquen el cuerpo de Issa y lo entierren en otro lugar.

Al día siguiente, la gente encuentra la tumba de Issa abierta y vacía, lo que hace que se extienda inmediatamente el rumor de que «el Juez Supremo ha enviado a sus ángeles para que se lleven los restos mortales del santo en el que habitó en la Tierra una parte del Espíritu Divino». El texto termina con la persecución de los seguidores de Issa, con los discípulos, que se van a predicar y con la conversión de los paganos, y de sus reyes y guerreros.

Esta historia se escribió, supuestamente, tres o cuatro años después de la crucifixión, basándose en relatos llevados a la India por mercaderes que habían presenciado el acontecimiento.[36]

La vida desconocida de Jesucristo fue un éxito inmediato. Se publicaron por lo menos ocho ediciones en Francia en 1894, y en Estados Unidos aparecieron tres traducciones distintas al inglés. Al año siguiente se editaba en Londres otra traducción inglesa. Fue traducido también al alemán, al español, al sueco y al italiano[37].

El libro despertó controversias, para no utilizar una expresión peor. El 19 de mayo de 1894 un crítico del *New York Times* dijo que

---

[36] Nicolás Notovitch: «Résumé» en *The Unknown Life of Jesus Christ*, trad. Violet Crispe (London: Hutchinson and Co., 1895), págs. 206-208.
[37] Goodspeed: *Strange New Gospels*, pág. 11; *The National Union Catalog*, voz «Notovich, Nikolai».

los detalles de la historia de Notovitch no eran «improbables»[38]. Si bien tras admitir eso afirmaba: «Pero si los escépticos creyeran que este relato tibetano o indio de la vida de Cristo es digno de confianza, demostrarían ser muy crédulos».

El crítico sostenía que el descubrimiento de Notovitch no era más importante que «las afirmaciones de los teósofos de que Cristo conocía bien la teología budista», y advertía que una comisión científica inglesa dispuesta a verificar la autenticidad de los documentos originales «perdería su tiempo y su conocimiento científico» tanto si los encontraba auténticos como si no.

Haciéndose eco de la aparición de otra traducción inglesa del libro, el *Times* (4 de junio de 1894) reconocía de nuevo que los documentos podían ser auténticos, pero cuestionaba el que los datos budistas registrados pudieran ser de mayor valor que los cristianos. «Debe recordarse que podemos tener aquí documentos auténticos sin tener datos verdaderos. Los cristianos saben que las doctrinas de Sakya Muni han creado una civilización estéril. Si los infieles creen que los datos budistas son más dignos de ser creídos que los cristianos, son muy crédulos. El descubrimiento de Notovitch, sin embargo, es digno de la atención que está atrayendo y de las discusiones que está provocando»[39].

Otros críticos, que no sólo negaban la autenticidad de los documentos, sino que cuestionaban también el que Notovitch hubiera llegado a ir a Ladak, no fueron tan caritativos. En las páginas del *North American Review*, fechado en mayo de 1894, Edward Everett Hale, importante autor y ministro unitario[40], cuestionaba incluso la existencia del «convento algo mítico» de Himis, «que no encontramos en nuestro registro de establecimientos eclesiásticos budistas cercanos a Leh, la capital de Ladak»[41].

---

[38] «New Publications: The Life of Christ from Tibet», *New York Times*, 19 de mayo de 1894, pág. 3.

[39] «Literary Notes», *New York Times*, 4 de junio de 1894, pág. 3.

[40] De "unitarismo": doctrina protestante que no reconoce en Dios más que una sola persona (Definición del *Diccionario CLAVE de uso del español actual*). [N. de E.]

[41] Edward Everett Hale: «The Unknown Life of Christ», *North American Review* 158 (1894), págs. 594-601.

Afirmaba Hale que Notovitch, quien previamente había escrito una biografía de Alejandro III, era probablemente también el autor de *La vida del santo Issa*. Entre otras cosas, a Hale le costaba creer que en el transcurso de sus viajes un lama «mencionara el hecho, que extrañamente nunca antes había mencionado a otros viajeros, de que en Lhasa había antiguos recuerdos de la vida de Jesucristo».

Tampoco aceptaba Hale la versión del ruso de cómo el lama rector de Himis llegó a enseñarle los documentos. Refiriéndose al acontecimiento, Hale escribió: «Se vio obligado a buscar de nuevo la hospitalidad del convento de Himis, y mientras las partes rotas se estaban soldando, supo llevar habilidosamente la conversación hacia los viejos manuscritos».

Pese al hecho de que «este habilidoso cambio de conversación», según Hale, difiere sobremanera de las «sinceras súplicas» de Notovitch —afirmó—, «es como si un delegado budista ante el Parlamento de las Religiones hubiera sido herido al ver un partido de fútbol en Princeton y el Dr. McCosh [Presidente del Colegio de New Jersey, llamado después Universidad de Princeton] le hubiera recibido dándole hospitalidad. ¿Qué cosa más natural podría suceder entonces que dar el Dr. McCosh diera a su huésped un Nuevo Testamento?»

En octubre de 1894, F. Max Müller, profesor de Lenguas Modernas europeas y Filología Comparada en la Universidad de Oxford, salió a la palestra. Müller, corrector del *Rig Veda* y de *The Sacred Books of the East*, era un erudito de renombre y un destacado orientalista. Publicó «La supuesta estancia de Cristo en la India», una crítica de *La vida desconocida de Jesucristo*, en una revista especializada, *Nineteenth Century*[42]. Müller estaba convencido de que *La vida del santo Issa* era un fraude, urdido posiblemente por los lamas de Himis, pero con mayor probabilidad perpetrado por el periodista ruso. De hecho, ni siquiera estaba convencido de que el ruso hubiera llegado a ir a Himis.

---

[42] F. Max Müller: «The Alleged Sojourn of Christ in India», *Nineteenth Century*, octubre de 1894, págs. 515-521.

El profesor de Oxford afirmaba que, tras haber realizado investigaciones sobre el terreno, misioneros moravios y oficiales ingleses informaron de que ningún ruso con el nombre de Notovitch había pasado por Leh y que nadie había estado en Himis con una pierna rota. Especuló sobre la posibilidad de que quizá «Notovitch hubiera viajado disfrazado». Pero entonces argumentó que, suponiendo que «el señor Notovitch sea un caballero y no un mentiroso» y que hubiera ido a Himis, debió de ser una presa demasiado fácil para los monjes budistas, «quienes se divierten engañando a los viajeros curiosos», dado que había sido el primer viajero al que le habían dado los manuscritos que estaba buscando «como gratificación».

Müller admite cierta plausibilidad en algunas partes del relato de Notovitch. El pali era la lengua del budismo y éste llegó a Tíbet por el Nepal. Pero había dos partes de la historia de Notovitch que a Müller le parecían «imposibles, o casi imposibles». La primera es que los judíos que llegaron a la India desde Palestina hacia el año 35 de nuestra era hubieran conocido a las mismas personas que habían conocido a Issa cuando éste era estudiante en Benarés.

Según el erudito de Oxford, el viajero ruso debiera haberse mostrado

un poco más escéptico cuando le dijeron que los mercaderes judíos que llegaron a la India inmediatamente después de la crucifixión, conocían no sólo lo que le había sucedido a Cristo en Palestina, sino lo que le había sucedido también a Jesús, o a Issa, mientras pasaba quince años de su vida entre los brahmanes y budistas de la India, aprendiendo sánscrito y pali y estudiando los vedas y el Tripitaka. A pesar de toda su astucia, a los monjes budistas les hubiera resultado difícil responder a la pregunta de cómo esos mercaderes judíos conocieron a las mismas personas que habían conocido a Issa siendo un estudiante de sánscrito y pali de paso por la India, pues la India es muy grande; y todavía más: cómo aquéllos que habían conocido a Issa cuando era un simple estudiante en la India se dieron cuenta en seguida de que era la misma persona que había sido condenada a muerte por Poncio Pilato.

El otro factor que según Müller desacreditaba *La vida del Santo Issa* era el hecho de que no estaba incluido en las listas del *Kanjur* o el *Tanjur*, los catálogos generales de textos sagrados budistas traducidos y sus comentarios.

Finalmente, Müller disiente de los comentarios que hacía el autor ruso en su prefacio. Notovitch dice que no dudó nunca de la autenticidad de la crónica y que decidió publicarla a su regreso a Europa. Pero antes de hacerlo afirma que se dirigió a varios eclesiásticos bien conocidos, incluyendo a un tal Monseñor Platón, de Kiev, quien supuestamente trató de persuadirle para que no los publicara. Afirma también que enseñó la crónica a un cardenal, cuyo nombre no da, que se hallaba en buenas relaciones con el Papa, al famoso historiador y crítico francés Ernest Renan y al cardenal Rotelli, en París[43].

Este cardenal anónimo al parecer le comentó a Notovitch que se labraría muchos enemigos si publicaba el manuscrito y añadió: «Si lo que le interesa es una cuestión de dinero, puedo pedir que le den una recompensa por sus notas, que le indemnicen de los gastos en que haya incurrido y el tiempo que haya perdido».

El cardenal Rotelli, según se dice, se opuso a la publicación de la obra de Notovitch porque ayudaría a los enemigos de la «doctrina evangélica».

Según Notovitch, Renan, autor de una popular pero muy controvertida *Vida de Jesús*[44], le pidió que le confiara el manuscrito para poder hacer un informe a la Academia. Notovitch dijo que declinaba hacerlo porque, aunque pudiera ser halagador,

> vi en seguida que si aceptaba sólo tendría el honor de haber descubierto la crónica, mientras que el ilustre autor de la *Vida de*

---

[43] Refutación de Notovitch citada y resumida en las págs. 35 a 39 ha sido tomada de su prefacio y de la nota a los editores, publicados originalmente en *La vida desconocida de Jesucristo* y reimpresa en este volumen, págs. 81 a 91.

[44] Renan: *Vida de Jesús*, publicada por EDAF, 1978.

Jesús se llevaría todo el prestigio a través de los comentarios y de la publicación.

Por tanto, como me consideraba suficientemente preparado para publicar la traducción de la crónica y prepararla con mis notas, rehusé amablemente la oferta que así se me hacía. Sin embargo, para no dañar en modo alguno la susceptibilidad del gran maestro, a quien respetaba profundamente, decidí esperar a su fallecimiento, triste acontecimiento que preveía, a juzgar por su estado de salud, debilitado, que no podía hallarse lejano.

Estas explicaciones sólo sirvieron para erosionar la poca credibilidad que Notovitch pudiera tener a los ojos de Müller. El profesor de Oxford escribió: «Cuando un cardenal de Roma le disuade de publicar su libro y se ofrece también amablemente a ayudarle, él sospecha que se trata simplemente de un soborno, y que el cardenal desea acabar con el libro. ¿Por qué habría de ser así?». Para Müller, eso no tenía sentido. «Si la historia de Issa fuera históricamente cierta, eliminaría muchas dificultades. Demostraría de una vez por todas que Jesús fue un personaje real e histórico».

Además, según Müller, la estrategia de Notovitch de esperar a la muerte de Renan, para asegurarse la mejor parte de la gloria por el descubrimiento, era, cuando menos, poco caritativa. Sin embargo, después del considerar todos los aspectos, Müller dijo que prefería suponer que el ruso fue engañado, porque «me resulta más agradable creer que los monjes budistas pueden ser bromistas, a pensar que el señor Notovitch es un pícaro».

Müller termina el artículo con una posdata que contiene una carta de una dama inglesa, cuyo nombre no cita, fechada en Leh, Ladak, el 29 de junio de 1894: «¿Ha oído hablar de un ruso que no pudo entrar en el monasterio pero que al final se rompió una pierna y fue aceptado? Su objetivo era copiar un relato budista de la vida de Cristo que hay allí. Él dice que lo consiguió y que la ha publicado en francés. ¡No hay una sola palabra verdadera en toda la historia! No ha habido ningún ruso allí. Nadie ha sido llevado al seminario en los últimos cincuenta años con una pierna rota: ¡Allí no hay ninguna vida de Cristo!»[45]

Notovitch describió la crítica de Müller como «un intento de destruirme», pero no rehuyó la controversia. Al contrario: se defendió vigorosamente de sus detractores. En una nota «a los editores» de una de sus ediciones inglesas, reproducida en este volumen, reconocía que «una crítica habilidosamente ideada» había predispuesto al público en contra del libro, y respondía allí brevemente a las críticas más importantes.

Primero trató de explicar el motivo de que el lama de Himis, cuando más tarde se le pidió verificación de la existencia de los manuscritos, se negara a hacerlo. Adujo que los orientales tienden a ver a los occidentales como ladrones, e interpretó las investigaciones sobre el famoso manuscrito como una declaración de que deseaban llevárselo. Su éxito en el asunto fue consecuencia de utilizar la «diplomacia oriental»: un enfoque indirecto que veló sus intereses reales y eliminó los miedos del lama.

Como respuesta a las alegaciones de que él nunca había estado en Himis, Notovitch proporcionó los nombres de varias personas que podían verificar su presencia en la región, incluyendo al Dr. Karl Marx (sí, ese es su nombre real), un médico europeo empleado por el gobierno británico que trató con Notovitch en Ladak.

Ante aquéllos que afirmaban que él fue el autor de *La vida del santo Issa*, espetó: «Mi imaginación no es tan fértil».

Puesto que Max Müller tenía fama en el mundo científico, Notovitch dedicó más tiempo a contestar a sus argumentaciones. El peridista ruso reconocía que los manuscritos que él afirmaba haber encontrado no figuraban en el *Tanjur* ni en el *Kanjur*, y si hubiera sido así, «mi descubrimiento no habría sido ni curioso ni raro». Cualquier orientalista hubiera podido ir al Tíbet y, ayudado por los catálogos, encontrar los destacados pasajes.

---

[45] Müller: «Alleged Sojourn of Christ in India», pág. 521.

En su defensa, Notovitch ofrecía dos razones por las que los manuscritos no estaban en esos catálogos. La primera, que los catálogos estaban incompletos. Notovitch decía que había más de cien mil rollos de pergaminos en el monasterio de Lhasa, mientras que, «de acuerdo con la propia declaración del Sr. Max Müller, esas tablas contienen una lista de sólo dos mil volúmenes.» (La refutación de Notovitch no volvía a exponer a la perfección el razonamiento de Müller sobre este punto, pero esencialmente tenía razón: las listas del *Tanjur* y el *Kanjur* sólo contienen una pequeña porción de la literatura budista). Notovitch señalaba también que los versos que publicó en su libro no era probable que se encontraran en ningún catálogo porque se hallaban «esparcidos en más de un libro sin título».

Como respuesta a la acusación de Müller de que sería difícil que los mercaderes judíos encontraran a las personas que habían conocido a Issa siendo estudiante en la India, Notovitch replicó que no eran mercaderes judíos sino indios, quienes presenciaron la crucifixión antes de regresar a su hogar desde Palestina.

Aunque no lo menciona, Notovitch podía haber señalado que había todavía otra razón por la que la conexión entre los mercaderes que regresaban de Palestina y los que habían conocido a Jesús en la India no fuera tan difícil o improbable: la India contaba con un medio o red de comunicación humana muy eficaz. Si Jesús había armado tanto revuelo en la India como sugiere el texto, no es nada improbable que gentes de toda la India le conocieran. Además, no hay motivo para suponer que Jesús, en los aproximadamente quince años que pasó en la India, hubiera causado menos impacto del que tuvo en sus tres últimos años en Palestina. Al fin y al cabo, basándose sólo en esos tres años, su nombre y fama han pasado a las naciones de todo el mundo por el sistema de la comunicación humana.

En el transcurso de su defensa, Notovitch dijo que los versos que le había comunicado el lama de Himis «pudieron ser pronunciados realmente por santo Tomás; pudo tratarse de esbozos históricos trazados por su propia mano o bajo su dirección». No ofrecía prueba alguna de esa afirmación ni daba ninguna indicación de cómo podía ello conciliarse con su afirmación de que los textos se debían a los informes de mercaderes indios que habían sido testigos oculares. Simplemente hacía notar que santo Tomás, san Bartolomé y san Matías afirmaban haber predicado el evangelio en el Tíbet, la India y China, y preguntaba retóricamente si es que ellos no habían escrito nada.

No hay mucha certeza respecto a santo Tomás. Pero según la tradición universal, el cristianismo fue introducido en la India por Tomás en el año 52 d. C. Los cristianos sirios de Malabar, India, afirman que santo Tomás fue su fundador. Y en su estudio *The Indian Christians of St. Thomas: An Account of the Ancient Syrian Church of Malabar*, Leslie Brown señala que «hubo una colonia judía importante en el noroeste de la India en el siglo I, la cual pudo haber atraído la atención de los primeros misioneros cristianos»[46].

Tanto si santo Tomás escribió algo como si no, tal como se dice en *The Catholic Encyclopedia*, «su nombre es el punto de partida de una relevante literatura apócrifa, y hay también ciertos datos históricos que sugieren que parte de este material apócrifo puede contener gérmenes de verdad»[47].

El *Acta Thomae* (Hechos de Tomás), un antiguo manuscrito previo al año 220 de nuestra era, provisto de signos de origen gnóstico, constituye el documento principal concerniente a ese santo. Según *The Catholic Encyclopedia*, en muchos detalles la historia allí contenida es «profundamente extravagante»[48].

En resumen, las *Hechos de Tomás* cuentan cómo los apóstoles, cuando estaban en Jerusalén, se dividieron por suertes el mundo antes de ir a predicar el evangelio. La India le correspondió a Tomás, quien declaró que no podía ir: «¿Cómo voy a poder yo, siendo hebreo, ir entre los indios a proclamar la verdad?».

---

[46] Leslie Brown: *The Indian Christians of St. Thomas* [Los indios cristianos de santo Tomás] (Cambridge: Cambridge University Press, 1982), pág. 47.
[47] *The Catholic Encyclopedia*, voz «Thomas, Saint».
[48] Ibíd.

Jesús se apareció a Tomás y le dijo: «No temas, Tomás; ve a la India y proclama la palabra, pues mi gracia estará contigo». Tomás seguía negándose a ir. Entonces sucedió que Abbanes, un comerciante, había sido enviado por el rey indio Gundaforos para comprar un carpintero y llevarlo a la India. Jesús vio a Abbanes en el mercado, se acercó a él y, según cuenta la historia, para conseguir los fines que tenía pensados para su amado discípulo, vendió como esclavo a Tomás para que sirviera a Gundaforos. Tomás zarpó entonces con Abbanes rumbo a la India, donde el rey le dio dinero para construir un palacio. Pero él se gastó el dinero en los pobres y predicó en el nombre de Cristo.

Enterado de ello, Gundaforos encarceló a Tomás. Posteriormente el rey descubrió que el discípulo le había construido realmente un palacio en los cielos, con lo cual se convirtió y liberó a Tomás[49]. Después, Tomás viajó por toda la India, predicando y pasando por las aventuras más extrañas, y finalmente, fue condenado a muerte y traspasado por las lanzas de cuatro soldados[50].

A pesar de la naturaleza aparentemente caprichosa del relato, *The Catholic Encyclopedia* destaca:

> Es un hecho notable que, hacia el año 46 d. C., un rey que reinaba sobre la parte asiática del sur del Himalaya representada hoy por Afganistán, Baluchistán, el Punjab y Sind, llevara el nombre de Gondofernes o Gudufara. Conocemos esos nombres por el descubrimiento de monedas, algunas del tipo parto con inscripciones griegas, otras del tipo indio con inscripciones en un dialecto indio y con caracteres de kharoshthi. A pesar de las pequeñas variaciones, la identidad del nombre con el Gundaforos del *Acta Thomae* es inequívoca y difícilmente acepta discusión.

[49] «Acts of the Holy Apostle Thomas», en *The Ante-Nicene Fathers*, vol. 8, *Fathers of the Third and Fourth Centuries*, págs. 535-549.
[50] «Consummation of Thomas the Apostle», en *The Ante-Nicene Fathers*, vol. 8, *Fathers of the Third and Fourth Centuries*, págs. 550-552.

Además tenemos la prueba de la inscripción Takht-i-Bahi, que está fechada, y que los mejores especialistas aceptan como un hecho establecido que el rey Gudufara probablemente empezó a reinar hacia el año 20 de nuestra era y seguía reinando en el 46.[51]

Pero la cuestión importante no es si santo Tomás fue a la India para predicar el evangelio y ayudó a escribir el texto que Notovitch afirmaba haber descubierto, o si la historia había sido escrita en pali a partir del relato de testigos presenciales indios, o si el texto aparecía en el *Tanjur* o en el *Kanjur*, y ni siquiera si Notovitch se rompió realmente la pierna. La cuestión, tal como declara Notovitch en su nota «a los editores», es ésta: «¿Existen estos pasajes en el monasterio de Himis y he reproducido fielmente su contenido?»

El *New York Times* del 19 de abril de 1896 se hizo eco de la «audaz y vigorosa defensa» de Notovitch, la cual, «aunque no convenció a sus críticos, los acalló en mayor o menor grado»[52]. Como comentaba el periódico, Ladak estaba muy lejos y no era sencillo ir hasta allí.

El propósito del artículo del *Times* no era alabar a Notovitch, sino denigrarle. Mencionaba la historia de un tal J. Archibald Douglas que aceptó el desafío del periodista ruso, fue a Himis y luego publicó el relato de un viaje en el *Nineteenth Century*, que en palabras del *Times* era «una refutación completa de todas las afirmaciones hechas por el viajero ruso, salvo la de que sí había viajado al Pequeño Tíbet».

Siendo profesor del colegio gubernamental de Agra, en la India, Douglas había conocido la controversia y había leído la crítica de Müller antes de tener la oportunidad de leer la *Vida desconocida de Jesucristo* de Notovitch. Dicho sea de paso, eso es todo lo que sabemos del Sr. Douglas.

Como todo detective sabe, la mayoría de los delincuentes tienen un método discernible en sus operaciones, un esquema repetitivo de

---

[51] *The Catholic Encyclopedia*, voz «Thomas, Saint».

[52] «Hamis Knows Not "Issa"» [«Hamis no conoce a `Issa'»], *New York Times*, 19 de abril de 1896, pág. 28.

conducta tendente a indicar su futura línea de acción. Parece ser que
este misterio tiene también su propio esquema repetitivo de conducta, y bastante irónico por cierto: los personajes clave del drama no
dejan ningún rastro biográfico. Tras una larga y minuciosa búsqueda,
lo único que sabemos sobre Douglas es que escribió un artículo para
el *Nineteenth Century*, que estaba de acuerdo con lo que decía Max
Müller y que afirmaba haber ido a Himis. Y punto.

Douglas consideraba que al declarar la obra un fraude literario,
Müller había tratado duramente a Notovitch sin tener pruebas concluyentes. Impresionado por la inquebrantable defensa del ruso,
Douglas fue a Himis en 1895 «totalmente dispuesto a descubrir que
la narración de Notovitch era correcta, y a felicitarle por su maravilloso descubrimiento».

En su artículo, «El lama rector de Himis habla sobre la supuesta
"Vida desconocida de Cristo"»[53], escrito en junio de 1895 y publicado
en abril de 1896, Douglas afirmaba que había sido recibido por el lama
rector y, mediante los servicios de un intérprete capacitado, le había
leído párrafos del libro de Notovitch. Luego le hizo al lama rector una
serie de preguntas basadas en esos extractos.

Sostenía Douglas que tenía «la confianza más plena en la veracidad
y honradez de ese viejo y respetado lama rector», que el lama entendió
los pasajes del libro de Notovitch, que le fueron traducidos lentamente,
y que las preguntas y respuestas fueron comentadas durante dos largas
entrevistas antes de preparar un documento final para su firma.

Douglas publicó entonces el texto de sus preguntas y respuestas.
Según la historia del profesor, su anfitrión en Himis dijo que había
sido lama rector en el monasterio durante quince años, período que
habría abarcado la visita de Notovitch. El lama afirmó que durante
ese período ningún europeo con una pierna rota había buscado refugio en Himis, aunque recordaba bien que varios caballeros europeos

---

[53] J. Archibald Douglas: «The Chief Lama of Himis on the Alleged "Unknown Life of Christ"»,
Ninenteenth Century, abril de 1896, págs. 667-677.

habían visitado el monasterio. Además, no había enseñado un libro sobre la vida del santo Issa a ningún «sahib».

Douglas añadió que el lama afirmó: «No existe tal libro en el monasterio, y durante mi mandato a ningún sahib se le ha permitido copiar o traducir ninguno de los manuscritos del monasterio».

Cuando se le preguntó si sabía de algún libro en los monasterios budistas del Tíbet que tuviera alguna relación con la vida de Issa, contestó:

> He sido lama desde hace cuarenta y dos años, y estoy muy familiarizado con todos los manuscritos y libros budistas conocidos, y nunca he oído hablar de uno que mencione el nombre Issa, por lo que es mi firme y sincera creencia que no existe. He preguntado a nuestros lamas rectores de otros monasterios del Tíbet y no saben de ningún otro libro o manuscrito que mencione el nombre de Issa.

Si hemos de creer la historia de Douglas, el lama también le aseguró que nunca había recibido de nadie, como regalos, un reloj de bolsillo, un despertador o un termómetro (no sabía lo que era un termómetro y estaba seguro de no poseer ninguno), no hablaba inglés ni urdu, tal como afirmaba Notovitch, no conocía escrituras budistas en pali (las únicas escrituras que había en Himis habían sido traducidas del sánscrito al hindi y al tibetano), y dijo que los budistas «no conocían siquiera el nombre [de Issa]; ninguno de los lamas lo había oído, salvo por misioneros y fuentes europeas».

Según el artículo, el 3 de junio de 1895, el lama rector de Himis firmó un documento que contenía estas preguntas y respuestas y puso su sello oficial en presencia de Douglas y de su traductor, Shahmwell Joldan, antiguo administrador de correos de Ladak.

Llegado ese punto, Douglas afirmó que había dado respuesta a los criterios que había establecido Notovitch para su obra: «¿Existen estos pasajes en el monasterio de Himis, y he reproducido fielmente su contenido?»

Escribía Douglas:

He visitado Himis y me he esforzado por realizar una investigación paciente e imparcial para descubrir la verdad con respecto a la extraordinaria historia del señor Notovitch, con el resultado de que, aunque yo no he encontrado un solo hecho que apoye sus afirmaciones, todo el peso de la prueba conduce a refutarlas más allá de toda sombra de duda. Es cierto que ningún pasaje como el que el señor Notovitch pretende haber traducido existe en el monasterio de Himis, y por tanto es imposible que pueda haberlo «reproducido fielmente».

Al tiempo que Douglas llegaba a la conclusión de que *La vida del Santo Issa* de Notovitch era un «fraude literario», sí aceptaba que Notovitch había visitado Leh y posiblemente Himis. El lama rector le dijo a Douglas que ningún ruso había estado en Himis en 1887 ó 1888, pero en el transcurso de su investigación el profesor descubrió que el lama no era capaz de distinguir entre un ruso, un europeo y un americano. Douglas informó de que el lama, al serle mostrada una fotografía de Notovitch, confesó que «podía haberle tomado equivocadamente por un "sahib" inglés».

Mediante «cuidadosas investigaciones», Douglas determinó que un ruso llamado Notovitch había sido tratado por un tal «Dr. Karl Marks», funcionario médico del hospital de Leh, «aquejado no de una pierna rota sino de una dolencia menos romántica pero no menos dolorosa: un dolor de muelas». Douglas admitía incluso que Notovitch pudiera haberse roto la pierna tras salir de Leh, pero mantenía que «la historia de la pierna rota con relación al monasterio de Himis, no es ni más ni menos que ficción».

En una nota final al artículo de Douglas, Müller dijo que desde el principio había estado convencido de que la *Vida desconocida de Jesucristo* de Notovitch era pura ficción. Pero al escribir su propio artículo, esgrimió que pensaba que debía dar al ruso «el beneficio de la duda y sugerir que posiblemente había sido engañado por los sacerdotes budistas de quienes decía haber recogido información sobre Issa, es decir, Jesús»[54].

Müller sostuvo que en aquel tiempo no había pensado que los sacerdotes de Himis pudieran haberse ofendido por sus observaciones. Pero tras leer el artículo de Douglas se veía obligado «a disculparse ante los excelentes lamas de ese monasterio por haberlos considerado capaces de tal frivolidad», y afirmó que Douglas había conseguido no sólo una refutación del relato de Notovitch, sino su total *aniquilación*.

La credibilidad de la *Vida desconocida de Jesucristo* quedó seriamente dañada y el libro se volvió más difícil de encontrar. Notovitch se dedicó a escribir obras menos controvertidas como *La pacificación de Europa y Nicolás II* y *Rusia y la alianza inglesa*.

La historia podría haber terminado ahí. Pero no fue así. En realidad, la trama, como sabe todo buen amante de los misterios, empezaba a complicarse.

Naturalmente, para algunos parecerá un caso típico de fraude literario que se abre y se cierra: el ruso en el salón con una estilográfica. Douglas le había pillado «con las manos en la masa»; había tomado declaración al viejo, venerable y respetabilísimo lama en presencia del antiguo administrador de correos de Ladak, quien le había servido de intérprete.

A mitad del procedimiento, mientras Douglas le leía extractos del libro de Notovitch, dice que el lama gritó espontáneamente: «¡Sun, sun, sun, manna mi dug!», es decir, «¡Mentiras, mentiras, mentiras y nada más que mentiras!» En otro momento, según Douglas, el lama preguntó si se podía perseguir legalmente a alguien por escribir relatos tan flagrantemente falsos.

Sobre la base de éstas y otras alegaciones, sería difícil concluir otra cosa que el hecho de que Notovitch era culpable. Pero un buen detective digno de la niebla londinense sabe que las cosas raramente

---

[54] Ibíd., págs. 677-678.

son lo que parecen. Precisamente sería en ese punto cuando el detective que hay en él empezaría a preguntarse: ¿Es realmente un fraude literario *La vida del santo Issa?* ¿Concibió y ejecutó un imperioso fraude Notovitch? Si es así, ¿cuál fue su móvil?[55] ¿Fama? ¿Fortuna? ¿Tenía cómplices? ¿Era un agente del zar como sugirió Hale?[56] Si lo era, ¿tenía eso alguna relación con el caso? Y si Notovitch urdió un fraude, ¿realmente pensaba que iba a conseguir salir impune?

Ladak es una tierra alta, fría, remota y desértica. Fue, a intervalos, un reino independiente durante un período de unos mil años. En 1834 estaba sometido a los gobernantes de Jamu, y en 1947 se convirtió en un distrito del Estado de Jamu y Cachemira, en la India, fronterizo con Pakistán, el Tíbet y el Turkestán chino.

Entre sus elevadas mesetas se erigen las cimas del Himalaya. Es un lugar exótico, un refugio de la cultura budista tibetana, sin duda un escenario romántico para un relato. Pero no es en absoluto inaccesible. Notovitch debía saber que alguien iría a Himis, puede que antes de lo esperado, y comprobaría su historia tal como él instaba a hacer. Con tantas posibilidades de ser descubierto como el propio Müller señalaba, ¿habría corrido el ruso ese riesgo? Hasta a Müller le parecía difícil de creer.[57]

Pese a todo, éste era el panorama. Aunque, en realidad, había testimonios en conflicto: la palabra de un periodista ruso y la palabra contradictoria de un profesor supuestamente británico. El hecho de que Douglas no consiguiera ver una copia del manuscrito, no constituía prueba más decisiva de que no existía, que de que existía según proclamaba Notovitch. Sin embargo, uno de los dos (Notovitch o Douglas) decía la verdad, pero no ambos. Y si el peso de la opinión pública expresada era una prueba definitiva de honradez, la de Douglas parecía ser la verdadera.

---

[55] Véase Bruce M. Metzger: «Literary Forgeries and Canonical Pseudepigrapha», *Journal of Biblical Literature 91*, no. 1 (marzo de 1972): 3-24.

[56] Hale: «The Unknown Life of Christ», pág. 594.

[57] Müller: «Alleged Sojourn of Christ in India», pág. 516.

Pero por supuesto, las apariencias pueden ser engañosas ¿Había otras posibilidades? ¿Pudo el lama haber engañado a Notovitch, como sugirió Müller al principio? ¿Registró fielmente Notovitch lo que le leyeron, tal como lo iba traduciendo su intérprete, agrupó los versos y los publicó como dijo? ¿O puede ser que el lama rector de Himis no fuera tan sincero con el profesor Douglas?

Suponiendo por un momento que el núcleo del relato de Notovitch sea fiel (es decir, dejando un margen para cualquier posible dramatización de la historia, admitiendo que el manuscrito existió ciertamente y que él lo reprodujo) y que Douglas, como todo el mundo ha supuesto, escribiera un relato fiel, ¿cómo se explica la discrepancia? Quizá la respuesta esté en la esfera de la «diplomacia oriental».

Notovitch señaló que cuando un occidental pregunta por un tesoro determinado los lamas piensan que es porque intenta llevárselo. Siendo así, el ruso dijo que se mostró circunspecto al plantear el tema relativo a los documentos y que estaba convencido de que su discreción contribuyó a la hora de obtener acceso a ellos. Por otro lado del artículo que escribió, se desprende que el profesor Douglas fue franco y directo. Si la afirmación de Notovitch es correcta, eso pudo provocar un llano rechazo por parte del lama.

Nunca sabremos con precisión lo que sucedió entre Douglas y el lama en Himis, o entre Notovitch y el lama, si es que esa visita se produjo realmente. Sin embargo, tras pasar la mayor parte del invierno de 1974-75 en Ladak, los tibetólogos Snellgrove y Skorupski hicieron una observación sobre Himis que da credibilidad a la teoría de la «diplomacia oriental». En *The Cultural Heritage of Ladakh* escribieron:

> El monasterio de He mis no es fácil de conocer. Al parecer, atrae a más visitantes que cualquier monasterio de Ladak, pero muy pocos tienen alguna idea de lo que están viendo. Eso tiende a producir en los monjes una actitud desdeñosa e incluso de total desprecio y parecen convencidos de que los extranjeros roban si tienen ocasión. En años recientes, ha habido realmente pérdidas graves de propiedades, que seguían siendo investigadas por el

superintendente de Policía mientras nosotros estuvimos allí, y como es habitual los extranjeros no son de verdad responsables.[58] (El subrayado es mío)

Ocurriese lo que ocurriese, todo el asunto empezó a adquirir tintes de drama excéntrico protagonizado por curiosos personajes: un profesor de nacionalidad indeterminada, un escritor ruso, un lama de Ladak, un filólogo famoso y un reparto de actores secundarios formado por estudiosos, periodistas, misioneros moravios, oficiales ingleses, un médico de nombre sospechoso, algunos viajeros y un documento que «podría» haberse perdido, cuya existencia no había sido todavía determinada. Notovitch no se trajo una copia con él, ni siquiera fotografías de sus páginas como prueba de su existencia. Y a Douglas le dijeron que dicho documento no existía.

¿Se trataba de un caso sobre un documento que no existía o de un lama poco dispuesto? ¿De una invención de Notovitch? ¿De ingenuidad por parte de Douglas? ¿De otra cosa diferente? Por falta de pruebas era imposible responder a esas preguntas. De hecho, en ese estado de cosas eran tan pocas las pruebas concluyentes que hasta un gran detective se habría sentido fastidiado. Entonces, ¿cómo se complicó la trama? Elemental, querido Watson: con más pruebas.

La complicación tomó la forma de informes de testigos oculares que visitaron Himis; y el primero de ellos resultó bastante irónico. Se debió a Swami Abhedananda —antiguo conocido, si no amigo incondicional de Max Müller—, el cual afirmaba no sólo haber visto el documento, sino haber verificado, por así decir, la historia de Notovitch.

Abhedananda era la persona ideal para hacer una valoración sobre el terreno de la situación en Himis. Nacido con el nombre de Kaliprasad Chandra el 2 de octubre de 1866 en Calcuta, India, a muy temprana edad consiguió dominar el inglés y el sánscrito[59]. A los dieciocho años

---

[58] Snellgrove y Skorupski: *The Cultural Heritage of Ladakh*, pág. 127.
[59] Para información biográfica sobre Swami Abhedananda, véase Hermana Shivani: *An Apostle of Monism*

ingresó en el Seminario Oriental de Calcuta, donde su padre, el Profesor Rasiklal Chandra, era catedrático de inglés desde hacía veinticinco años.

Estudioso precoz versado en la literatura de Oriente y Occidente, Kaliprasad era un lector voraz con inclinación por la filosofía, que en su juventud asimiló obras tan diversas como el *Bhagavad Gita* y el *System of Logic* de John Stuart Mill. Examinó todas las escuelas de pensamiento, asistió a numerosas conferencias de yoguis, pandits y expertos en cristianismo, brahmanismo e hinduismo, y en 1884 se convirtió en discípulo del santo indio Ramakrishna.

En 1886 empezó a recorrer el Indostán a lo largo y a lo ancho, descalzo y sin dinero. Durante diez años soportó privaciones, contempló el Absoluto, hizo peregrinajes a los lugares sagrados de Puri, Rishikesh y Kedarnath, entre otros, y vivió en los manantiales de los ríos Jumna y Ganges en el Himalaya.

En 1896 se puso un traje occidental y zarpó hacia Londres, donde inició su carrera como predicador e intérprete del Vedanta (una filosofía hindú basada en los Vedas), y conoció a distinguidos estudiosos como el famoso sanscritista alemán Paul Deussen y al temible Max Müller.

Es difícil describir el profundo vínculo que se desarrolló entre los dos hombres. Abhedananda estuvo en Londres sólo un año, antes de marcharse con el fin de difundir el Vedanta por los Estados Unidos. Sin embargo, se encontraron en varias ocasiones —hablando en inglés, pues Müller sólo podía leer el sánscrito, pero no hablarlo—, y parecieron gozar el uno de la compañía del otro.

Cuando menos, su relación se basó en un respeto mutuo y en intereses comunes, sin ser el menor de ellos Ramakrishna, por quien Müller sentía un profundo y duradero respeto. Abhedananda habló extensamente con él sobre su maestro; y lo que Müller aprendió acerca

---

(Calcuta: Ramakrishna Vedanta Math, 1947); Ashutosh Gosh: *Swami Abhedananda: The Patriot-Saint* (Calcuta: Ramakrishna Vedanta Math, 1967); Moni Bagchi: *Swami Abhedananda: A Spiritual Biography* (Calcuta: Ramakrishna Vedanta Math, 1968); y Swami Gambhirananda, comp. y ed.: *The Apostles of Shri Ramakrishna* (Calcuta: Advaita Ashrama, 1982).

del santo indio gracias al discípulo de éste le ayudó considerablemente en la preparación de su libro *Ramakrishna: his Life and Sayings* [«Ramakrishna: su vida y sus máximas»]. A la muerte de Müller en el año 1900, Abhedananda, representando a los estudiosos hindúes y sánscritos de la India, le rindió tributo en una reunión pública organizada por los departamentos de Filosofía y Filología de la Universidad de Columbia.

Sin duda hubiera sido un golpe para el profesor de Oxford oír que su gran amigo corroboraba el relato de Notovitch. ¿Lo habría aceptado de buen grado? ¿Lo habría negado? ¿Habría exigido nuevas pruebas? Nunca lo sabremos. Müller murió veintidós años antes de que Abhedananda decidiera por sí mismo que el relato de Notovitch era cierto.

Incluso resulta difícil decir si ambos discutieron alguna vez acerca de *La vida desconocida de Jesucristo*. Aunque Abhedananda estuvo en Londres poco después de la publicación del libro, no debió de leerlo hasta que fue a América.[60]

Hay informes contradictorios sobre la actitud de Abhedananda hacia el libro, si bien no fue necesariamente un auténtico partidario, al menos al principio. En *The Jesus Mystery* [El misterio de Jesús] (1980), el relato de Richard y Janet Bock[61] sobre la búsqueda de pruebas que emprendieron para corroborar la leyenda Issa, la Sra. Bock explica que Abhedananda era escéptico y fue a Himis para «desenmascarar» a Notovitch, conclusión que basó en una entrevista con el discípulo de Abhedananda Swami Prajnananda.

---

[60] Diario de viajes de Swami Abhedananda: *In Kasmir and Tibet*, en donde se afirma que Abhedananda había leído mientras estaba en América la obra de Notovitch, *Unknown Life of Jesus Christ*, pero no indica si la había leído o no previamente (véase pág. 202 de este libro).

[61] Los Bock se interesaron por los años perdidos tras leer *The Aquarian Gospel of Jesus the Christ* [El Evangelio acuariano de Jesús el Cristo] de Levi, y *La vida desconocida de Jesucristo* de Notovitch. En el transcurso de sus frecuentes viajes a la India, pasaron cuatro meses rodando una película en la que rastreaban las huellas de Jesús por el subcontinente, tal como se explica en *La vida del santo Issa*. Su película, *The Lost Years*, terminada en 1978, ha familiarizado a muchas personas de EE.UU. y Europa con la historia del peregrinaje de Jesús a Oriente antes de su misión en Palestina.

Sin embargo, varios pasajes de la obra de uno de los biógrafos de Abhedananda, la hermana Shivani (Mary LePage), sugieren que «desenmascarar» es una palabra demasiado dura. Mientras trabajaba en la editorial de la Universidad de Princeton (Princeton University Press), entre 1912 y 1916, la hermana Shivani recordó una observación «que oí una vez al Swami en público en el sentido de que se decía que Cristo había pasado en la India con los yoguis del Tíbet los años anteriores a su ministerio»[62].

Eso despertó el interés de la hermana, escribió al Dr. Miller, catedrático de Historia Eclesiástica en Princeton, y a Swami Abhedananda. En su respuesta, el Dr. Miller le dijo que no conocía que existieran tales datos históricos. Pero la hermana Shivani adujo que «el Swami me escribió diciéndome que leyera la obra *La vida desconocida de Cristo* del autor ruso Notovitch.»[63].

Tardó varios años en conseguir un ejemplar. Sin embargo, si Abhedananda hubiera sido lo bastante escéptico con el libro de Notovitch como para llegar al punto de querer desenmascararlo, no deja de ser extraño que le hubiera indicado a su discípula que lo leyera sin informarle previamente de su recelo.

Dos de sus biografías, *An Apostle of Monism: An Authentic Account of the Activities of Swami Abhedananda in America*, de la hermana Shivani, y *Swami Abhedananda: A Spiritual Biography*, del Dr. Moni Bagchi, sostienen que Abhedananda deseaba «verificar y confirmar» (ambos utilizaron palabras idénticas) la afirmación de Notovitch. [64]

Pero por muy grande que fuera el interés de Abhedananda, pasaron muchos años antes de que tuviera la oportunidad de demostrarlo. Estaba muy atareado difundiendo el Vedanta por América. Entre 1897 y 1921 viajó extensamente por todos los Estados Unidos, Canadá y México, dando conferencias sobre diversos aspectos del Vedanta en casi todas las ciudades norteamericanas importantes.

---

[62] Shivani: *An Apostle of Monism,* pág. 199.
[63] Ibíd.
[64] Ibíd., pág. 198; Bagchi: *Swami Abhedananda,* pág. 409.

Al igual que en Londres, conoció a las celebridades del mundillo literario y artístico y a la intelectualidad americana: fue recibido en la Casa Blanca por el Presidente William McKinley, conoció a Thomas A. Edison y, en la casa de William James, discutió con detalle el problema de «la unidad de la Realidad última» con su anfitrión y con los profesores Josiah Royce, Nathaniel Shaler, y Lewis Janes, presidente de los Congresos Filosóficos de Cambridge.[65]

Finalmente, en julio de 1921, Abhedananda zarpó del puerto de San Francisco hacia la India. En 1922, a los 56 años de edad, el peregrino peripatético tomó su cayado y partió hacia Himis. «Había sido mi sueño más acariciado cruzar a pie el Himalaya», se sabe que había dicho[66]. En su diario escribió:

> En 1922 [...] partí de Cachemira en dirección al Tíbet y crucé a pie el Himalaya, para estudiar las maneras, costumbres y filosofía budista y el lamaísmo predominante entre los lamas tibetanos. Fui por el camino de Yarkand, la vía principal hacia Europa, y me detuve en Leh, capital de Ladak, en el Tíbet occidental. Mi destino era «el monasterio de Himis», unas 25 millas al norte de la ciudad de Leh.[67]

Abhedananda registró los acontecimientos de su viaje en *Kashmir o Tibbate* («En Cachemira y Tíbet»). Escribe en ese libro que tras dar una vuelta por el monasterio preguntó a los lamas sobre la veracidad del relato de Notovitch. «Supe entonces por ellos que el relato era cierto».[68]

En Cachemira y Tíbet es un libro curioso. Fue compuesto por etapas, en parte por el propio Abhedananda y en parte por un ayudante que trabajaba a partir de su diario y notas originales. Según el Dr. Bagchi, tras el viaje, Abhedananda regresó a Calcuta y dio sus notas a Brahmachari Bhairav Chaitanya, el ayudante que le acompañó al Tíbet.

---

[65] Gambhirananda: *The Apostles of Shri Ramakrishna*, pág. 261.

[66] Bagchi: *Swami Abhedananda*, pág. 408.

[67] Shivani: *An Apostle of Monism*, pág. 198. Himis está en realidad a 25 millas (40 km.) al sur de Leh, Ladak.

[68] Abhedananda: *Kashmir o Tibbate*, págs. 201-202 de este volumen.

Pidió a Chaitanya que le preparara un esbozo de su viaje, pues por lo visto quería convertirlo en un relato de viajes.[69]

Con la ayuda de algunas referencias habituales sobre Cachemira y el Tíbet, Chaitanya hizo lo que se le había pedido. Pero en los años siguientes, Abhedananda estuvo demasiado ocupado para revisar y ampliar las notas.

En 1927, el relato preliminar apareció publicado por entregas en *Visvavani*, boletín mensual del Ramakrishna Vedanta Math (monasterio), y suscitó un considerable interés. Después, con la ayuda de notas propias y materiales auxiliares, consta que Abhedananda revisó toda la obra. En 1929 apareció en formato de libro con el título *Parivrajaka Swami Abhedananda*, posteriormente retitulado *Kashmir o Tibbate* [En Cachemira y Tíbet].

En 1954, quince años después del fallecimiento de Abhedananda, fue corregido por su discípulo Swami Prajnananda y publicado en una segunda edición revisada. Parece ser que el libro no fue totalmente revisado por Abhedananda, por cuanto que en la sección en la que describe su verificación del documento, las referencias a Abhedananda son en tercera persona, utilizando el nombre de «Swamiji».

A pesar del modo peculiar en que se escribió *En Cachemira y Tíbet*, poca duda cabe con respecto a su mensaje acerca del asunto Notovitch y su supuesto descubrimiento. El texto explica sin ambigüedad los datos esenciales del relato del autor ruso, incluyendo su convalecencia en Himis con una pierna rota, la investigación de Abhedananda sobre Notovitch y la confirmación del lama:

«El lama que estaba mostrando el monasterio a Swamiji tomó un manuscrito [sobre Issa] del anaquel y se lo enseñó a Swamiji. Dijo que era una copia y que el original estaba en un monasterio en Marbour, cerca de Lhasa. El original estaba escrito en pali, pero éste era una traducción al tibetano».[70]

---

[69] Bagchi: *Swami Abhedananda*, págs. 400-401.
[70] Abhedananda: *Kashmir o Tibbate*, pág. 202 de este libro.

Todo concuerda con la afirmación de Notovitch.

A petición de Abhedananda, un lama le ayudó a traducir el texto al inglés[71], el cual fue posteriormente traducido al bengalí y publicado (junto con extractos de la versión inglesa de *La vida del santo Issa*, de la obra *La Vida desconocida de Jesucristo* de Notovitch) en *En Cachemira y Tíbet*. Con independencia del escepticismo que Abhedananda hubiera podido tener al principio, tras haber ido a Himis, interrogado a los lamas y examinado el documento en cuestión, se sintió suficientemente seguro de su autenticidad como para reimprimir en su propio libro fragmentos escogidos del relato de Notovitch.

Con excepción de un extracto de *La vida desconocida de Jesucristo*, *En Cachemira y Tíbet* fue escrito en bengalí. Por lo que sabemos, el libro no ha sido traducido nunca al inglés. Con el fin de dar a nuestros lectores acceso a los documentos básicos necesarios para entender la cuestión, hemos traducido al inglés por primera vez las partes relevantes de *Kashmir o Tibbate*, gracias a la amabilidad y devoción de Prasan Kumar De, Per Sinclair y Jayasri Majumdar.

Lo mismo que Abhedananda, los biógrafos Bagchi y Shivani tenían fe absoluta en la historia de Notovitch. Ambos dijeron, utilizando de nuevo palabras casi idénticas, que «quienes hayan leído este libro y considerado sobriamente su extraña y misteriosa investigación, que ningún estudioso ha podido refutar, se darán cuenta de que no era una búsqueda ociosa» lo que condujo a Abhedananda a realizar su expedición a Himis.[72]

Un tercer biógrafo, Ashutosh Ghosh, coincidió. En *Swami Abhedananda: The Patriot-Saint* escribió: «Llegó al monasterio de Himis el 4 de octubre, y descubrió un manuscrito de la vida desconocida de Jesucristo que previamente había sido registrado por un viajero ruso, Nicolás Notovitch; y con la ayuda de un lama mayor consiguió una copia traducida de fragmentos importantes de la vida

---

[71] Bagchi: *Swami Abhedananda*, pág. 401.
[72] Ibíd., pág. 409; Shivani: *An Apostle of Monism*, pág. 198.

de Jesús que incorporó luego en bengalí a su libro "Kashmir o Tibbate"».[73]

La química entre Abhedananda y los lamas de Himis era totalmente distinta a la que debieron de tener los lamas y Notovitch o Douglas. Abhedananda no era un periodista o un profesor culturalmente lejano. Era un discípulo de Ramakrishna, un estudioso, un predicador, un viajero del mundo y, en otro tiempo, un asceta que había vivido durante tres meses en una cueva del Himalaya en el manantial del Ganges. Era demasiado afín y demasiado perceptivo para ser engañado por «monjes bromistas», utilizando las mismas palabras de Müller.

Hay algunas discrepancias, sin embargo, entre la versión del texto de Notovitch y la de Abhedananda, debidas probablemente al hecho de que ambas han pasado por numerosas traducciones. El original en pali fue traducido primero al tibetano. No se conoce en qué lengua escribió primero Notovitch los versos cuando se los estaban traduciendo, pero quizá fuera en su ruso nativo o en francés. Pero sí sabemos que fueron finalmente publicados en francés, y traducidos más tarde al inglés. Los versos que publicó Abhedananda pasaron por una odisea similar: tibetano, inglés, bengalí y de nuevo inglés.

Abhedananda añadió algunos detalles que faltan en el relato del ruso, incluyendo una nota a pie de página que describe que «Jesús se detuvo en el camino junto a una laguna cercana a Kabul para lavarse las manos y los pies, y descansó allí durante un tiempo. Esa laguna todavía existe, y se la conoce como la "Laguna de Issa". Para celebrar el acontecimiento, todos los años se celebra allí una feria. Ésta se menciona en un libro arábigo, *Tariq-A-Ajhan*»[74]. Es difícil afirmar si esto indica la existencia de una versión distinta o de una traducción más completa del mismo texto.

Al igual que Douglas, Abhedananda fue a Himis con el propósito expreso de verificar la historia de Notovitch. A diferencia de Douglas,

---

[73] Ghosh: *Swami Abhedananda*, pág. 41.
[74] Abhedananda: *Kashmir o Tibbate*, pág. 207 de este libro.

afirmó no sólo que había visto, sino que había puesto por escrito los versos, traducidos por una lama, sacados del mismo libro que le habían leído a Notovitch. Aunque esto autentifica en gran medida la historia de Notovitch, especialmente la existencia del documento y su fiel reproducción de los versos, es todavía insuficiente como prueba concluyente. Abhedananda no se trajo ni fotos ni una copia del texto. Y para su traducción del tibetano dependió totalmente del lama.

Se necesitaban más pruebas, y llegaron; esta vez de la hábil pluma de Nicolás Roerich, destacada personalidad que escribió extensamente sobre los viajes del Santo Issa por Oriente. Entre 1924 y 1928 encabezó una expedición por Asia central: Sikkim, Punjab, Cachemira, Ladak, Karakorum, Khotan, Kashgar, Karashahr, Urumchi, Irtysh, los Montes Altai, la región de Oyrot, Mongolia, el Gobi central, Kansu, Tsaidam y Tíbet. En el transcurso de su viaje, registró la historia viva de la estancia de Issa en Oriente encarnada en tradiciones nutridas por los pueblos de varias naciones y religiones a lo largo de la vasta extensión de Asia, y descubrió uno o más manuscritos sobre el tema. Sus escritos sobre el Santo Issa se incluyen en el capítulo IV de este libro.

Nacido en San Petersburgo, Rusia, el 10 de octubre de 1874, Roerich estudió en la Universidad de San Petersburgo y en la Academia de Bellas Artes. En 1898 fue nombrado para ocupar una cátedra del Instituto Arqueológico Imperial y en 1920 era ya un artista internacionalmente reconocido.

Descrito normalmente en las notas biográficas como «pintor de origen ruso, poeta, arqueólogo, filósofo y místico»[75], Roerich era también diplomático, escritor, crítico, educador, diseñador de ropa y explorador.

«Quizá ningún viajero occidental ha estado mejor equipado, en conocimientos, espíritu y psicología, para recorrer Oriente», escribía el Dr. Garabed Paelian en su estudio *Nicholas Roerich*. «Pocos, segura-

---

[75] J. Samuel Walker: *Henry A. Wallace and American Foreign Policy*, colaboraciones en *American History* no. 50. (Westpost, Conn. y London: Greenwood Press, 1976), pág. 53.

mente, han ido allí con motivos superiores, ideas de síntesis, servicio y deseo de encontrar la verdad y la belleza»[76].

Nicolás, su esposa Helena y su hijo George constituían la «fuerza viva» de su expedición a Asia central, compuesta por nueve europeos, treinta y seis nativos y ciento dos camellos, yaks, caballos y mulas. Les acompañaron durante su viaje a través de Sikkim el otro hijo de Roerich, Sviatoslav, y un conocido estudioso de la literatura tibetana, el lama Lobzang Mingyur Dorje.

La expedición tenía muchos propósitos. El objetivo principal era crear un archivo pictórico de las tierras y los pueblos de Asia central. Durante la marcha, Nicolás Roerich pintó quinientos cuadros. El equipo perseguía también otros objetivos: estudiar la posición de los monumentos antiguos y las condiciones en que se hallaban las religiones contemporáneas, rastrear la migración de las naciones, estudiar las posibilidades de futuras exploraciones arqueológicas y obtener una colección importante de material etnográfico y lingüístico sobre la cultura del Asia interior.

Por sus especiales habilidades, George Roerich realizó incontables contribuciones durante el viaje. Era un destacado arqueólogo y orientalista formado en Harvard y en la Escuela de Lenguas Orientales de París, entre otros sitios, y por el lama Lobzang Mingyur Dorje.

George había estudiado persa, sánscrito, chino y tibetano. «Este extenso conocimiento lingüístico le proporcionó la clave de los misterios de la "tierra cerrada"», escribía Louis Marin, antiguo presidente de la Sociedad de Etnografía de París, en el prefacio al relato que hizo George Roerich sobre la expedición, titulado *Trails to Inmost Asia*, publicado en 1931.

«Debido a su conocimiento de las lenguas y costumbres de los países —seguía diciendo Marin—, George Roerich visitó monasterios budistas, generalmente prohibidos por completo a los extranjeros, y descubrió una colección completa de los libros sagrados de la religión

---

[76] Garabed Paelian: *Nicholas Roerich* (Agoura, Calif.: Aquarian Educational Group, 1974), págs. 38-39.

Bön-po, de trescientos volúmenes, los cuales constituyen un tesoro inestimable para la historia de las religiones y la investigación oriental»[77].

Para asegurar el éxito de la expedición, George pasó un año (1924) en Sikkim, en el Himalaya oriental, perfilando sus habilidades lingüísticas. «Era imperativo adquirir un buen conocimiento hablado de la lengua tibetana antes de iniciar un viaje que requeriría relaciones constantes con los nativos», escribía George en *Trails to Inmost Asia*[78]. Evidentemente, ese tiempo fue bien empleado, pues Nicolás escribiría más tarde: «Es maravilloso que George conozca todos los dialectos tibetanos necesarios»[79].

Probablemente había otra razón menos oficial para el viaje. Mucho antes de que Leonard Nimoy condujera a millones de americanos a la búsqueda de todo tipo de misterios e intrigas, Nicolás Roerich buscaba las realidades veladas por las leyendas populares de Oriente. Según cuenta Garabed Paelian, Roerich creía, lo mismo que Plinio, que «se llega a la verdad por medio de la interpretación de un mito»[80].

«En toda ciudad, en todo campamento de Asia —señaló Roerich—, traté de desvelar los recuerdos que abriga la memoria popular. Mediante esos relatos bien conservados, es posible reconocer la realidad del pasado. En toda chispa de folklore hay una gota de la gran verdad, adornada o distorsionada»[81].

Mientras recorrió Asia reunió leyendas de una raza de habitantes subterráneos[82], leyendas y pruebas objetivas de las primeras migraciones de europeos (incluyendo los godos y los druidas) hacia Asia y desde ella, historias de Salomón y su alfombra voladora, la venida de Maitreya, la leyenda de Shambala y, evidentemente, la leyenda del santo Issa.

---

[77] George N. Roerich: *Trails to Inmost Asia* (New Haven, Conn.: Yale University Press, 1931), págs. ix, x.

[78] Ibíd., pág. xii.

[79] Nicholas Roerich: *Altai-Himalaya* (New York: Frederick A. Stokes Co., 1929), pág. 122.

[80] Paelian: *Nicholas Roerich*, pág. 40.

[81] Ibíd., págs. 40-41.

[82] Ibíd. Con relación a otro mito sobre los habitantes subterráneos, véase Edward Bulwer Lytton: *Vril: The Power of the Coming Race* (Blauvelt, N.Y.: Rudolf Steiner Publications, 1972).

Las experiencias del profesor Roerich sobre la expedición le proporcionaron abundantes datos que aparecieron posteriormente en numerosos libros. Tres, en particular, se concentran en la expedición: *Himalaya* (1926), *Heart of Asia* (1929), y su diario de viajes *Altai-Himalaya* (1929), el cual, «más que cualquier otro libro que se haya escrito —observaba un crítico de la *American Magazine of Art* (diciembre de 1929)—, manifiesta el predominio supremo de la belleza de la mente de un auténtico artista, e indica al mismo tiempo la grandeza simple, el carácter único del autor»[83].

Altai-Himalaya es una obra inusual en el sentido de que cabe considerarla mejor una serie de observaciones del autor (notas «escritas a lomo de caballo y en la tienda»[84]) que un libro con una organización formal o una línea de ataque. En él Roerich escribió extensamente sobre la estancia de Issa en Oriente porque, entre otras razones, dio con estos relatos a menudo, empezando por Cachemira, en el principio mismo de su viaje.

En *Heart of Asia* ["Corazón de Asia"] escribió: «En Srinagar encontramos por primera vez la curiosa leyenda sobre la visita de Cristo a ese lugar. Después comprobamos lo extendida que estaba por la India, Ladak y Asia central la leyenda de la visita de Cristo a esos parajes durante su larga ausencia, citada en el Evangelio»[85].

Conforme surgía la leyenda una y otra vez (en Cachemira, Ladak, Mongolia, Sinkiang y otros lugares), el Profesor Roerich «se dio cuenta de lo extendidas que están las leyendas sobre Issa», y de que «los lamas conocen el significado de esas leyendas»[86]. Oyó múltiples versiones de la leyenda, pero en *Heart of Asia* anotó que «todas las versiones están de acuerdo en un punto: que durante la época de su ausencia Cristo estuvo en la India y en Asia»[87].

---

[83] «Book Reviews», *American Magazine of Art 20*, no. 12 (diciembre de 1929):719.

[84] Roerich: *Altai-Himalaya*, pág. xiii.

[85] Nicholas Roerich: *Heart of Asia* (New York: Roerich Museum Press, 1929), pág. 22.

[86] Roerich: *Altai-Himalaya*, pág. 125.

[87] Roerich: *Heart of Asia*, pág. 30.

El profesor Roerich no encontró sólo leyendas. Se refirió repetidamente a «escritos» y «manuscritos». Por ejemplo, mientras estuvo en Ladak anotó «los escritos de los lamas recuerdan cómo alababa Cristo a la mujer, la madre del mundo. Y los lamas señalan la consideración en que tenía Cristo los llamados milagros»[88]. (El subrayado es mío).

Una entrada en *Himalaya*, que precede a una larga cita de un manuscrito antiguo, dice así: «Escuchemos de qué modo hablan de Cristo en las montañas del Tíbet. En los documentos que tienen una antigüedad de unos mil quinientos años, podemos leer: "Issa abandonó en secreto a sus padres y junto con unos mercaderes de Jerusalén se dirigió hacia el Indo para perfeccionarse en la Palabra Divina. Y para el estudio de las leyes del gran Buda"»[89]. La historia que sigue es en muchos lugares casi la misma que *La vida del santo Issa* de Notovitch.

Un largo pasaje de *Altai-Himalaya*, escrito mientras Roerich se hallaba en Leh, es particularmente digno de mención y plantea algunas cuestiones difíciles.

> En un solo día tuvimos tres noticias sobre las leyendas de Jesús. Un hindú nos dijo: «He oído de un funcionario ladaki que decía que según palabras del antiguo abad de Hemis, había un árbol y una pequeña laguna en Leh junto a los cuales Jesús enseñaba». (Es una versión nueva sobre un árbol y una laguna, que no habíamos oído antes).
> El misionero dijo: «Una invención absurda de un polaco que permaneció varios meses en Hemis». (Cabría preguntarse la razón de que la inventara, cuando coincide con otras versiones y pruebas). [...]
> Un hindú bueno y sensible habló de forma significativa sobre el manuscrito de la vida de Issa. «¿Por qué hay que situar siempre a Issa en Egipto durante la época de su ausencia de Palestina? Sus años jóvenes los pasó evidentemente estudiando. Las huellas de su aprendizaje han quedado impresas en sus posteriores sermones.

---

[88] Frances R. Grant et al.: *Himalaya* (New York: Brentano's, 1926), pág. 148.
[89] Ibíd.

¿A qué orígenes conducen esos sermones? ¿Qué hay en ellos de egipcio? ¿Y por qué no buscar huellas de budismo, de la India? Es difícil entender la razón por la cual los pasos de Issa por el camino de caravanas que conduce a la India y a la región ocupada ahora por el Tíbet se niegan con tanta vehemencia». [...]
[...] Siempre hay personas a las que les gusta negar con desprecio cuando algo difícil penetra en su conciencia; pero luego el conocimiento se transforma en escolasticismo y la calumnia se cultiva como una bella arte. <u>¿De qué modo podría un fraude reciente penetrar en la conciencia de todo Oriente? ¿Y dónde está el científico que podría escribir un largo tratado en pali y tibetano? Nosotros no lo conocemos</u>[90]. (El subrayado es mío).

Naturalmente, mientras estuvo en Ladak, Roerich visitó Himis. Pero encontró allí un lugar decepcionante donde «uno siente la atmósfera extraña de la oscuridad y el desaliento», donde «los cuervos negros vuelan bien alto» y «los lamas son semianalfabetos».

Como preludio a sus comentarios sobre Himis, en *Himalaya* escribió:

Con respecto a los manuscritos de Cristo, primero hubo una negación absoluta. Desde luego, la negación procede primero del círculo de misioneros. Después, lentamente, poco a poco, van dejando escapar con reservas detalles fragmentarios, difíciles de obtener. Finalmente aparece la verdad: que los ancianos de Ladak conocían la existencia del manuscrito y habían oído hablar de él.

Después, refiriéndose específicamente a Himis, seguía diciendo:

Y esos documentos, como los manuscritos sobre Cristo y el Libro de Chambhalla, descansan en el lugar «más oscuro». Y la figura del lama, el compilador del libro, aparece como un ídolo con una especie de tocado fantástico. ¿Cuántas reliquias más habrán perecido en las esquinas polvorientas?[91] Pues los lamas tántricos

---

[90] Roerich: *Altai-Himalaya*, págs. 118-119.
[91] Ahora vemos que es totalmente posible que el lama de Himis le dijera a Notovitch que no estaba seguro de en qué lugar del monasterio podía encontrarse el manuscrito sobre Issa (véanse págs. 27-28).

no tienen interés por ellas. Era necesario ver este otro aspecto del budismo.[92]

En suma, los escritos de Roerich hacen todo lo posible por establecer la existencia y autenticidad de uno o más documentos sobre la estancia de Jesús en Oriente, lejos de recuperar realmente alguno. Descubrió la leyenda que pervivía por toda Asia, conservada entre pueblos de distintas tierras y religiones. Hizo numerosas referencias a «escritos» y «manuscritos» (algunos de los cuales vio, mientras que de otros le habían hablado) que decían que Issa había viajado a Oriente. Su referencia a que el manuscrito de Himis estaba en el «lugar más oscuro» nos recuerda la fortaleza del «Tesoro Oscuro» descrito por los tibetólogos Snellgrove y Skorupski. Registró incluso una historia en la que el abad superior de Himis habla de la leyenda.

Aunque es incuestionable que Roerich estaba familiarizado con la obra de Notovitch, sus fuentes son propias. «Muchos recuerdan las líneas del libro de Notovitch —escribió mientras se hallaba en Leh—, pero aún es más maravilloso descubrir, en este sitio, con diversas variantes, la misma versión de la leyenda de Issa. La gente de aquí no sabe nada de ningún libro publicado, pero conoce la leyenda y habla de Issa con profunda reverencia»[93].

Además, aunque hay semejanza entre los textos que encontraron Roerich y Notovitch (sesenta versos en diez capítulos de *La vida del santo Issa* de Notovitch son paralelos al texto de Roerich incluido en *Himalaya*), Roerich publicó datos sobre el santo Issa obtenidos de manuscritos que no fueron reproducidos por Notovitch.

Roerich puso por escrito la pauta, que consistía en la negación inicial de la leyenda, seguida por la aparición de detalles sueltos, y luego la discusión abierta y sincera de las leyendas o manuscritos. Escribió que en Leh

---

[92] Grant et al.: *Himalaya,* pág. 172.
[93] Roerich: *Altai-Himalaya,* pág. 89.

Issa conversó [...] con la gente que encontró en su camino desde el Tíbet. Las leyendas se guardan secreta y precavidamente. Es difícil tantearles, pues los lamas, por encima de cualquier persona, saben guardar silencio. Sólo por medio de un idioma común, y no simplemente de una lengua hablada, sino también de un entendimiento interior, puede uno abordar sus misterios significativos. Uno llega a convencerse de que todo *gelong* educado sabe mucho. Ni siquiera por su mirada podemos conjeturar cuándo está de acuerdo, o cuándo interiormente se ríe de ti porque sabe mucho más. ¡Cuántas historias podrían contar estos silenciosos acerca de los «sabios» que yendo de paso se han encontrado en las situaciones más ridículas! Pero ahora ha llegado el momento de la iluminación de Asia.[94]

Es incuestionable que el profesor Roerich creía que los textos eran auténticos. Cuando la fiabilidad histórica no era tan segura, como en el caso de algún dato que publicó sobre Issa en *Himalaya*, así lo señaló.[95]

Por la capacidad de George Roerich de hablar los diversos dialectos tibetanos, la familia Roerich no tuvo problemas para comunicarse en Ladak, y no tuvieron que depender de un lama en Himis para obtener una traducción. Por no mencionar el hecho de que George era más que capaz de hacer una valoración experta de esos documentos.

Finalmente, el eminente erudito en literatura tibetana, el lama Lobzang Mingyur Dorje acompañó a los Roerich durante una parte del viaje. No está claro por los escritos de Nicolás o de George si el lama estuvo con ellos en Himis, o donde encontraron los manuscritos, pues él también podría haber ofrecido una opinión experta y advertirles de si los documentos eran falsos o de origen cuestionable. Y en la circunstancia improbable de que el profesor Roerich hubiera publicado manuscritos falsos, sin duda el lama habría hablado para ahorrar a su amigo situaciones embarazosas.

---

[94] Ibíd., pág. 120.
[95] Grant et al.: *Himalaya,* pág. 153.

¿Descubrió Nicolás Roerich el mismo documento que Notovitch y Abhedananda sostenían haber encontrado? No lo sabemos. El propio Roerich no lo concreta. George Roerich, basándose en datos científicos, no discute los documentos. Si lo que se supone que encontró Notovitch existía realmente, es posible que Nicolás Roerich viera una copia. O es posible que encontrara textos variantes. O ambas cosas.

Tras la publicación de los tres libros en los que escribió por extenso sobre la estancia de Issa en Oriente (*Himalaya, Altai-Himalaya, Heart of Asia*), Nicolás Roerich siguió refiriéndose a Issa varias veces en sus obras posteriores. Pero —y esto es un giro en los acontecimientos que haría detenerse a cualquier detective—, pese a que escribió *más* extensamente sobre el tema que Notovitch, Roerich no fue atacado con crueldad por la prensa como lo fue el periodista ruso cuando informó por primera vez de que había encontrado documentación referente a que Jesús había estado en Oriente. De hecho, por lo que sabemos, Roerich no fue criticado en absoluto por destacados científicos, lingüistas, teólogos, ni siquiera por periodistas.

Cuando Roerich informó del descubrimiento, el *Literary Digest* (1 de septiembre de 1928) lo trató como de pasada:

> El profesor Roerich ya ha enviado 250 de sus pinturas tibetanas al Museo de Nueva York [...]. Hace dos años, cuando el primer envío de estas pinturas del Himalaya llegó, sus admiradores elaboraron una monografía sobre ellas, hablando, dicho sea de paso, de unos documentos que él había encontrado en antiguos monasterios budistas del Tíbet, los cuales, según creía, proporcionaban la prueba de que Jesús había pasado diez años estudiando en esa parte de Asia antes de predicar en Palestina.[96]

Posteriormente, cuando Penélope Chetwode (autora de *Kulu: The End of Habitable World*, 1972) trató el tema, se refirió al «descubrimiento» hecho por Roerich de un documento sobre Issa como un redescubrimiento que en realidad estaba ya bastante visto. Escribió:

---

[96] «Roerich's Far Quest for Beauty», *Literary Digest 98*, no. 9 (1 de septiembre de 1928): 24.

Afirmó Roerich haber descubierto en el Tíbet una antigua crónica budista que afirma que Cristo había pasado los «años ocultos» en parte allí y en parte en la India. De hecho esto no era nada nuevo, pues siempre ha habido una poderosa tradición en el sentido de que había pasado esos años en Cachemira, donde se conserva una recopilación de frases de Nuestro Señor acerca de ese misterioso período de su vida: Una de ellas fue citada por Akbar en su Puerta de la Victoria de Fatehpur Sikri: «¡Dijo Jesús, en quien sea la paz!: El mundo es un puente, pásalo pero no construyas en él una casa. El que espera una hora, puede esperar la eternidad; el mundo es sólo una hora, pásala con devoción; el resto no vale nada»[97].

Por supuesto, los Roerich encontrarían su parte de controversia. El gobierno británico sospechó que eran espías y Henry Wallace (Ministro de Agricultura en 1933-1940, Vicepresidente de los Estados Unidos en 1941-1945), quien en otro tiempo había sido un fervoroso amigo que le brindó gran apoyo, se convirtió en enemigo y tuvieron importantes batallas legales. Pero las acusaciones no se centraron nunca en la validez del descubrimiento por parte de Roerich de las leyendas o de los escritos que sostenían que Jesús estuvo en la India y en el Tíbet.

Aunque Roerich era un científico eminente, ni el mundo académico ni el teológico se detuvieron a examinar de nuevo la teoría de que Jesús hubiera ido a la India. Sin embargo, cuando la *Vida desconocida de Jesucristo* de Notovitch fue reeditada en 1926, el famoso teólogo Edgar J. Goodspeed escribió una crítica en su libro *Strange New Gospels.*

El libro de Goodspeed se publicó en 1931, por lo que tuvo tiempo suficiente de haber oído hablar de sendas visitas de Abhedananda y Roerich a Himis. No obstante, en su artículo sólo menciona que cuando se publicó por primera vez la *Vida desconocida de Jesucristo,* «el libro provocó una vigorosa controversia, llamando la atención nada menos que de una autoridad como el profesor F. Max Müller, de Oxford. Fue discutido extensamente en las páginas de *Nineteenth*

---

[97] Penelope Chetwode: *Kudu* (London: John Murray, 1972), pág. 154.

Century, y luego olvidado». Goodspeed comentó la «aniquilación» de Notovitch por parte de Douglas, y añadió también algunos comentarios propios para probar que *La vida del santo Issa* tenía que ser un fraude.[98]

Pero no mencionaba los escritos o aventuras del profesor Roerich, el cual —si bien Abhedananda era una figura algo remota para el autor—, sí era con frecuencia tema de artículos en el *New York Times* y otros periódicos importantes.

Después, la historia tomó un giro inesperado. Como un galeón fantasma que zarpara en la niebla, los documentos en cuestión aparentemente desaparecieron. En una entrevista con Richard Bock, el discípulo de Abhedananda Swami Prajnananda, reveló: «Oí de su boca que él [Abhedananda] vio los rollos de pergaminos [en Himis] y tradujo a partir de ellos. Años después preguntó pero le dijeron que los rollos ya no estaban allí. También yo pedí ver los rollos, pero no había nada. No hay rollos de pergaminos. Se los deben haber llevado, pero no sabemos quién». Swami Prajnananda dijo también que el original en pali también se lo habían llevado del monasterio de Marbour en Lhasa, Tíbet.[99]

Los Bock no dicen en qué año hizo Abhedananda su petición. Pero antes de morir, el 8 de septiembre de 1939, el galeón fantasma salió de la niebla para hacer otra breve aparición. Esta vez en presencia de quien quizá sea el único occidental superviviente que supuestamente ha visto el documento en cuestión (proporcionando así otra corroboración): Elisabeth G. Caspari.

Durante el verano de 1939, Madame Caspari, música suiza y profesora de pedagogía musical, y su esposo Charles hicieron una peregrinación al Monte Kailas organizada y dirigida por una dirigente religiosa de considerable renombre, la señora Clarence Gasque. Kailas, localizado en el Tíbet cerca de la cabecera de los ríos Brahmaputra, Indo y Sutlej, es famoso en la literatura sánscrita por ser el paraíso de Shiva, y fue un popular retiro de peregrinaje.

---

[98] Goodspeed: *Strange New Gospels*, págs. 10-24.
[99] Janet Bock: *The Jesus Mystery* (Los Angeles: Aura Books, 1980), pág. 22.

Los peregrinos siguieron la misma ruta que Notovitch hasta el Monte Kailas, a través del paso de Zoji, por Mulbekh y Lamayuru. Pensaban llegar a Himis a tiempo para ver la fiesta religiosa de tres días que se celebra todos los años en conmemoración del santo Padma Sambhava.

Su viaje no fue en muchos aspectos nada fuera de lo normal. Sólo hay una carretera que lleva de Srinagar a Leh, y cuando se viaja hasta Himis desde esa parte de la India, ésa es la carretera que hay que tomar. Tampoco era extraño llegar en esa época de la fiesta anual de Himis, que es una atracción de importancia. Pero hay algo único en su viaje, que se relaciona con un sortilegio que le trajo mala suerte, el cual Notovitch dijo haber experimentado.

El periodista ruso aseguró haber sacado numerosas fotografías en Ladak y en todo su viaje, pero las perdió por el descuido de uno de sus criados, quien inadvertidamente abrió la caja de las placas en exposición, destruyéndolas. Max Müller dio mucha importancia a esa «desgraciada» pérdida que en aquel tiempo hubiera podido demostrar que Notovitch había ido realmente a Himis. Posteriormente, Douglas hizo constar que el ruso había visitado Leh y posiblemente Himis, pero en cuanto a las fotografías, que sería casi un milagro recuperarlas.

Pues bien, de vez en cuando los milagros ocurren ¿Fue la providencia? ¿El destino? ¿O alguna otra fuerza invisible que hizo que, por así decir, se recuperaran las fotos perdidas después de lo ocurrido? Sea como fuere, los Caspari tomaron fotos documentando todo el viaje y volvieron a captar las mismas escenas que Notovitch había presenciado: incluso las imágenes del festival de Himis.

La señora Gasque era conocida internacionalmente, y ella y su grupo fueron cordialmente recibidos en todos los lugares adonde fueron durante el peregrinaje. En una ocasión, un maharajá indio desplegó literalmente una alfombra roja para darles la bienvenida. Y en Himis, aunque los viajeros llegaron cuando la obra había terminado, ¡los lamas la representaron una segunda vez en honor a los recién llegados!

Pero eso no fue todo. Unos días después de la representación, cuando estaban sentadas a solas en la azotea del monasterio, las señoras Gasque y Caspari vieron cómo se aproximaban el bibliotecario del convento y otros dos monjes. Llevaban tres manuscritos con cubiertas adornadas, y el bibliotecario desenvolvió ceremoniosamente uno de ellos. Presentó a la señora Gasque las hojas de pergamino y con gran reverencia dijo: «Estos libros dicen que vuestro Jesús estuvo aquí».

¿Eran los manuscritos? ¿Tres libros presentados por el bibliotecario del convento que decían que Jesús había estado allí?

Aunque no tenemos motivos para no creer lo que dijeron los monjes, por desgracia no sabemos lo que decían los libros. Estaban escritos en tibetano y ninguna de las dos mujeres pidió una traducción. Sin embargo, la señora Caspari tomó una foto del lama mostrando el libro con orgullo.

En su calidad de testimonio presencial, los antecedentes de Madame Caspari difieren considerablemente de los de Douglas, Abhedananda y Roerich, los cuales estaban bastante familiarizados con la obra de Notovitch cuando hicieron el viaje a Himis. Aunque Madame Caspari había oído mencionar en una ocasión que Jesús había ido a la India, hacía tiempo que lo había olvidado. No era consciente del supuesto descubrimiento de Notovitch ni de la publicación de *La vida desconocida de Jesucristo* en 1894, ni de las controversias que surgieron después, ni siquiera de los escritos subsiguientes sobre el tema debidos a Swami Abhedananda o al profesor Roerich. Ella no venía buscando los manuscritos para verificar su autenticidad o por cualquier otra razón. Evidentemente los lamas sacaron los documentos de donde los tenían guardados y los presentaron a las damas por iniciativa propia.

Madame Caspari, que tiene ahora 85 años[100], recientemente compartió sus recuerdos del viaje al Himalaya con nosotros y nos dio

---

[100] Con anterioridad a la fecha de publicación de este libro por PORCIA EDICIONES, S.L. (2003), la Sra. Caspari había fallecido (el 11 de julio de 2002) a la edad de 102 años.

amablemente su permiso para publicar las fotos que ella y su esposo tomaron por el camino, incluyendo la foto del monje de Himis mostrando los libros que afirmaban, según él, que «vuestro Jesús estuvo aquí».

El Tíbet fue ocupado por los comunistas chinos en 1950. Desde que tuvo lugar la represión china de un levantamiento en el año 1959, prácticamente todos los monasterios han sido destruidos o adecuados para usos seglares, y los lamas se han visto obligados a abandonar el servicio religioso[101]. Si el texto original en pali se hallaba todavía en Lhasa en 1959, probablemente fue confiscado o destruido.

Ladak es el último refugio de la cultura budista tibetana. Debido a su singular posición geográfica y a la hábil diplomacia de al menos uno de sus principales abades, el monasterio de Himis evitó su destrucción a manos de diversos ejércitos invasores y se convirtió en depósito de libros, pinturas, estatuas, ropajes y propiedades valiosas de los otros conventos.

En 1947 el gobierno indio cerró Ladak a los viajeros extranjeros por las tensiones militares con China y Pakistán. Pero se abrió de nuevo en 1974 y vuelve a ser posible, para quien esté interesado, ir a Himis «para ver por sí mismo» si los documentos existen realmente... *si* siguen estando allí.

Una historia como ésta se halla repleta de curiosas notas a pie de página. William O. Douglas, magistrado del Tribunal Supremo estadounidense, viajó a Himis en 1951. Al describir sus experiencias en el libro *Beyond the High Himalayas*, Douglas escribió:

> Hemis, el primer monasterio de todo Ladak, sigue siendo un escenario físico ideal para un retiro; y con los siglos se ha enriquecido no sólo con tierra y otras riquezas, sino también en leyendas.

---

[101] Para relatos de testigos oculares de la toma del Tíbet por los comunistas chinos véase *Tibet under Chinese Communist Rule* (Dharamsala: Information & Publicity Office of His Holiness the Dalai Lama, 1976).

Uno de esos relatos apócrifos se refiere a Jesús. Hay quienes siguen creyendo hasta hoy que Jesús visitó el lugar, que vino aquí cuando tenía 14 años y se fue cuando tenía 28, dirigiéndose al oeste, y no volvieron a oír hablar de él. La leyenda está llena de detalles, y sostiene que Jesús viajó a Hemis con el nombre de Issa.[102]

En 1975, el Dr. Robert Ravicz, profesor de antropología de la California State University, Northridge, realizó su primer viaje a Leh. El Dr. Ravicz es un antropólogo cultural con un antiguo interés por el sur de Asia y Latinoamérica. En ésta y otras visitas a la India y Ladak pasó largos períodos en monasterios y comunidades religiosas y observó el estilo de vida de los pueblos indígenas: desde sus prácticas budistas, métodos de tejer y agrícolas, hasta su vida familiar. Se encontró con el Dalai Lama en tres ocasiones, y estaba familiarizado con los problemas y aspiraciones del pueblo del Tíbet.

En este viaje particular estaba dirigiendo una investigación sobre refugiados tibetanos y, en el curso de la misma, visitó Himis. Mientras estaba allí, un amigo, eminente médico de Ladak, le dijo que había documentos en el monasterio los cuales afirmaban que Jesús había estado en Himis. Era una novedad para el Dr. Ravicz, que nunca había oído hablar, y ni siquiera sospechó, que Jesús hubiera viajado a Oriente.

¿Es posible investigar en Himis? Sí, según el Dr. Ravicz, si uno se entrega a la tarea. En su opinión, se necesitarían por lo menos varios meses para ganarse la suficiente confianza de los lamas que le permitieran a uno tener acceso a cualquier manuscrito que pudieran poseer. Y luego, para poder leerlos, se precisaría tener un conocimiento práctico del tibetano clásico.

Aunque el Dr. Ravicz no pretende aportar una prueba de primera mano de los libros de Himis sobre la vida de Jesús, sí nos brinda el testimonio de la tradición oral tal como se la contó un reputado ciudadano.[103]

---

[102] William O. Douglas: *Beyond the High Himalayas* (Garden City, N. Y.: Doubleday & Co., 1952), pág. 152.
[103] Entrevista personal con el Dr. Robert S. Ravicz, primavera de 1983.

Otra nota a pie de página procede de Edward F. Noack, de Sacramento, California, un aficionado a los viajes cuyo mayor placer es conocer las tierras prohibidas de Oriente. Desde 1958, él y su esposa Helen han hecho dieciocho expediciones a lugares como Tíbet, Nepal, Sikkim, Bhutan, Ladak, Afganistán, Baltistán, China y Turkestán, y han visitado Leh cuatro veces.

Noack, de 89 años de edad, es miembro de la Royal Geographical Society de Londres y de la Academy of Sciences de California. Su próximo libro, *Amidst Ice and Nomads in High Asia*, relata sus viajes por la frontera noroccidental de Pakistán, Nagar, Hunza, el corredor de Wakhan, y la cordillera de Pamir. Recientemente Noack nos dijo que durante su estancia en Himis, a finales de los años setenta, un lama del monasterio le informó de que había un manuscrito, que describe el peregrinaje de Jesús a Ladak, guardado en la despensa.[104]

Y finalmente, antes de llevar el libro a la imprenta, el último testimonio de este capítulo sobre el caso de Issa llega a nuestro escritorio de la mano de tres fuentes contemporáneas independientes: un magistrado del Tribunal Supremo, un antropólogo cultural y un viajero avezado. Ninguno de ellos fue a Himis siguiendo las huellas del relato. Pero a todos les dijeron que Jesús había estado allí.

Tres pistas más al final de una larga búsqueda, las pruebas más comprometedoras están en nuestras manos: pruebas que se han ido desenmarañando en el transcurso de casi un siglo

Imagínate una vez más que eres un detective. Esta vez no tienes en tu mesa de trabajo un expediente amarillento, sino un libro: éste.

¿Fue Jesús a la India durante los años perdidos? ¿Son los manuscritos e informes de los lamas de Himis y los relatos de Notovitch, Abhedananda, Roerich y Caspari precisos y auténticos? ¿Hay otras explicaciones para estos escritos? ¿Pasó Jesús sus años perdidos en Palestina? ¿En Egipto? ¿En otro lugar?

---

[104] Entrevista personal con Edward F. Noack, otoño de 1984.

Para proporcionar algunas pistas a tu investigación y ayudarte a extraer tus propias conclusiones, te presentamos a continuación la obra de Nicolás Notovitch, *La vida desconocida de Jesucristo*, que contiene *La vida del santo Issa*, con los mapas que trazó el autor sobre los viajes que hizo; la traducción inglesa de los párrafos clave de *Cachemira y Tíbet*, de Swami Abhedananda, junto con su versión del texto[105]; los informes y escritos sobre el santo Issa reunidos en los libros de Nicolás Roerich, *Himalaya, Altai-Himalaya* y *Heart of Asia*; y, finalmente, el testimonio cabal de Elisabeth Caspari sobre su fortuito descubrimiento de los textos, con fotografías ilustrativas que tomaron ella y su marido durante el peregrinaje.

---

[105] En los escritos de Nicolás Notovitch y Swami Abhedananda reproducidos en este libro, hemos eliminado la ortografía y la puntuación arcaicas para ayudar al lector allí donde se ha estimado necesario.

Capítulo II

LA VIDA DESCONOCIDA DE JESUCRISTO

Obra original de Nicolás Notovitch,
que incluye La vida del santo Issa

NICOLÁS NOTOVITCH

Nota del traductor

Al traducir los viajes de Nicolás Notovitch por el Tíbet, *La vida del santo Issa*, con el resumen y las notas aclaratorias (no incluidas en este libro), deseo decir que en modo alguno adopto o me identifico con las especulaciones teológicas, teorías o controversias contenidas en este libro.

Acepto de buena fe la seguridad que me ha transmitido el señor Notovitch de que los «datos» del santo Issa fueron descubiertos por él en el convento de Himis, pero me reservo cualquier opinión con respecto a la autenticidad o veracidad del documento ahora presentado al lector inglés.

Sí me aventuro, sin embargo, a complementar la breve referencia hecha por el señor Notovitch al curioso parecido existente entre las religiones católica y tibetana.

En una referencia a la *Biographie Universelle*, publicada en París en 1814, encuentro que Hippolyte Desideri, un sacerdote jesuita, visitó el Tíbet en 1715 y Lhasa en 1716, y que tradujo al latín el

Kangiar o *Sahorin*, obra que entre los tibetanos tiene la misma autoridad, según dice el biógrafo, que entre los cristianos, las Sagradas Escrituras. El biógrafo afirma que Desideri se aplicó principalmente al estudio de las similitudes que le parecía existían entre las religiones cristiana y tibetana.

El más antiguo visitante del Tíbet que se conoce fue el padre Odoric de Pordenone, quien se supone llegó a Lhasa hacia el año 1328. Le siguió tres siglos más tarde el jesuita Antonio Andrada, y en 1661, los padres Grueber y D'Orville.[1]

El primer inglés que se sabe entró en el Tíbet fue George Bogle, quien, como embajador de Warren Hastings, acudió en 1774 a visitar al lama de Shigatse. Mr. Bogle permaneció algún tiempo en el Tíbet pero no publicó ningún relato de su expedición.

Sin embargo, por una carta de Mr. Stewart a Sir John Pringle[2] relativa a su embajada, parece evidente que Mr. Bogle quedó sorprendido por las semejanzas que había investigado Desideri, tal como veremos en los siguientes pasajes extraídos de la *Encyclopaedia Britannica*, volumen 20, 1810, que creo no aparecen en las enciclopedias más recientes:

«Es una idea antigua el que la religión del Tíbet sea un cristianismo corrompido, e incluso el padre Desideri, el jesuita que visitó el país a principios de este siglo (el XVIII), piensa que puede resolver todos sus misterios con los nuestros, e insiste, con una penetración verdaderamente mística, en que ellos (los tibetanos) tienen desde luego una idea acertada de la Trinidad [...]. Lo cierto es que la religión del Tíbet, con independencia del origen del que surgiera, es pura y simple; en el origen, transmite nociones muy exaltadas de la deidad, con un sistema de moralidad nada despreciable, pero en su avance fue muy alterada y corrompida por hombres materialistas».

---

[1] *Encyclopaedia Britannica*, novena edición, voz «Tibet».
[2] Mr. Stewart a Sir John Pringle: *Royal Society of London Philosophical Transactions*, vol. 67.

Du Halde tradujo las cartas de Hippolyte Desideri del italiano al francés[3], y en una, fechada en Lhasa el 10 de abril de 1716, el sacerdote escribe: «En cuanto a su religión, llaman a Dios "Konchok", y parecen tener una noción de la Trinidad, pues a veces le llaman "konchokchik", el único Dios; otras veces, "konchoksum", o el Dios trino. Utilizan un tipo de cuentas mientras repiten las sílabas Om, Ha, Hum. Dicen que Om significa inteligencia, o el brazo, es decir, poder; Ha es la palabra; y Hum, el corazón o el amor; y estas tres palabras significan Dios».

Grueber el jesuita y Horace de la Penna, dirigente de una misión capuchina, señalan el parecido existente entre la religión del país y la suya[4]. Sus conjeturas se basan en: 1) el vestido de los lamas, que no es diferente del que llevan los apóstoles en las pinturas antiguas; 2) su subordinación, que tiene alguna semejanza con la jerarquía eclesiástica; 3) el parecido entre algunas de sus ceremonias y las del ritual católico; 4) su noción de una encarnación; y 5) sus máximas de moralidad.

Gerbillon menciona algunas de sus ceremonias tales como: 1) uso de agua bendita; 2) servicios cantados, oraciones por los muertos, y añade: «su vestimenta es como aquélla con la que se pintaba a los apóstoles; llevan mitra como los obispos; y además, para ellos el Gran Lama es casi lo mismo que el pontífice soberano entre los católicos»[5].

Grueber va mucho más allá: afirma que aunque ningún europeo ni cristiano estuvo allí antes[6], su religión concuerda, no obstante, con la católica en todos los puntos esenciales. Celebran el sacrificio de la misa con pan y vino, dan la extremaunción, bendicen a las parejas casadas, rezan por los enfermos, hacen procesiones, honran las reli-

---

[3] Charles Le Gobien, ed.: *Lettres Edifiantes et curieuses* [Cartas edificantes y curiosas], dos volúmenes (n.p.: 1707-1709), *bk.* 15, pág. 183.

[4] Un relato de esos debates fue editado en Roma en 1742, titulado *Relazione del principio e stato presenti del vasto Regno del Tibet ed altri due Regni consinanti.*

[5] Jean Baptiste Du Halde: *History of China*, 2:263. Gerbillon hizo su viaje en 1688-98. *Dictionnaire de Géographie Universelle*, voz «Tíbet».

[6] Esto parece un error de Grueber, que fue corregido por Thévenot, quien reunió sus escritos.

quias de sus ídolos (debería haber dicho santos), tienen monasterios y conventos de monjas, cantan en el servicio del coro como los monjes católicos, guardan diversos ayunos durante el año, sufren severas penitencias (entre ellas azotes), consagran obispos, y envían misioneros que viven en extrema pobreza y viajan descalzos por desiertos hasta lugares tan alejados como China. «Estas cosas —añade Grueber—, las presencié con mis propios ojos»[7].

Pero no termina todo con esta maravillosa combinación de similitudes. El fraile Horace de la Penna, en quien tampoco hay que confiar demasiado, dice:

«En lo principal, la religión del Tíbet es homóloga de la católica. Creen en un solo Dios y una Trinidad, en el paraíso, el infierno y el purgatorio; realizan sufragios, dan limosna, oraciones y sacrificios por los muertos; tienen conventos llenos de monjes y frailes[8], quienes además de los tres votos de pobreza, obediencia y caridad, realizan otros más. Tienen confesores elegidos por sus superiores y reciben autorización de un lama o de un obispo, sin la cual no pueden escuchar confesiones[9], ni imponer penitencias. Utilizan agua bendita, cruces y cuentas»[10].

Monsieur Huc, quien viajó al Tíbet en los años 1844-46, se refiere a las afinidades entre la veneración de los lamas y el catolicismo:

«La cruz, la mitra, la dalmática; la capa pluvial, que los grandes lamas llevan en sus viajes; el servicio con dobles coros; la salmodia, los exorcismos; el incensario, suspendido de cinco cadenas; las bendiciones, el rosario, el celibato eclesiástico, el retiro espiritual, la veneración a los santos; los ayunos, las procesiones, las letanías, el agua bendita: todo esto son analogías entre los budistas y nosotros.

»¿Puede decirse que estas analogías son de origen cristiano? Así lo creemos nosotros. No hemos encontrado ni en sus tradiciones ni en los monumentos del país ninguna prueba positiva de su adopción; sin

---

[7] Jean de Thévenot: «Cartas de Grueber», en *Voyages de M. De Thévenot en Europe, Asie et Afrique* [Los viajes de M. Thévenot por Europa, Asia y África], cinco volúmenes (París, Angot, 1689), 4:18+.

[8] Dice Desideri que tienen vida monástica y llevan tonsura.

[9] Andrada dice que realizan una especie de confesión entre ellos.

[10] *Nouvelle bibliotheque* 14 (enero-marzo de 1743): 55+.

embargo, sigue siendo perfectamente legítimo hacer conjeturas que posean todas las características de la probabilidad más categórica»[11].

En los *Viajes* de Pinkerton, vol. 7, bajo el encabezamiento «Descripción del Tíbet» vemos que «varios misioneros han imaginado *que en los antiguos libros de los lamas* permanecen algunas huellas de la religión cristiana, *la cual, como piensan ellos, fue predicada allí en la época de los apóstoles*»[12].

Sea como fuere, y sin entrar en el terreno discutible de las afinidades entre ritos, ceremonias y observancias que pudieran ser paganas en su origen o católicas en sus conocimientos, puede decirse con respecto al señor Notovitch, como motivo para admitir la autenticidad de su descubrimiento, que las dos iglesias pudieran haber tenido en realidad un origen común, y que si en la época de los apóstoles, tal como afirman los misioneros, se predicó el evangelio a los tibetanos, nada sería más natural que el hecho de que los compañeros de Cristo, quienes debieron saber por él cómo y dónde pasó ese maravilloso intervalo, desearan visitar, y lo hicieran, el escenario de los primeros trabajos de su Maestro. La limitación de una nota de traductor me impide entrar en este debate, y dejo la especulación a otros.

He traducido literalmente *La vida del santo Issa*, pero me he tomado más libertades con la parte personal de la narración hecha por el señor Notovitch.

VIOLET CRISPE

HOTEL DES ALPS,
Lac de Genève, Territet.
1 de febrero de 1895

---

[11] Everiste Regis Huc: *Travels in Tartary, Thibet and China*, 1844-1846, traducción de William Hazlitt (Londres).

[12] San Bartolomé. Se piensa que este apóstol llegó hasta la India para propagar el evangelio; pues Eusebio relata que un famoso filósofo y cristiano llamado Panteno encontró allí, entre aquéllos que conservaban el conocimiento de Cristo, el evangelio según san Mateo escrito, tal como establece la tradición, por san Bartolomé, uno de los doce apóstoles. En el prefacio de las *Homilías* de Orígenes se hace mención al evangelio de san Bartolomé, pero generalmente se considera falso y el Papa Gelasio lo colocó entre los libros apócrifos.

A los editores

Señores:

Me complace saber que han decidido publicar una traducción inglesa de mi obra *La vida desconocida de Jesucristo*, que apareció por primera vez en francés a principios del año pasado.

Esta traducción no es una transcripción literal de la edición francesa. Por exigencias inevitables relacionadas con su publicación, mi libro fue creado con una prisa considerable que ha ido en detrimento suyo. Sólo se me concedieron cinco días para redactar el prefacio, la introducción y el resumen, y apenas unas horas para corregir las pruebas.

Esto debe explicar cierta escasez de pruebas de apoyo en algunas de mis afirmaciones, algunos vacíos en la narración y numerosos errores de imprenta que mis adversarios han proclamado en voz alta sin darse cuenta de que, en su extremo celo por llevarse a los novatos y atraer la atención hacia los fallos de la corteza, lo único que demuestran es su impotencia para atacar el tronco mismo del árbol que he plantado, el cual desafía los golpes más fuertes.

Ciertamente, me han prestado un servicio por el que les estoy muy agradecido, pues han facilitado un nuevo tratamiento del tema que yo mismo debiera haber considerado indispensable. Siempre me agrada disponer de alguna información y no me encuentro tan infatuado por el conocimiento oriental que poseo como para no darme cuenta de que tengo todavía mucho que aprender.

Por tanto, el público inglés será el primero en beneficiarse de las críticas bien fundadas que he aceptado y de las correcciones que debería haber realizado espontáneamente.

Ofrezco pues al lector inglés un libro expurgado de toda ofensa y libre de cualquier inexactitud de detalles por los que me han hecho tan amargos reproches con una persistencia algo pueril, como en el caso de cierto emperador chino cuya dinastía fijé de forma errónea y a quien degradé cronológicamente.

Ha sido mi objetivo y deseo que el público inglés, de inteligencia tan despierta pero con la susceptibilidad siempre alerta contra lo nuevo, especialmente si se trata de una novedad religiosa, pueda juzgar la obra por sus méritos intrínsecos y no por los errores gramaticales o tipográficos, en los cuales se han basado hasta ahora mis detractores para debilitar la importancia del documento. Por encima de todo, espero que tras haber leído la obra se reconozca que la he escrito con absoluta buena fe.

Soy perfectamente consciente de que una crítica habilidosamente ideada ha predispuesto al público en contra del libro. Y aunque generosamente defendido por amigos y desconocidos, *La vida desconocida de Jesucristo* ha sido atacado con tanto rencor por fanáticos que parecían imaginarme deseoso de empezar la controversia teológica (cuando mi único objetivo era contribuir con otra piedra al edificio de la ciencia moderna), que hace su primera aparición en Inglaterra envuelto en una atmósfera de desconfianza.

Se ha alegado todo aquello que pudiera invalidar la autenticidad de mis documentos. Pero el ataque se ha dirigido principalmente contra el autor, impugnando su honor como escritor, con la esperanza sin duda de que tales insultos pudieran perturbar su tranquila actitud, causándole sentimientos profundos que fueran en contra del propio libro.

Podría tratar con desprecio esas injuriosas acusaciones: los insultos no son razones, ni siquiera cuando se lanzan en tono de una afectada moderación que es característica del intento del Sr. Max Müller de destruirme. Sí me referiré, sin embargo, a aquéllos que se relacionan con mi estancia en el Tíbet, en Leh, en Ladak y en el monasterio budista de Himis. Resumiré primero brevemente las objeciones que se han hecho con respecto a los medios de verificar la autenticidad de mi documento.

¿Por qué, se objetó, el lama de Himis se negó a responder en sentido afirmativo a las cuestiones que se le habían planteado con respecto a los manuscritos? Porque los orientales tienen la costumbre de considerar a los europeos ladrones que se introducen en medio de ellos para despojarles en nombre de la civilización.

Logré que se me comunicaran esas narraciones porque utilicé la diplomacia oriental que había aprendido en mis viajes. Supe cómo acercarme desde lejos a la cuestión que me interesaba, mientras que ahora todo el mundo suele hacer preguntas directas.

El lama se dice a sí mismo: «Si preguntan por estos manuscritos es que quieren llevárselos»; por eso se mantiene a distancia y se niega a dar cualquier explicación. Esa prudencia es fácil de entender cuando uno piensa en el procedimiento que emplean aquellos europeos que, al establecer contacto con orientales, sólo hacen uso de la civilización para saquearles y cometer con descaro los mayores latrocinios.

Una dama respetable escribió a Europa diciendo que yo «nunca había sido visto allí», y que nadie había oído mi nombre. Basándose en ello, el grupo de porteros del templo afirma que yo nunca puse un pie en el Tíbet; dicho de otro modo, que soy un impostor.

Un misionero de Moravia, el respetable Mr. Shaw, repite esta pequeña broma que yo llamaría infantil, y luego los buscadores de la verdad añaden su testimonio al resto y renuevan la acusación insultante; cuando lo cierto es que más tarde Mr. Shaw la retiró lealmente.

Me fatiga defenderme sobre este punto, pero no cometeré el error de no refutarlo, y con ello perder terreno. Si la dama inglesa en cuestión y sus amigos nunca se cruzaron conmigo, puedo citar al lugarteniente Younghusband a quien conocí en Matayan el 28 de octubre de 1887 y que fue el primero en cruzar China y ascender por el paso de Mustagh, a 6.500 metros (21.500 pies) de altitud, así como a otros muchos.

Poseo todavía una fotografía del simpático gobernador de Ladak, Surajbal, con una inscripción escrita de su puño y letra, que reproduzco en este libro.

Incluso fui atendido en Ladak, durante mi enfermedad, por un médico europeo al servicio del gobierno inglés, el doctor Karl Marx, cuya carta de 4 de noviembre de 1887 podrán ver ustedes. ¿Por qué no le escriben directamente a él para comprobar si estuve o no realmente en el Tíbet, los que tan ardientemente parecen desear demostrar lo contrario? Es cierto que se necesita un poco de tiempo para escribir y obtener respuesta del Tíbet; pero se siguen escribiendo cartas allí y las respuestas llegan.

También se ha dicho que el manuscrito de *La vida desconocida de Jesucristo* no existió nunca en el convento de Himis y que yo saqué todo de mi imaginación. Eso es ciertamente un honor que no merezco, pues mi imaginación no es tan fértil.

Si hubiera sido capaz de inventar una ficción de esa magnitud, el sentido común indica que podría haber aumentado el valor de tal invención atribuyendo mi descubrimiento a alguna intervención misteriosa o sobrenatural, absteniéndome de citar con precisión la localidad, la fecha y las circunstancias del descubrimiento. En cualquier caso, no habría limitado mi papel en el asunto al de simple transcriptor de ciertos manuscritos viejos.

También se me ha ridiculizado acusándome de ser el blanco de lamas graciosos, tal como parece ser les sucedió a Willfor y M. Jacolliot. Se ha dicho que, no habiéndome defendido suficientemente de ciertos indios mentirosos que viven de aprovecharse de la credulidad europea, acepté como moneda de curso legal, incluso como lingotes de oro, lo que sólo era una ingeniosa acuñación falsa. El Sr. Max Müller ha sido quien hizo mayor hincapié en esta acusación. Ahora bien, como el Sr. Max Müller goza de fama en el mundo científico, me debo a mí mismo y al público el rebatirle con mayor detalle que al resto de mis críticos.

La principal argumentación del Sr. Max Müller parece consistir en decir que la narración de *La vida desconocida de Jesucristo*, tal como yo la transcribo en este libro, no se encuentra ni en las tablas catalogadas del Tanjur ni en las del Kanjur.

He de observar al respecto que si así fuera mi descubrimiento no sería ni curioso ni raro, pues esos catálogos han estado abiertos desde hace tiempo a las investigaciones de los estudiosos europeos, y añadiré que el primer orientalista que los hubiera estudiado podría haber hecho fácilmente lo mismo que yo: ir al Tíbet, con su libro de guía, y extraer de los rollos de pergaminos los pasajes indicados por el catálogo.

Según la propia afirmación del Sr. Max Müller, esas tablas contienen una lista de sólo unos dos mil volúmenes. Ciertamente se trata de catálogos muy incompletos, pues sólo el monasterio de Lhasa contiene más de cien mil, y con toda sinceridad me compadezco de mi adversario si piensa que ese germen le proporciona la clave de todo el ciclo de la ciencia oriental.

La verdad es que los versos que traduzco en mi libro probablemente no se encuentran en ningún tipo de catálogo, ni el del Tanjur ni el del Kanjur. Han de encontrarse esparcidos en más de un libro sin ningún título; en consecuencia, no podrían hallarse en los catálogos de las obras chinas o tibetanas. Figuran como recuerdos de un hecho notable que tuvo lugar en el primer siglo de la era cristiana y que anotaron los escribas que vivían con los lamas, como mejor pudieron recordar y con mayor o menor claridad o confusión.

Si he tenido la paciencia de unir estos versos, uno con otro, disponiéndolos en orden consecutivo para que tuvieran sentido, y deduciendo de ellos lo que constituye mi traducción, ¿cabrá poner en tela de juicio esta obra de paciente trabajo?

¿No nos informa la tradición de que la *Ilíada*, tal como la poseemos desde hace 2.500 años, se formó de esta manera por orden de Pisístrato a partir de cantos esparcidos que conmemoraban la guerra de Troya y se habían conservado piadosamente en recuerdo de los credos griegos?

También me reprocha el Sr. Max Müller no haber mencionado el nombre del cardenal de la iglesia católica que me honró con curiosas confidencias sobre el tema de *La vida desconocida de Jesucristo*, y cuya confesión sincera podría confirmar mi descubrimiento. Ante esto invoco las leyes imperiosas del decoro, y todo el mundo aceptará que en las circunstancias que menciono no sería cortés revelar ese nombre.

Debo añadir, sin embargo, a lo que ya dije en mi introducción, con respecto a haber sabido de él que *La vida desconocida de Jesucristo* no es una novedad para la iglesia católica, que la Biblioteca Vaticana posee sesenta y tres manuscritos completos o incompletos en varias lenguas orientales que se refieren a esta materia, los cuales han sido llevados a Roma por misioneros de la India, China, Egipto y Arabia.

Esta cuestión me lleva a explicar de una vez por todas mi objetivo al entregar al público occidental un documento de tanta importancia, el cual, confieso, todo el mundo tiene derecho a criticar libremente.

¿Acaso he tratado yo de invalidar la autoridad de los evangelios y de todo el Nuevo Testamento? En absoluto. En el diario francés *La Paix*, afirmé concisamente mi creencia en la religión rusa ortodoxa, y mantengo esa afirmación. No podría haber invalidación sin antinomia en la doctrina y contradicción en cuanto a los hechos. Mas la doctrina contenida en estos versos tibetanos es la misma que la de los evangelios, y los hechos sólo se diferencian en su apariencia exterior.

En efecto, hemos de observar que los primeros que pusieron esos versos en lengua pali reprodujeron escrupulosamente las narraciones de los mercaderes indígenas (no judíos, tal como el Sr. Müller hubiera pensado) a su regreso a Palestina, adonde habían ido por negocios, encontrándose por tanto allí en la época del drama del calvario.

No había nada sorprendente en que estos testigos vieran las cosas desde un punto de vista diferente a los romanos, quienes al final adoptarían la religión de sus víctimas. En cualquier caso, parecía natural que hubieran preferido la versión que prevalecía entre el pueblo judío.

Lo que habría que autentificar es si esos testigos eran imparciales y si los escribas transmitieron fiel e inteligentemente lo que aquéllos dijeron. Pero es ésta una cuestión de exégesis que no me corresponde a mí asentar.

Prefiero limitarme, y aconsejo a mis detractores que hagan lo mismo, a esta cuestión simple: ¿Existían estos pasajes en el monasterio de Himis, y he reproducido fielmente su contenido? Ése es el único terreno en el que reconozco un derecho honrado a provocar mi entrada en las listas de libros prohibidos.

Ofrecí regresar al Tíbet en compañía de orientalistas reconocidos para verificar en el lugar de origen la autenticidad de esos pasajes. Nadie respondió a esa proposición. La mayoría se contentó con atacarme, y los que trataron de encontrar los pasajes, lo hicieron de un modo equivocado.

Me he enterado, sin embargo, de que se está formando una misión americana, sin tener en cuenta mi participación, y se prepara para realizar ese viaje con la intención de llevar a cabo una investigación seria. No temo sus investigaciones, sino todo lo contrario: las aclamo con todo mi corazón. Aquélla demostrará que, lejos de innovar, simplemente he dado forma tangible a una tradición que se ha ido manteniendo todo el tiempo en el mundo cristiano.

El Nuevo Testamento guarda un silencio absoluto con respecto al período de la vida del Salvador que se extiende desde sus trece a sus treinta años. ¿Qué fue de él en ese lapso? ¿Qué hizo? Muéstreseme algún pasaje que, aunque sólo sea aproximadamente, establezca que nunca fue al Tíbet ni a la India, y yo me rendiré. Pero hasta los sectarios más obstinados tendrían grandes dificultades para enseñarme un pasaje así.

Además, ¿qué tendría de extraño que el fundador de la religión cristiana se inspirara en esas doctrinas brahmánicas o budistas con la idea de transformarlas de su escoria y ponerlas al alcance de la inteligencia occidental? Moisés no actuó de modo distinto. Cuando escribió el Génesis y promulgó la ley de la justicia, hizo referencia a libros y leyes que eran anteriores a los suyos. Así lo reconoce en varias ocasiones. Ése es el abecé de la exégesis.

No sucede siempre que todas las religiones, hasta las más bárbaras y absurdas, hayan podido conservar algunos fragmentos de verdad y hayan sido poseedoras de alguna apertura por la cual pudiera entrar algún día la verdad íntegra, ¿demostrando así que sus raíces salieron de un tronco común y que tras haberse subdividido en muchas ramas, posteriormente se reunieron en un solo haz bajo una única protección? Lejos de rechazar esas hebras de verdad sin examen previo, el cristianismo se apresuró a adoptarlas concediéndoles su auténtico sentido y adaptándolas a las necesidades místicas de las naciones.

De no ser así, ¿hubiera hecho san Juan Evangelista tantos esfuerzos por apropiarse del *Logos* de Platón y transformarlo en esa Palabra eterna y encarnada cuya majestad incomparable ha relegado las supremas concepciones del filósofo griego al olvido?

De no ser así, ¿por qué los padres de las iglesias griega y latina, san Juan Crisóstomo y san Agustín (por citar sólo a los más famosos) se preocuparon tanto por separar de la maraña de las mitologías esas profundas interpretaciones y enseñanzas morales que ellos admiten, para regenerar la fábula, si se me permite este neologismo, al restituir a los mitos su auténtico significado interior?

Dejo a los expertos la tarea de desenmarañar del brahmanismo y el budismo las verdades que envuelven las parábolas de Sakyamuni y los Vedas.

Volviendo a mi libro, mantengo que si éste llega a establecer innegablemente un acuerdo entre las enseñanzas de los evangelios y las de los libros sagrados de la India y el Tíbet, habrá prestado un gran servicio a la humanidad.

¿Acaso es algo nuevo en el mundo cristiano un libro que trate de completar el Nuevo Testamento y arrojar luz sobre puntos hasta ahora oscuros? Las obras conocidas como Libros Apócrifos fueron tan numerosas en el siglo XVI que el Concilio de Trento se vio obligado a recortar un inmenso número de ellos para evitar controversias que habrían sido perjudiciales para los intereses del público, y a reducir el Apocalipsis al mínimo accesible a las mentes comunes.

¿Acaso el Concilio de Nicea, con el consentimiento del emperador Constantino, no prohibió ya entonces muchos manuscritos en manos de los fieles, quienes los consideraban con una veneración casi igual a la que profesaban por los cuatro evangelios canónicos? Este concilio, al igual que el de Trento, redujo también a un mínimo la suma de verdades trascendentales.

¿No figura acaso escrito que Estilico, general de Honorio, hizo que los Libros Sibilinos fueran públicamente quemados en el año 401? ¿Podría negarse que éstos rebosaban verdades morales, históricas y proféticas de mayor calibre? Eso sería equivalente a acusar de mentirosa a toda la historia romana, cuyos acontecimientos más importantes estuvieron determinados por las decisiones de los Libros Sibilinos.

En los tiempos de los que hablamos, había muchos motivos para establecer o apoyar una religión mal consolidada o ya tambaleante, y las autoridades espirituales y seculares creyeron que tal cosa no podía hacerse mejor que organizando una vigorosa vigilancia y una implacable censura de las verdades eternas.

Pero las mentes iluminadas se hallaban tan poco deseosas de rechazar en masa todos los documentos que no concordaran con las medidas oficiales, que rescataron del olvido un cierto número de esos libros. En los últimos trescientos años no son en absoluto raras las ediciones de la Biblia que admiten como apéndices el Libro del Pastor de san Hermás, la Epístola de san Clemente, la de san Barnabás, la Oración de Manasés y los dos Libros complementarios de los Macabeos.

Los cuatro evangelios forman la base de la enseñanza cristiana. Pero los apóstoles eran doce. Se asegura que san Bartolomé, santo Tomás y san Matías predicaron la buena nueva a los pueblos de la India, del Tíbet y de China.

¿Acaso no escribieron nada esos amigos de Jesús, esos conocidos testigos de su prédica y martirio? ¿Dejaron exclusivamente a otros la función de transmitir en papiros las enseñanzas sublimes del Maestro? En cualquier caso, esos otros escribían en griego, y la lengua griega no se entendía más allá del Éufrates. ¿Cómo iban a predicar en griego a hombres que sólo entendían el pali, el sánscrito o los múltiples dialectos indostaníes y chinos?

Santo Tomás tenía fama de ser el discípulo más letrado de todos, que en su mayor parte eran obreros. A falta de mármol o de bronce, ¿no habría grabado santo Tomás sobre tablas imperecederas aquellas cosas que hubiera visto, aquellas lecciones que aprendiera del Señor crucificado?

Los versos que me fueron comunicados por el lama budista del monasterio de Himis, y que yo ordené para darles sentido y conformarlos a las normas de la composición literaria, bien pudieran haber sido pronunciados por santo Tomás, o bien pudiera tratarse de esbozos históricos trazados por su propia mano o bajo su dirección.

¿Acaso no puede ser esta resurrección de libros que fueron enterrados bajo el polvo de eras seculares, el punto de partida de una ciencia nueva, fértil en resultados imprevistos e inimaginables?

Éstas son las cuestiones que plantea mi libro. La crítica se haría honor a sí misma si las examinara seriamente. El tema bien merece los esfuerzos. Contiene todos los problemas que agitan a la humanidad. Estoy convencido de que las investigaciones no serán infructuosas. Yo di el primer golpe con la piqueta y puse al descubierto el tesoro oculto, pero tengo razones para creer que la mina es inagotable.

Hoy ya no sucede como en los siglos pasados, en los que sólo una clase de hombres eran los depositarios de la verdad íntegra y entregaban a las masas su parte de esa propiedad indivisible, cada uno según sus necesidades. Hoy en día el mundo está ansioso de conocimiento, y todos tenemos derecho a pasar una página del libro de la ciencia y a conocer la verdad concerniente al Hombre-Dios, que nos pertenece a todos.

Creo en la autenticidad del relato budista porque no veo nada que pueda contradecirlo o invalidarlo desde un punto de vista histórico o teológico. Que sea estudiado y discutido. Que se me demuestre incluso que estoy equivocado. Pero eso no es razón para insultarme. Los insultos sólo demuestran una cosa: la impotencia de sus autores.

He puesto en práctica las palabras del profeta Daniel, que dice que llegará un tiempo en el que «muchos correrán de aquí para allá y aumentará el conocimiento». He estudiado, he buscado, he aprendido, he descubierto. Entrego mi conocimiento y mi descubrimiento a aquellos lectores que, como yo mismo, están deseosos de aprender y conocer.

Los entrego al público inglés, por medio de su editorial, con confianza total, y acepto de antemano su veredicto con la convicción plena de que será equitativo.

Muy atentamente,

N. NOTOVITCH

Prefacio

Desde que tuvo lugar la Guerra Turca (1877-78) he realizado una serie de viajes a Oriente. Tras visitar las localidades menos notables de la península de los Balcanes, comencé cruzando el Cáucaso por Asia central y Persia, y finalmente, en 1887, partí hacia la India, país maravilloso que me había atraído desde mi niñez.

El objetivo de este viaje era familiarizarme con los pueblos de la India, estudiar sus comportamientos y costumbres, investigando al mismo tiempo su gran y misteriosa arqueología y la naturaleza majestuosamente colosal de ese maravilloso país.

Errando, sin un plan fijo, de un lugar a otro, llegué hasta las montañas de Afganistán, desde donde volví a la India por los pintorescos pasos de Bolan y Guernai. Desde allí volví a ascender por el Indo hasta Rawalpindi, recorrí el Punjab, el país de los cinco grandes ríos, visité el Templo Dorado de Amritsar, la tumba del rey del Punjab Ranjit Singh, cerca de Lahore, y dirigí mis pasos hacia Cachemira, «el valle de la felicidad eterna».

Recomencé allí mi peregrinación y la curiosidad me condujo hasta llegar a Ladak, desde donde tenía la intención de regresar a Rusia por el Karakorum y el Turquestán chino.

Un día, en el transcurso de una visita que hice a un convento budista que se hallaba en mi camino, me enteré por el lama rector de que existían en los archivos de Lhasa documentos muy antiguos que trataban sobre la vida de Jesucristo y las naciones de Occidente, y que ciertos grandes monasterios poseían copias y traducciones de ellos.

Como me pareció entonces muy improbable que pudiera volver a visitar alguna vez ese país, decidí posponer mi regreso a Europa para una fecha posterior y, costase lo que costase, encontrar esos ejemplares bien en los grandes conventos ya mencionados o bien dirigiéndome a Lhasa. El viaje a Lhasa está lejos de ser tan peligroso y difícil como solemos creer; sólo presenta peligros a los que yo estaba bien acostumbrado y que no me hubieran impedido dirigirme allí.

Durante mi estancia en Leh, capital de Ladak, visité el gran convento de Himis, situado en los alrededores de la ciudad, cuya biblioteca, según me dijo su lama rector, contenía algunos ejemplares de los manuscritos en cuestión. Para no despertar las sospechas de las autoridades con respecto al objeto de mi visita al convento, y para evitar cualquier obstáculo que pudiera presentárseme en mis siguientes viajes por el Tíbet, pues yo soy ruso, di a conocer mi intención de regresar a la India y abandoné en seguida la capital de Ladak.

Una imprevista caída de mi caballo, que me causó la fractura de una pierna, me proporcionó una excusa inesperada para regresar al monasterio, donde se me prestarían los primeros auxilios. Aproveché mi breve estancia entre los lamas para obtener el consentimiento de su superior a fin de que me trajesen los manuscritos relativos a la vida de Jesucristo. De ese modo, y ayudado por mi intérprete, quien me los traducía de la lengua tibetana, pude escribir cuidadosamente en mi libro de notas lo que el lama me leía.

Sin dudar ni por un momento con respecto a la autenticidad de esa crónica, escrita con gran precisión por los historiadores brahmánicos, y más especialmente los budistas de la India y el Nepal, decidí publicar una traducción a mi regreso a Europa. Me dirigí con esa intención a varios eclesiásticos bien conocidos, suplicándoles que revisaran mis notas y me dijeran lo que pensaban de ellas.

Monseñor Platón, el famoso metropolitano de Kiev, fue de la opinión de que este descubrimiento revestía gran importancia. Me disuadió, sin embargo, de publicar la biografía, con el pretexto de que su aparición sólo podría traerme perjuicios. El modo en que podrían producirse éstos no me lo quiso explicar con más claridad el prelado. Como nuestra conversación tuvo lugar en Rusia, donde el censor habría puesto con seguridad veto a una obra de este tipo, resolví esperar. Un año más tarde, encontrándome en Roma, enseñé mi manuscrito a un cardenal que mantenía excelentes relaciones con el Santo Padre. Respondió textualmente lo siguiente: «¿De qué serviría publicar esto? Nadie le dará mucha importancia y usted se creará muchos enemigos. Sin embargo, ¡es usted todavía muy joven! Si lo que le interesa es cuestión de dinero, yo podría pedir que le diera una recompensa por sus notas, lo que le indemnizaría por los gastos en que hubiera incurrido y por el tiempo que ha perdido». Como es natural, me negué a ello.

En París, hablé de mis proyectos con el cardenal Rotelli, a quien había conocido previamente en Constantinopla. Se opuso también a la publicación de mi obra, alegando la razón de que sería prematura. «La iglesia —añadió— sufre ya demasiado por la nueva oleada de pensamiento ateo. Usted sólo conseguirá dar nuevo pasto a los detractores y calumniadores de la doctrina evangélica. Se lo digo en interés de todas las iglesias cristianas».

Fui entonces a ver a M. Jules Simon, quien encontró interesante mi relato y me recomendó que pidiera consejo a M. Renan, con respecto al mejor medio de publicar la biografía.

Al día siguiente estaba sentado en el estudio del gran filósofo. Nuestra entrevista terminó de este modo: M. Renan me propuso que le confiara la biografía para hacer un informe sobre ella a la Academia.

Esta proposición, como puede imaginarse, era muy lisonjera para mi amor propio. No obstante, me llevé mi obra con el pretexto de revisarla. Preveía que si aceptaba esa combinación sólo tendría el honor de haber descubierto la crónica, mientras que el ilustre autor de la *Vie de Jésus* se llevaría todo el prestigio comentándola y dándola a conocer al público.

Por tanto, como me consideraba bastante preparado para publicar la traducción de la crónica y acompañarla con mis notas, decliné amablemente la oferta que se me había hecho. Sin embargo, para no herir de ningún modo la susceptibilidad del gran maestro, a quien respetaba profundamente, decidí esperar a su fallecimiento, triste acontecimiento que predije, a juzgar por su debilitado estado de salud, no podía estar demasiado lejos.

Al hacerse realidad ese pronóstico, me apresuré a poner en orden las notas que ahora publico, reservándome el derecho de afirmar la autenticidad de estas crónicas y desarrollar en mis comentarios los argumentos que deberían convencernos de la sinceridad y buena fe de los compiladores budistas.

Sugiero, en conclusión, que antes de criticar mi comunicación, cualquier sociedad ilustrada equipe, con un pequeño desembolso, una expedición científica que tenga como misión la investigación en el lugar de origen de estos manuscritos, verificando así su valor histórico.

NICOLÁS NOTOVITCH

POSDATA. Durante mi viaje tomé un número considerable de fotografías muy curiosas, pero al llegar a Bombay y examinar los negativos descubrí que todos estaban estropeados. Esta desgracia se debió a la imprudencia del negro que me acompañaba, Philippe, a quien había confiado la caja que contenía las placas. Durante el viaje, como le resultaba pesada, había vaciado cuidadosamente el contenido, exponiendo así a la luz mi trabajo y volviéndolo inútil.

Por lo tanto, para ilustrar mi libro he recurrido a la extrema gentileza de mi amigo M. D'Auvergne, quien, por haber realizado un viaje al Himalaya, me ofreció amablemente una selección de sus fotografías.

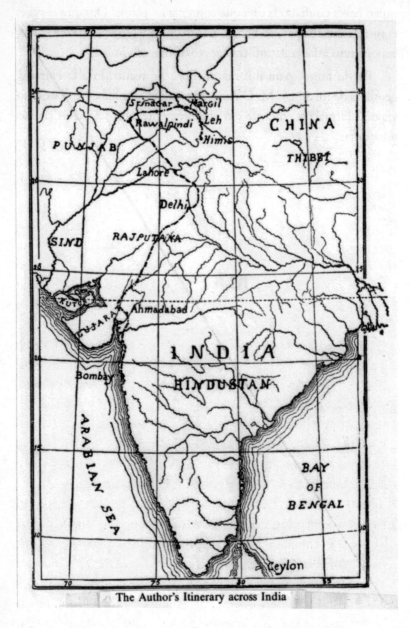

The Author's Itinerary across India

ITINERARIO DEL AUTOR POR LA INDIA

Viaje al Tíbet

Durante mi estancia en la India tuve con frecuencia la oportunidad de conversar con budistas, y lo que me relataron acerca del Tíbet despertó mi curiosidad hasta tal punto que decidí hacer el viaje a ese país relativamente desconocido. Elegí, con ese objetivo, una ruta que cruzara la provincia de Cachemira, lugar que desde hacía tiempo había intentado visitar.

El 14 de octubre de 1887 tomé un tren lleno de soldados y partí desde Lahore hacia Rawalpindi, adonde llegué al día siguiente hacia el mediodía. Tras descansar un poco y visitar la ciudad, que por su guarnición permanente tiene el aspecto de un campo de batalla, compré las cosas que consideré necesarias para acampar en zonas a las que todavía no había llegado el ferrocarril.

Ayudado por mi criado Philippe, un negro de Pondicherry que había tomado a mi servicio recomendado por el cónsul francés de Bombay, hice la maleta, alquilé una *tonga* (vehículo de dos ruedas tirado por ponis) y, tras instalarme en el asiento trasero, partí por el pintoresco camino que conduce a Cachemira.

Nuestra tonga avanzaba rápidamente sobre el terreno, aunque una vez tuvimos que pasar con considerable destreza a un gran convoy de soldados que, con el equipaje a lomos de camellos, formaba parte de un destacamento que regresaba a la ciudad después de una acampada a cielo abierto. Cruzamos pronto el valle del Punjab y, subiendo por un camino de interminables vueltas, penetramos en los zigzagues del Himalaya.

Aquí las escarpaduras se iban haciendo más y más abruptas, mientras el delicioso panorama de la región que acabábamos de atravesar formaba ondulaciones detrás de nosotros, hundido bajo nuestros pies. El sol iluminaba las cimas de las montañas con sus últimos rayos cuando nuestra tonga alegremente abandonó la ruta zigzagueante que habíamos recorrido sobre la cresta de la arbolada cima, a cuyos pies descansa Murree, un sanatorio repleto siempre, durante el verano, de familias de funcionarios ingleses que van allí buscando frescor y sombra.

Generalmente se puede disponer de una tonga desde Murree hasta Srinagar; pero al aproximarse el invierno, época en que todos los europeos abandonan Cachemira, se suspende el servicio. Emprendí mi viaje precisamente al final de esa estación, con gran asombro para los ingleses que me encontré por el camino de regreso a la India, quienes trataron en vano de adivinar el objetivo de mi viaje en esas fechas.

Como la carretera se estaba construyendo todavía en la época de mi partida, contraté caballos ensillados —no sin dificultad—, con el atardecer sobre nosotros cuando iniciamos el descenso de Murree, que se halla a una altitud de unos 1.500 metros (5.000 pies).

Nuestro viaje, por un oscuro camino lleno de baches debido a las lluvias recientes, no fue particularmente agradable, pues nuestros caballos tenían que sentir, más que ver el camino. Al caer la noche nos sorprendió una tormenta y, debido a frondosos robles que rodeaban el camino, nos vimos sumidos en una oscuridad tan impenetrable que, por miedo a perdernos de vista los unos a los otros, nos obligábamos a llamarnos gritando de vez en cuando. En esa oscuridad profunda, percibíamos las grandes masas rocosas que teníamos sobre nuestras cabezas, mientras que a la izquierda, oculto por los árboles, rugía un torrente cuyas aguas debían haber formado una cascada.

La lluvia helada nos caló hasta los huesos, y estuvimos atrapados en el barro durante casi dos horas hasta que una tenue luz en la distancia reavivó nuestras energías.

Sin embargo, las luces en la montaña son faros traicioneros. Perecen estar muy cerca cuando en realidad se hallan muy alejadas, y desaparecen para volver a brillar de nuevo conforme el camino va torciendo y girando, ahora a la derecha, ahora a la izquierda; ahora arriba, ahora abajo. Parecen complacerse en engañar al fatigado viajero, a quien la oscuridad oculta el hecho de que su ansiada meta está en realidad inmóvil y que su distancia se hace menor cada segundo.

Ya había abandonado toda esperanza de llegar a alcanzar la luz que habíamos divisado cuando reapareció de pronto, y esta vez tan cerca, que los caballos se detuvieron sin que nadie se lo ordenara.

Aquí debo dar las gracias sinceramente a los ingleses por la previsión que han mostrado al edificar en todos los caminos pequeños bungalós, posadas de una sola planta destinadas a resguardar a los viajeros. Cierto que uno no puede esperar demasiada comodidad en estos edificios semejantes a hoteles, pero es un asunto de pequeña importancia para el viajero fatigado, quien se siente más que agradecido por encontrar a su disposición una habitación seca y limpia.

Es indudable que los hindúes que estaban a cargo de ese bungaló no esperaban ver visitantes a una hora tan avanzada de la noche y en esa estación del año, pues habían abandonado el lugar llevándose las llaves, por lo que tuvimos que romper la puerta para abrirla. Una vez en el interior, me tumbé en una cama preparada a toda prisa por mi criado, con una almohada y una alfombra medio empapada de agua, tras lo cual quedé casi instantáneamente dormido.

Al alba, tras haber tomado té y una pequeña porción de carne enlatada, seguimos el viaje bañados por los ardientes rayos del Sol. De vez en cuando pasábamos junto a aldeas, al principio en un espléndido desfiladero, y luego a lo largo de un camino que transcurría por el corazón mismo de las montañas. Descendimos finalmente hasta el río Jhelum, cuyas aguas fluyen suavemente por entre las rocas, las cuales obstaculizan su curso, y entre dos barrancos cuyas cimas parecen casi tocar la bóveda celeste del cielo del Himalaya, que aquí presenta un aspecto notablemente sereno y sin nubes.

Llegamos al mediodía a la pequeña aldea de Tongue, situada a la orilla del río, la cual muestra una única hilera de cabañas que tienen aspecto de casas abiertas por la parte frontal. En ella se venden comestibles y todo tipo de mercancías. El lugar rebosa de hindúes, quienes llevan en la frente las señales diversamente coloreadas que identifican su casta. También pudimos ver hermosos habitantes de Cachemira, con sus largas camisas blancas y turbantes inmaculados.

Allí alquilé a alto precio un cabriolé hindú a uno de ellos. Este vehículo está construido de tal modo que para sentarse en él se ve uno obligado a cruzar las piernas *a la turca*, pues el asiento es tan pequeño que sólo pueden meterse dos personas bien apretadas. Aunque la ausencia de cualquier tipo de respaldo convierte en algo peligroso este tipo de locomoción, preferí pese a ello esta especie de tabla circular montada sobre ruedas, a un caballo, por el deseo de llegar al final de mi viaje lo más rápido posible.

No había conducido más de medio kilómetro cuando empecé a arrepentirme seriamente de haber abandonado al animal que dejé: así de cansado me sentía por la posición incómoda y por la dificultad que experimentaba a fin de mantener el equilibrio.

Por desgracia era ya tarde, la noche se nos había venido encima y cuando llegamos al pueblo de Hori sufría terribles calambres en las piernas. Me sentía deshecho por la fatiga, magullado por los incesantes saltos y totalmente incapaz de gozar de la pintoresca escena que se extendía ante mis ojos a lo largo del Jhelum, desde cuyas orillas se elevan por un lado escarpadas rocas y, por el otro, colinas arboladas.

En Hori me encontré con una caravana de peregrinos que regresaban de la Meca. Creyendo que yo era un doctor, y sabedores de mi prisa por alcanzar Ladak, me suplicaron me uniera a su grupo, lo que prometí hacer tras llegar a Srinagar, lugar al que partí, a lomos de caballo, al amanecer del día siguiente.

Pasé la noche en un bungaló, sentado en una cama con una vela en la mano, no atreviéndome a cerrar los ojos por miedo a ser atacado por un escorpión o un ciempiés. El lugar era un hervidero de ellos, y aunque me sentía avergonzado por la repulsión que despertaban en mí, seguía sin poder superar la sensación. ¿Pero dónde puede trazarse realmente la línea que divide en un hombre el valor de la cobardía? Ciertamente no debería alardear de especial valentía, aunque tampoco confesaría carecer de valor; sin embargo, la repulsión que estos repugnantes animalitos me inspiraban me impedía cerrar los ojos, a pesar de mi fatiga extrema.

Al amanecer, nuestros caballos se dirigían a trote ligero por un valle cerrado por altas colinas y, bañado por los rayos calientes del Sol, casi me quedé dormido en la silla. Una repentina sensación de frescura me despertó y percibí que empezábamos a ascender por un sendero montañoso a través de un vasto bosque que en ocasiones mostraba toda su extensión, permitiéndonos admirar con tranquilidad el magnífico curso de un torrente impetuoso, mientras que, en otros momentos, ocultaba a nuestra vista las montañas, el cielo y todo el paisaje, concediéndonos a cambio el canto de una multitud de pájaros de plumaje abigarrado.

Salimos del bosque hacia el mediodía, descendiendo hasta una aldehuela que había junto al río, en donde almorzamos antes de proseguir nuestro viaje. Visité el bazar donde traté de comprar un vaso de leche caliente a un hindú que estaba sentado en el suelo ante un gran recipiente de bebida hirviente. Es de imaginar mi sorpresa cuando este individuo me propuso que me llevara el recipiente con su contenido, afirmando que yo lo había contaminado.

—Yo sólo quiero un vaso de leche, no el cubo —protesté. Pero el hindú se mantuvo obstinado.

—Según nuestras leyes —insistió— si alguien que no pertenece a nuestra casta mira fijamente y durante un tiempo cualquier objeto o comestible que nos pertenezca, es nuestro deber lavar el objeto y arrojar el alimento a la calle. ¡Y tú, sahib, has contaminado mi leche! Nadie volverá a beber de ella; pues no sólo has fijado en ella tus ojos, sino que la has señalado con el dedo.

Era totalmente cierto. Primero había examinado cuidadosamente la leche para saber si era auténtica, y además había señalado el cubo del que quería que el hombre me llenara un vaso. Respetuoso con las leyes y costumbres extranjeras, pagué sin demora la rupia que me pedía —el precio de toda la leche que el mercader había vaciado en la cuneta— aunque sólo me beneficié de un vaso. Pero de ese incidente aprendí una lección: no fijar mi vista de nuevo en alimentos hindúes.

No hay creencia religiosa más complicada con ceremonias, leyes y comentarios que el brahmanismo. Mientras que las tres religiones principales sólo tiene una Biblia, un Testamento y un Corán, libros de donde extraen sus creencias judíos, cristianos y mahometanos, los hindúes brahmánicos poseen un número tan grande de comentarios en folio, que los brahmanes más ilustrados raramente logran tener tiempo para dominar más de una décima parte de ellos.

Dejemos a un lado los cuatro libros de los Vedas: los Puranas, escritos en sánscrito y con 400.000 estrofas relativas a teogonías, leyes, medicina, y la creación, destrucción y regeneración del mundo; los vastos Sastras, que tratan sobre matemáticas, gramática, etc.; los Oupovedas, los Aupanichadas y los Oupo-puranas, que sirven de índice a los Puranas; y una gran multitud de otros comentarios en muchos volúmenes. Siguen quedando los doce exhaustivos libros que contienen las leyes de Manu, nieto de Brahma, libros que tratan no sólo de las leyes civiles y penales, sino también de las normas canónicas, que imponen a sus adeptos un número tan sorprendente de ceremonias que uno se maravilla de la imperturbable paciencia de los hindúes en la observancia de los preceptos dictados por su santo.

Manu fue sin duda alguna un gran legislador y un gran pensador, aunque es tanto lo que ha escrito que a veces parece contradecirse en una misma página. Sin embargo, los brahmanes no se molestan en comentar ese problema; y los pobres hindúes, sobre cuyo trabajo prácticamente subsiste su casta, les obedecen con servilismo, aceptando cual evangelio sus mandatos de no tocar nunca a un hombre perteneciente a otra casta y no tolerar que un extraño fije su atención en sus bienes.

Manteniendo estrictamente esta ley, el hindú imagina que su mercancía queda contaminada por un extraño que la haya examinado. No obstante, el brahmanismo fue, incluso al comienzo de su segundo nacimiento, una religión puramente monoteísta que sólo reconocía un Dios eterno e indivisible.

Pero tal como ha sucedido desde siempre con todas las religiones, el clero se aprovechó de su posición privilegiada por encima de la masa ignorante para idear rápidamente diferentes leyes y formas externas de veneración, pensando que así actuaría con más seguridad sobre las masas; el resultado es que el principio del monoteísmo, tan claramente inspirado por los Vedas, ha degenerado en una serie ilimitada de absurdos dioses, diosas, semidioses, genios, ángeles y diablos, representados por ídolos de diversa forma y horribles todos ellos sin excepción.

El pueblo, en otro tiempo grande, cuando su religión era pura y elevada, ha degenerado ahora en un estado que roza la idiotez, habiendo devenido esclavo de la ejecución de un sinnúmero de ritos para cuya enumeración no basta un día.

Puede afirmarse que los hindúes existen simplemente para apoyar a la secta principal de los brahmanes, que tienen en sus manos el poder temporal antiguamente ostentado por los soberanos independientes del pueblo. En el ejercicio que detentan del gobierno sobre la India, los ingleses no intervienen en este aspecto de la vida pública, y los brahmanes se aprovechan de ello estimulando a la nación con la esperanza de un futuro diferente.

Pero volvamos a nuestro viaje. El Sol había bajado tras la cima de una montaña, y las sombras de la noche habían envuelto repentinamente la zona que atravesábamos. Pronto el estrecho valle por el que fluye el Jhelum parecía haberse quedado dormido, mientras nuestro camino, serpenteando por una cornisa de elevadas rocas, iba quedando gradualmente oculto a nuestra vista. Montañas y árboles se mezclaban en una sola masa sombría y las estrellas brillaban vivamente sobre nuestras cabezas.

Finalmente nos vimos obligados a desmontar y a hacer el camino a pie por el lado de la montaña, con las riendas en la mano, por miedo a convertirnos en víctimas del abismo que se abría a nuestros pies. A una hora avanzada de la noche, cruzamos un puente y subimos por el camino ascendente que conduce al bungaló de Uri, encaramado a gran altura y totalmente aislado.

Atravesamos al día siguiente una región encantadora, bordeando casi el río, en uno de cuyos giros vimos las ruinas de la fortaleza sij (*sikh*) elevarse solitarias, como si meditaran tristemente en la gloria de su pasado. En un pequeño valle encerrado en medio de las montañas encontramos otro bungaló acogedor, cerca del cual estaba el campamento de un regimiento de caballería del maharajá de Cachemira. Al enterarse de mi nacionalidad rusa, los oficiales me invitaron a pasar un rato con ellos, y tuve la oportunidad de conocer al coronel Brown, que fue el primero en compilar un diccionario de la lengua afgano-pushtu.

Deseoso de llegar a Srinagar lo antes posible, proseguí el viaje por una pintoresca región que, tras haber seguido durante un tiempo considerable el curso del río, se extendía al pie de las montañas. Ante nuestros ojos, cansados de la monotonía del paisaje anterior, aparecía ahora un valle bien poblado con casas de dos plantas rodeadas de jardines y campos cultivados. Un poco más allá comienza el famoso valle de Cachemira, situado tras una gama de altas colinas que crucé al anochecer.

Cuando llegué a la cima de la última elevación, que separaba el país montañoso que acababa de atravesar desde el valle, contemplé un panorama soberbio. El cuadro que formaba era verdaderamente encantador. El densamente poblado valle de Cachemira, cuyos límites se pierden en el horizonte, se halla situado en medio de las altas montañas del Himalaya. Al amanecer y al anochecer, la zona de las nieves eternas parece un anillo de plata, que rodea esta rica y encantadora llanura, surcada en todas direcciones por pequeños caminos y torrentes.

Jardines, colinas, un lago cuyos numerosos islotes están cubiertos de extrañas construcciones: todo conspira para transportar al viajero a otro mundo; le parece que ha alcanzado los límites del encantamiento, y cree hallarse por fin en el paraíso de sus sueños de la infancia.

Las sombras de la noche caían lentamente, fundiendo montañas, jardines y lagos en una masa sombría horadada sólo por luces distantes, como estrellas. Descendía por el valle, dirigiendo mis pasos hacia el Jhelum, el cual, uniendo sus aguas con las del Indo, había trazado por sí mismo un estrecho desfiladero en medio de las montañas. Según la leyenda, el valle fue en otro tiempo una especie de mar interior que una abertura entre dos rocas había secado, dejando sólo en su lugar el lago, algunas lagunas y el Jhelum, en cuyas orillas se hallan ahora alineados una serie de barcos largos y estrechos habitados todo el año por las familias de sus propietarios.

Desde aquí puede llegarse a Srinagar en un día de viaje a lomos de caballo, mientras que el viaje en barco dura día y medio. Decidí utilizar este último medio de transporte y, tras haber elegido una canoa y haber cerrado el trato con su propietario, me instalé cómodamente en la proa sobre una alfombra, protegido por una especie de toldo.

La barca partió a medianoche, conduciéndonos rápidamente hacia Srinagar. En el otro extremo, un hindú me preparó té, y al poco tiempo me quedé dormido, satisfecho, con el pensamiento de que mientras yo dormía, avanzaba en mi viaje.

Me despertó la cálida caricia de los rayos del Sol deslizándose por el toldo, y mi primera impresión de la escena circundante fue indescriptiblemente encantadora. Las orillas del río eran verdes, los perfiles distantes de las cimas de las montañas se hallaban cubiertos de nieve, los pueblos eran pintorescos y la superficie del agua, cristalina.

Aspiré con avidez el aire, peculiarmente rarificado y delicioso, escuchando un buen rato el gorjeo de una miríada de pájaros que volaban muy alto en la serenidad sin nubes del cielo. Tras de mí salpicaba el agua, agitada por una vara que manejaba con soltura una mujer soberbia de ojos maravillosos, piel dorada por el Sol y semblante lleno de gran indiferencia.

El ensoñador encantamiento de la escena producía en mí un efecto hipnótico. Olvidé la razón de mi presencia en el río, y en ese momento, en un exceso de bienestar, ni siquiera tenía deseos de alcanzar el final de mi viaje. Y sin embargo, ¡cuántas privaciones tenía aún que sufrir y cuántos peligros había de encontrar!

La canoa se deslizaba rápidamente, y el paisaje aparecía ante mis ojos, perdiéndose tras los confines del horizonte, fundiéndose y volviéndose uno con las montañas que habíamos pasado. Después, se extendió ante nosotros un nuevo panorama que parecía desenrollarse desde las laderas de las montañas, las cuales, a cada momento, daban la sensación de aumentar en tamaño. Llegó el crepúsculo y aún no me había cansado de contemplar esta naturaleza espléndida, cuya visión había despertado en mí los recuerdos más felices.

Al aproximarse a Srinagar, los pueblos escondidos en el verdor se vuelven más numerosos. Al acercarse nuestra barca, los escasos habitantes se precipitaban para vernos: hombres y mujeres vestidos igual con largas prendas que llegaban al suelo; ellos, con turbantes; ellas, con gorras; los niños, desnudos.

A la entrada de la ciudad se ve una línea de barcazas y casas flotantes, en las que residen familias enteras. Las cimas de las alejadas montañas, cubiertas de nieve, eran acariciadas por los últimos rayos del Sol poniente mientras nos deslizábamos entre las dos filas de casas de madera que bordeaban las orillas del río en Srinagar.

Los trabajos del día parecen cesar con la puesta del Sol. Miles de botes multicolores (*dunga*) y de barcazas con palanquines (*bangla*) estaban amarradas a lo largo de las orillas, donde nativos de ambos sexos, en los trajes primitivos de Adán y Eva, se dedicaban a realizar las abluciones de la noche, un rito sagrado que, a sus ojos, sobrepasa todo prejuicio humano.

El 20 de octubre desperté en una habitación pequeña y limpia con una hermosa vista sobre el río, que resplandecía entonces bajo el Sol de Cachemira. Como no es mi intención describir aquí detalles minuciosos de mi viaje, no trataré de enumerar las maravillas de este hermoso lugar con sus lagos, islas encantadoras, palacios históricos, pagodas misteriosas y bonitas aldeas: estas últimas están medio ocultas en grandes jardines, mientras por todas partes se elevan las majestuosas cimas del gigantesco Himalaya, cubiertas hasta donde la vista alcanza con su manto blanco de nieves eternas. Describiré simplemente los preparativos que hice para mi cercano viaje hacia el Tíbet.

En total pasé seis días en Srinagar, realizando largas excursiones por sus encantadores alrededores, examinando las numerosas ruinas que testifican la antigua prosperidad de la región y estudiando las curiosas costumbres del país.

Cachemira, como las otras provincias próximas, Baltistán, Ladak, etc., es vasalla de Inglaterra. Antiguamente formaban parte de las posesiones del «León del Punjab», Ranjit Singh. A su muerte, las tropas inglesas ocuparon Lahore, la capital del Punjab, separando Cachemira del resto del imperio, y la cedieron, bajo el título de derecho hereditario por la suma de 160 millones de francos, a Ghulab Singh, uno de los íntimos del difunto soberano, confiriéndole además el título de maharajá. En la época de mi viaje, el maharajá reinante era Pertab Singh, el nieto de Ghulab, cuya residencia se halla en Jammu, en la pendiente meridional del Himalaya.

El famoso Valle Feliz de Cachemira, de 135 kilómetros (84 millas) de longitud y de 40 de ancho (25 millas), se hallaba en la cima de su gloria y prosperidad en los tiempos del Gran Mogol, cuya corte amaba saborear aquí, en los pabellones de los islotes del lago, los placeres de una vida rural. La mayoría de los maharajás del Indostán venían aquí durante los meses de verano y tomaban parte al mismo tiempo en las magníficas fiestas ofrecidas por el Gran Mogol.

El tiempo ha cambiado ahora el aspecto del «Valle Feliz». Ya no es un valle feliz: las hierbas cubren la superficie límpida del lago, el enebro silvestre prolifera por las islas, ahogando toda otra vegetación, y los palacios y pabellones no son más que ruinas cubiertas por la hierba, los fantasmas de su antigua grandeza.

Las montañas de alrededor parecen invadidas por una tristeza universal, y sin embargo inspiran la esperanza de que tiempos mejores pueden rodear todavía sus bellezas inmortales. Los habitantes, en otros tiempos bellos, inteligentes y limpios, han degenerado en un estado medio idiota. Son perezosos y sucios, y ahora les gobierna el látigo y no la espada.

Las gentes de Cachemira han tenido tantos dueños diferentes y han estado tan expuestas a pillajes e incursiones de diversos tipos, que con el tiempo se han vuelto apáticas frente a todas las cosas. Pasan sus días cerca de los *mangals* (pequeñas estufas llenas de leña ardiente), chismorreando con sus vecinos u ocupándose del trabajo minucioso de sus famosos chales o de la ejecución de diseños de filigrana en oro o plata.

Las mujeres de Cachemira son melancólicas y sus rasgos están marcados por una tristeza inefable. La miseria y la inmundicia reinan por todas partes, los hombres hermosos y las mujeres soberbias van de un sitio para otro sucios y envueltos en harapos. Los ropajes de ambos sexos se componen, tanto en invierno como en verano, de una camisa de manga larga hecha de material grueso. No la desechan hasta que está totalmente desgastada, y jamás la lavan, por lo que los níveos turbantes de los hombres parecen deslumbrantemente blancos en comparación con esas prendas sucias y manchadas de grasa.

Llena de gran tristeza al viajero el contraste formado entre la riqueza y la opulencia de la naturaleza circundante y la situación miserable de las gentes, vestidas con harapos.

La capital del país, Srinagar (la Ciudad del Sol), o, si se quiere llamarla por el nombre que toma aquí del país, Cachemira, está situada en las orillas del Jhelum, extendiéndose hacia el sur, a lo largo de una distancia de cinco kilómetros. Sus casas de dos plantas, ocupadas por una población de 132.000 habitantes, son de madera y bordean el río Indo por ambos lados. La ciudad no tiene más de dos kilómetros de anchura, y todo el mundo vive cerca del río, cuyas orillas se hallan unidas por diez puentes.

Hay senderos desde las casas hasta la orilla del agua, donde realizan todo el día largas abluciones, toman baños y lavan los utensilios domésticos, compuestos generalmente de dos o tres recipientes de cobre. Una parte de los habitantes practican la religión mahometana, dos tercios son brahmanes y entre ellos sólo se encuentran unos cuantos budistas.

Se acercaba ya el tiempo de prepararme para mi siguiente aventura hacia lo desconocido. Dispuse varios comestibles enlatados, algunas frascas de vino y otras cosas indispensables para un viaje por un país tan deshabitado como el Tíbet. Tenía todos esos artículos empaquetados en cajas, contraté a diez porteadores y un *chicari*, compré un caballo para mi uso, y fijé el día de salida para el 27 de octubre.

Para animar mi viaje llevé conmigo, gracias a la amabilidad del Sr. Peychaud, un francés, cultivador de las viñas del maharajá, y un perro espléndido que había viajado anteriormente por Pamir con mis amigos Bonvalot, Capus y Pepin, los conocidos exploradores.

Tras elegir una ruta que acortara mi viaje dos días, envié a mis culis (criados indígenas) al amanecer, al otro lado del lago, que yo crucé en bote, uniéndome a ellos más tarde a los pies de la cadena montañosa que separa el valle de Srinagar de la garganta de Sind.

Nunca olvidaré las torturas que soportamos ascendiendo casi a gatas una cima de 900 metros (3.000 pies) de altitud. Los culis estaban sin aliento, y a cada momento temía ver a uno de ellos rodando montaña abajo con su carga. Me dolía el corazón ante el triste espectáculo ofrecido por mi pobre perro Pamir, el cual, con la lengua fuera, emitió finalmente un bajo gemido y cayó exhausto en el suelo. Olvidé mi fatiga extrema para acariciar y estimular al pobre animal, el cual, como si me entendiera, luchó para ponerse de pie, sólo para caer unos cuantos pasos más allá.

Había llegado la noche cuando alcanzamos la cima, en donde nos dejamos caer ansiosamente sobre la nieve con la esperanza de saciar nuestra sed. Tras un breve descanso, iniciamos el descenso a través de un bosque de pinos muy espeso, precipitándonos para llegar al pueblo de Haïena, al pie del desfiladero, antes de la llegada de las bestias de presa.

Una carretera en buen estado conduce desde Srinagar a Haïena, hasta el norte por Ganderbal, donde, tras haber rodeado el Sind y atravesado el sumamente fértil país que se extiende hasta Kangra, vuelve abruptamente hacia el este. 9,5 kilómetros (6 millas) más allá está la villa de Haïena, hacia donde dirigí mis pasos por una ruta más directa a través del paso mencionado, el cual reduce considerablemente el tiempo y la distancia.

Mis primeros pasos en lo desconocido estuvieron marcados por un incidente que nos hizo pasar a todos por una breve y mala experiencia. El desfiladero de Sind, de 96 kilómetros de longitud (60 millas), es famoso por sus habitantes poco hospitalarios, entre los que se encuentran panteras, tigres, leopardos, osos negros, lobos y chacales. Como para aumentar expresamente nuestro desconcierto, la nieve acababa de cubrir con su manto blanco las cimas de la cordillera, obligando así a estos habitantes formidables y carnívoros a descender un poco para buscar abrigo en sus guaridas.

Seguimos en silencio por un estrecho sendero en la oscuridad, que serpenteaba entre antiguos abetos y abedules, y sólo el sonido de nuestros pasos rompía la calma de la noche. De pronto, muy cerca de nosotros, un aullido terrible rompió el silencio del bosque. Nuestro pequeño grupo se quedó quieto. «¡Una pantera!», susurró mi criado con voz temblorosa por el miedo, mientras los otros culis se quedaban inmóviles en su sitio.

En ese momento recordé que durante la ascensión, por el cansancio, había confiado mi revólver a uno de los porteadores, y mi rifle Winchester a otro. Sentí ahora haberme separado de ambos y pregunté en voz baja dónde estaba el hombre a quien le había dado el rifle.

Los aullidos se hicieron más y más violentos, despertando los ecos del bosque silencioso, cuando de repente se escuchó un sonido apagado, como la caída de un cuerpo. Casi instantáneamente nos conmocionó el ruido de una lucha y el grito de agonía de un hombre, mezclado con el áspero aullido de una bestia hambrienta.

«Sahib, tome la escopeta», oí a mi lado. Cogí enfebrecidamente el rifle, pero no me servía de nada pues no podía ver a dos pasos de mí. Un nuevo grito seguido por un aullido sofocado me dio una ligera pista del escenario de la lucha y busqué a tientas, dividido entre mi deseo de «matar una pantera», salvando con ello, si era posible, la vida de la víctima cuyo grito habíamos oído, y el horrible miedo de resultar herido yo también.

Mis seguidores estaban paralizados por el miedo y sólo al cabo de cinco largos minutos conseguí, recordando lo poco que les gusta el fuego a las bestias salvajes, inducir a uno de ellos para que encendiera una cerilla y prendiera fuego a un montón de maleza. Vimos entonces a unos diez pasos de nosotros, tumbado en el suelo, a uno de nuestros culis, cuyos miembros habían sido literalmente despedazados por las garras de una pantera soberbia que, permaneciendo inmóvil, tenía aún en sus mandíbulas una porción de carne. A su lado había una frasca de vino que se había roto completamente.

Apenas tuve tiempo de llevarme el rifle al hombro cuando la pantera se alzó y, volviéndose hacia nosotros, dejó caer parte de su horrible comida. Por un instante pareció que iba a saltar sobre mí, pero de pronto se dio la vuelta y, lanzando un aullido que podría congelar la sangre en las venas, se metió en medio de la espesura y desapareció de nuestra vista.

Mis culis, a quienes un terrible miedo había mantenido postrados todo el tiempo sobre el suelo, se recuperaron ahora parcialmente de su terror. Preparados con haces de ramitas y cerillas, nos apresuramos con la esperanza de llegar a Haïena, abandonando los restos del desafortunado hindú por miedo a convertirnos en víctimas de un destino similar.

Una hora más tarde salíamos del bosque y entrábamos en la llanura. Allí instalé mi tienda bajo un árbol de espeso follaje, ordenando al mismo tiempo que encendieran un gran fuego, el único medio que teníamos de mantener a raya a los animales salvajes, cuyos terroríficos aullidos venían de todas direcciones. Mi perro, con el rabo entre las patas, se había mantenido en el bosque cerca de mi todo el tiempo; pero una vez estuvimos bajo la tienda recuperó repentinamente su valor y se pasó toda la noche ladrando sin cesar, sin aventurarse en cambio a sacar el hocico de la tienda.

Para mí fue una noche terrible. La pasé con el rifle en la mano, escuchando el concierto de temibles aullidos cuyos funerarios ecos llenaban el desfiladero. Atraídas por los ladridos de Pamir, varias panteras se aproximaron a nuestro campamento, pero el fuego las mantuvo a raya y no hicieron ningún intento contra nosotros.

Partí de Srinagar a la cabeza de once culis, cuatro de los cuales iban cargados con cajas de comestibles y frascas de vino, otros cuatro, con mis pertenencias personales, otro, con mis armas de fuego, y otro, con diversos utensilios, mientras que el último de todos actuaba como guía. Este individuo tenía el título de «chicari», que significa «el que acompaña al cazador para recoger la caza».

Le despedí tras nuestra noche en el desfiladero por su cobardía extrema e ignorancia absoluta del país, y comuniqué al mismo tiempo a seis de los culis que me abandonaran, manteniendo sólo a cuatro de ellos y sustituyendo a los otros por caballos a la llegada al pueblo de Gund. Tomé posteriormente a mi servicio a otro chicari, quien cumplía la función de intérprete y me había sido muy recomendado por el señor Peychaud.

¡Qué hermosa es la naturaleza en la garganta de Sind y con qué justicia es amada por todos los deportistas! Además de animales salvajes, pueden encontrarse allí ciervos y ciervas, cabras salvajes, y una gran variedad de aves, entre las que cabe mencionarse especialmente los faisanes dorados, rojos y blancos como la nieve, grandes perdices e inmensas águilas.

Los pueblos situados a lo largo del Sind no destacan por sus dimensiones. Generalmente se componen de diez a veinte casas de aspecto miserable, y sus habitantes van vestidos con harapos. El ganado pertenece a una raza muy escasa.

Tras haber pasado el río por Sumbal, me detuve cerca del pueblo de Gund para procurarme caballos. Siempre que se me plantaban esos útiles cuadrúpedos, empezaba a juguetear con el látigo, lo que me daba como resultado instantáneo el inspirar obediencia y respeto, mientras que por otro lado un poco de dinero me procuraba extremo servilismo y la ejecución inmediata de mis órdenes más insignificantes.

El palo y la rupia son los auténticos soberanos de Oriente. Sin ellos, incluso el propio Gran Mogol habría carecido de importancia.

Cayó la noche en breve y me precipité a cruzar el desfiladero que separa los pueblos de Gogangan y Sonamarg. El camino se halla en muy malas condiciones y está infestado de animales salvajes que salen por la noche en busca de presa, adentrándose incluso en los pueblos. Las panteras abundan y, por miedo a los estragos que causan, son pocas las personas que se atreven a morar en esta zona, a pesar de lo hermosa y fértil que es.

A la salida del desfiladero, cerca del pueblo de Tchokodar o Thajiwas, distinguí en la oscuridad dos formas oscuras que cruzaban el camino. Resultaron ser un par de osos, seguidos por otro más joven.

Como en aquel momento estaba solo con mi criado (pues habíamos partido antes de la caravana), no sentí ninguna prisa en particular por enfrentarme con ellos sólo con un rifle. Sin embargo, mi instinto de deportista se había desarrollado tanto con mis largas excursiones por las montañas que no puede evitar la tentación de un reencuentro. Saltando de mi caballo, apunté, disparé y, sin fijarme siquiera en el resultado, volví a cargar el rifle en un segundo.

En ese momento uno de los dos osos estaba a punto de lanzarse sobre mí cuando un segundo disparo le hizo volverse y desaparecer. Sosteniendo la escopeta recargada en mi mano, me acerqué entonces con precaución al punto al que había apuntado encontrando allí al otro oso tumbado sobre su costado con el pequeño cachorro saltando a su lado. Otro disparo abatió al pequeño, y mi criado se apresuró a despellejar a ambos animales, pues su pelaje es soberbio y tan negro como el azabache.

Ese encuentro nos hizo perder dos horas y había caído por completo la noche cuando instalé mi tienda cerca de Tchokodar, lugar que abandoné al amanecer para llegar hasta Baltal, siguiendo el curso del río Sind.

Termina en ese punto abruptamente el exquisito paisaje de la «pradera dorada» con un pueblo que lleva el mismo nombre (*Sona*, «oro» y *marg*, «pradera»). Viene entonces el monte de Zoji La [*La* significa «paso»], una abrupta cuesta de 3.600 metros (11.500 pies), más allá de la cual todo el país adquiere un aspecto *austero* e inhóspito.

Antes de Baltal terminaron mis escapadas deportivas; a partir de entonces sólo encontré cabras salvajes. Si hubiera deseado una expedición, habría tenido que abandonar el alto camino y penetrar en el corazón mismo de las montañas. No tenía ni tiempo ni inclinación para ello, por lo que continué tranquilamente mi ruta hacia Ladak.

Se produce una violenta transición al pasar de la naturaleza amable y la hermosa población de Cachemira a las áridas y toscas rocas y a los habitantes deformes y sin barba de Ladak. El país en el que acababa de penetrar tiene una altitud de 3.300 a 3.600 metros (11.000 a 12.000 pies); sólo en Kargil desciende el nivel a 2.400 metros (8.000 pies).

La cuesta de Zoji La es muy escarpada; hay que subir por un muro casi perpendicular. En determinados lugares, el camino serpentea sobre proyecciones de la roca que no tienen más de un metro de anchura, y te entra vértigo al ver el abismo insondable que hay abajo. En tales puntos, ¡sólo el cielo preserva al viajero de un paso en falso!

Hay un lugar donde se ha formado un puente a fuerza de introducir largas tablas en los agujeros de la roca, y de cubrir éstas con una capa de tierra ¡Qué horror!... Sólo de pensar que una piedra que rodara desde la ladera de la montaña o que una gran oscilación de las vigas pudiera precipitar la tierra al abismo, y con ella al infortunado viajero que hubiera arriesgado su vida sobre ella, mi corazón se detuvo más de una vez durante el peligroso viaje.

Superados nuestros peligros, nos detuvimos en un valle en el que nos dispusimos a pasar la noche cerca de la cabaña de un cartero, lugar que por su proximidad al hielo y a la nieve no resultaba particularmente atractivo.

Más allá de Baltal, las distancias están determinadas por medio de *daks*, es decir, oficinas de correos para el servicio postal. Se trata de cabañas bajas situadas a siete kilómetros de distancia unas de otras, y se establece una guardia permanente a cargo de cada una.

El servicio postal entre Cachemira y Tíbet sigue funcionando de modo muy primitivo. Las cartas se meten en una bolsa de cuero y se dan a un porteador. Este individuo que lleva sobre su espalda una cesta conteniendo varias bolsas similares, cubre rápidamente los siete kilómetros que le han asignado. Al término de su viaje entrega la carga a otro porteador, que a su vez realiza su tarea de manera idéntica. De este modo se transportan las cartas una vez por semana de Cachemira al Tíbet y viceversa, sin que la lluvia o la nieve obstaculice su transmisión.

Por cada dirección un porteador de cartas recibe seis annas (diez peniques), la suma que suele darse a los porteadores de mercancías. Mis culis pidieron una recompensa similar por transportar cargas por lo menos diez veces más pesadas. A uno le duele el corazón al ver a esos funcionarios pálidos y de aspecto cansado. Pero, ¿qué se puede hacer? Es la costumbre del país. El té se trae desde China de un modo similar, resultando este sistema de transporte rápido y económico.

Cerca del pueblo de Matayan encontré de nuevo la caravana de Yarkandiano, a quienes había prometido acompañar en su viaje. Me habían reconocido desde lejos y me rogaron en seguida que examinara a uno de su grupo que había enfermado. Le encontré retorciéndose en la agonía de una fiebre intensa. Moviendo mis manos en señal de desesperación señalé hacia el cielo, para tratar de hacerles entender que el estado de su camarada estaba más allá de la ciencia o la ayuda humana y que sólo Dios podría salvarle.

Como viajaban en lentas etapas, me vi obligado a dejarles a fin de llegar aquella misma noche a Dras, situado al fondo de un valle cercano al río del mismo nombre. Junto a Dras hay una pequeña fortaleza de muy antigua construcción, recién encalada, bajo la guardia de tres sijs del ejército del maharajá.

Mi domicilio allí fue una casa de correos, que es la única oficina de la única línea telegráfica de comunicaciones entre Srinagar y el interior del Himalaya.

A partir de ese momento ya no pude levantar mi tienda para la noche y tuve que tomar refugio en los lugares destinados a las caravanas, los cuales, aunque horriblemente sucios, estaban bien calientes gracias a enormes troncos encendidos.

Desde Dras hasta Kargil el país es sombrío y monótono, si se exceptúan los maravillosos amaneceres y anocheceres y los hermosos efectos de la luz de la Luna. A parte de eso, el camino es llano, interminable y se halla lleno de peligros. Kargil es la principal ciudad de la zona y residencia del gobernador del distrito. Su posición es muy pintoresca. Dos corrientes de agua, el Suru y el Wakka, chocan ruidosamente con las rocas, saliendo de sus diferentes desfiladeros para unirse dando lugar al río Suru, en cuyas orillas está el barro utilizado en las construcciones de Kargil.

Al romper el día, provisto de caballos descansados, seguí mi camino y entré en Ladak: el pequeño Tíbet. Crucé allí un puente oscilante formado, como todos los de Cachemira, por dos vigas largas, cuyos extremos se apoyan en las orillas, cubriendo el conjunto una capa de leña y ramitas que daban la ilusión de formar un puente colgante.

Poco después ascendí despacio hasta una pequeña llanura que cubre la ruta durante una distancia de dos kilómetros (1,25 millas), antes de descender por el estrecho valle de Wakka, lleno de pueblecitos, de los cuales, el más pintoresco, situado a la orilla izquierda, es Pashkyum.

Aquí pisé suelo budista. Los habitantes son sencillos y bondadosos; no parecen conocer lo que los europeos llamamos disputas. Las mujeres no abundan. Las que encontré se distinguían de las que había visto antes en la India y Cachemira por su aire alegre y prosperidad evidente en su semblante.

¿Cómo podía ser de otro modo, cuando en este país cada mujer tiene una media de tres a cinco esposos y del modo más legítimo del mundo? Aquí florece la poliandria. Por muy grande que sea una familia no hay más de una mujer en ella. Y si no excede de tres personas, puede unirse a ella un soltero si contribuye a los gastos generales.

Por norma, los hombres son de apariencia débil, bastante curvados, y raramente viven hasta la vejez. Durante mi viaje por Ladak, no encontré un solo hombre de pelo canoso.

El camino que va desde Kargil hasta el centro de Ladak tiene un aspecto mucho más vivo que el que acababa de atravesar, pues lo animaban numerosas aldeas, aunque los árboles y el verdor son extremadamente raros.

A 32 kilómetros (veinte millas) de Kargil, a la salida del desfiladero formado por la corriente rápida del Wakka, se encuentra el pequeño pueblo de Shergol, en cuyo centro se levantan tres capillas brillantemente pintadas, *t'horthenes* [pequeñas capillas mortuorias o en recuerdo a los muertos], por darles el nombre que tienen en el Tíbet.

Abajo, cerca del río, se encuentran grandes montones de piedras, agrupadas formando largas y anchas paredes sobre las que se han puesto en desorden aparente muchas piedras planas y de colores diversos grabadas con todo tipo de oraciones en urdo, sánscrito, tibetano e incluso en caracteres arábigos. Sin que se dieran cuenta mis culis, conseguí llevarme algunas de esas piedras que pueden verse ahora en el palacio del Trocadero. A partir de Shergol se encuentran con frecuencia estos embarcaderos oblongos.

A la mañana siguiente, al amanecer, provisto de caballos descansados, reanudé el viaje, deteniéndome cerca del monasterio (*gonpa*) de Mulbekh, el cual parece estar pegado al lado de una roca aislada. Debajo de él está la aldea de Wakka, y no muy lejos puede verse otra roca de apariencia singular que parece haber sido colocada en su posición actual por manos humanas. A su lado hay un Buda esculpido de varios metros de longitud, ornamentado con varios molinillos de oración.

Se trata de cilindros de madera cubiertos de tejidos amarillo y blanco y unidos a palos hundidos verticalmente en el suelo. Giran a la menor ráfaga de viento. El individuo que originalmente los colocó en la roca está exento de la obligación de orar, pues todo lo que un creyente puede pedir a Dios está inscrito allí.

Visto desde la distancia, el monasterio encalado produce un efecto muy extraño, al hallarse allí, erigido al lado de las ruedas de oración resaltando de forma pronunciada sobre el fondo gris de las colinas.

Dejé mis caballos en la aldea de Wakka, y seguido por mi intérprete, me dirigí hacia el gonpa, al que se accede por una estrecha cuesta cortada en la roca. Arriba fuimos recibidos por un corpulento lama, que tenía la escasa barba característica de la gente tibetana, y cuya sencillez sólo era excedida por su afabilidad.

Su indumentaria consistía en un hábito amarillo y un gorro del mismo color con orejeras de paño. En la mano derecha llevaba un molinillo de oraciones de cobre que de vez en cuando, sin interrumpir nuestra conversación, movía. Esta acción constituía una oración incesante, comunicada a la atmósfera para que fuera llevada más rápido al cielo.

Cruzamos una serie de habitaciones de techo bajo cuyas paredes, revestidas de anaqueles, mostraban varias imágenes de Buda de diferentes dimensiones, hechas con todo tipo de materiales y cubiertas de gruesas capas de polvo. Salimos por fin a una terraza abierta desde donde podía verse el inhóspito país circundante, cubierto de rocas grisáceas y atravesado por un camino solitario cuyas dos extremidades se perdían en los confines del horizonte.

Nos sentamos y nos sirvieron en seguida una cerveza hecha de lúpulo, elaborada en el propio monasterio, a la que llamaban *tchang*. Esta bebida produce una pronta robustez a los monjes, lo que se considera como un signo de favor particular del cielo.

Aquí se habla en lengua tibetana, cuyo origen es incierto. Una cosa sin embargo es cierta, y es que un rey del Tíbet, un contemporáneo de Mahoma, acometió la creación de una lengua universal para todos los seguidores de Buda. Con esa intención simplificó la gramática sánscrita y compuso un alfabeto que contenía un gran número de letras, sentando así los cimientos de una lengua cuya pronunciación es tan sencilla, como complicada y difícil resulta su escritura. Para representar un sonido han de emplearse no menos de ocho caracteres.

Toda la literatura moderna del Tíbet está escrita en esta lengua, que sólo se habla con pureza en Ladak y en Tíbet oriental. En todas las demás partes del país se utilizan dialectos formados por una mezcla de esta lengua madre con diferentes idiomas tomados de los pueblos vecinos.

El tibetano utiliza dos lenguas en la vida cotidiana, una de las cuales es absolutamente incomprensible para las mujeres, mientras la otra la habla toda la nación. Sólo en los gonpas se encuentra en su integridad la lengua tibetana.

Los lamas prefieren con mucho la visita de los europeos a la de los musulmanes. Le pedí una explicación de esto a mi anfitrión y me respondió lo siguiente: «Los musulmanes no tienen contacto con nuestra religión. Recientemente, en una campaña victoriosa para ellos, convirtieron por la fuerza al islamismo a una parte de nuestros correligionarios. Todos nuestros esfuerzos se centran en el intento de devolver a estos musulmanes, descendientes de budistas, al camino del auténtico Dios.

»Con respecto a los europeos el asunto es distinto. No sólo profesan los principios esenciales del monoteísmo, sino que tienen casi tanto derecho a ser considerados veneradores de Buda como los propios lamas del Tíbet.

»El único error de los cristianos ha sido que, tras haber adoptado las grandes doctrinas de Buda, deberían haberse separado completamente de él al crear para sí mismos un Dalai Lama distinto, pues sólo el nuestro tiene el don divino de ver cara a cara la majestad de Buda y también el poder de servir como intermediario entre la Tierra y el Cielo.»

—¿Quién es ese Dalai Lama de los cristianos de quien hablas? —pregunté—. Nosotros tenemos un «hijo de Dios» a quien dirigimos nuestras oraciones fervientes y a quien recurrimos para que interceda por nosotros ante nuestro Dios único e indivisible.

—No es de él de quien hablo, Sahib. Nosotros también respetamos a aquél que reconocéis como el Hijo del único Dios; pero no lo vemos como único Hijo, sino como un ser perfecto elegido entre todos. El espíritu de Buda encarnó ciertamente en la persona sagrada de Issa, el cual, sin ayuda del fuego o la espada, ha extendido el conocimiento de nuestra reiigión grande y auténtica por todo el mundo.

De quien hablo es de vuestro Dalai Lama terrenal, aquél al que habéis dado el título de «Padre de la Iglesia». Eso es un gran pecado; ojalá pueda ser perdonado a los rebaños que se han perdido.

Nada más decir eso, el lama hizo girar su molinillo de oraciones.

Entendía ahora que a quien había aludido era al Papa.

—Me has dicho que un hijo de Buda, Issa, ha extendido vuestra religión por la Tierra. ¿Quién es él?

Ante esta pregunta el lama abrió mucho los ojos, me miró asombrado y pronunciando algunas palabras que mi intérprete no pudo captar, dijo lo siguiente de forma algo ininteligible:

—Issa es un gran profeta, uno de los primeros tras los veintidós budas. Él es más grande que cualquiera de los Dalai Lamas, pues forma parte de la espiritualidad de nuestro Señor. Él es quien os ha iluminado, quien ha traído en el seno de la religión a las almas de los frívolos, y quien ha permitido a cada ser humano distinguir entre el bien y el mal. Su nombre y sus actos están registrados en nuestros escritos sagrados. Y al leer sobre su maravillosa existencia, que transcurrió en medio de un pueblo errante y caprichoso, lloramos por el pecado horrible de los paganos que, tras haberle torturado, le condenaron a muerte.

Quedé sobrecogido por el relato del lama. En el profeta Issa, en sus sufrimientos y muerte, en nuestro Dalai Lama cristiano, los budistas reconocen al cristianismo; todas estas cosas me hicieron pensar cada vez más en Jesucristo y supliqué a mi intérprete que fuera escrupuloso no omitiendo ni una sola palabra que pudiera decir el lama.

—¿Dónde pueden encontrarse esos escritos? ¿Y quién los escribió originalmente? —pregunté.

—Los rollos de pergamino principales, cuya compilación en relación con los acontecimientos se efectuó en la India y el Nepal en épocas diferentes, se encuentran en Lhasa en número de varios miles. En algunos de los monasterios principales hay copias, hechas por los lamas durante su estancia en Lhasa y en diversas épocas, y presentadas por ellos después a sus claustros como recuerdo de su peregrinaje a la sede del gran maestro, nuestro Dalai Lama.

—¿Pero vosotros, aquí, no tenéis copias relativas al profeta Issa?

—No tenemos ninguna. Nuestro convento no es importante y desde su formación nuestros lamas sucesivos sólo han tenido unos cuantos cientos de manuscritos a su disposición. Los grandes claustros tienen miles de ellos. Pero se trata de cosas sagradas que no te enseñarán en ninguna parte.

Nuestra conversación duró unos minutos más, y me fui al campamento meditando todo el rato en lo que me había contado el lama. ¡Issa, un profeta de los budistas! ¿Cómo pudo ser tal cosa? De origen judío, vivió en Palestina y en Egipto, y los evangelios no contienen ninguna palabra ni alusión al papel que pudo haber desempeñado el budismo en la educación de Jesús.

Decidí visitar todos los conventos del Tíbet con la esperanza de obtener información más amplia con respecto al profeta Issa, y ver quizá las copias de los documentos relativos a su vida.

Casi sin darnos cuenta, cruzamos el paso de Namika a una altitud de 3.900 metros (13.000 pies), desde donde descendimos al valle del río Sangeluma. Tras haber girado hacia el sur, llegamos a Kharbu, dejando atrás, en la otra orilla, numerosos pueblos, entre los cuales Chagdoom, en la cima de una masa rocosa, posee un emplazamiento extremadamente pintoresco.

Las casas son blancas, de dos o tres plantas, y tienen un aspecto muy alegre, característica que comparten con todos los pueblos de Ladak. Un europeo que recorra Cachemira pierde pronto toda huella de su estilo arquitectónico nacional; mientras que en Ladak, por el contrario, se ve agradablemente sorprendido a la vista de pequeñas casas en perfecto estado, con ventanas de bisagras, similares a las de cualquier ciudad de Europa.

Cerca de Kharbu, sobre dos rocas perpendiculares pueden verse las ruinas de una pequeña ciudad o pueblo. Se dice que una tormenta y un terremoto demolieron sus muros, que, sin embargo, no parecen dejar nada que desear en cuanto a solidez.

Al día siguiente atravesamos otro paso y cruzamos el Fotu La, de 4.000 metros (13.100 pies), en cuya cima se ha construido un pequeño t'horthene. Desde allí, siguiendo el lecho completamente desecado de un torrente, descendí hasta la aldea de Lamayuru, que aparece inesperadamente ante los ojos del viajero. Domina el pueblo un convento que cuelga en la ladera de una roca aislada y mantiene su equilibrio de un modo milagroso.

Las escaleras son desconocidas en ese monasterio. Se sube de una planta a otra con ayuda de cuerdas, y la comunicación exterior se realiza por medio de un laberinto de pasadizos y corredores. Bajo el convento, cuyas ventanas recuerdan a nidos de grandes aves, hay una pequeña posada que ofrece al viajero habitaciones escasas y poco atractivas.

Nada más llegar aquí, y cuando estaba preparándome para tenderme sobre una alfombra, mi apartamento se vio invadido de pronto por una serie de monjes con hábito amarillo que me acosaron con preguntas respecto a mi lugar de procedencia, el objetivo de mi viaje, etc., invitándome finalmente a subir al monasterio.

A pesar de mi fatiga, acepté su invitación y empecé a subir con ellos por un escarpado paso cortado en la roca, tan lleno de cilindros y ruedas de oraciones que los tocaba a cada momento poniéndolos a girar. Esos objetos piadosos han sido colocados allí con ese fin y para conseguir que los que por allí pasan no pierdan su tiempo en oraciones, como si los asuntos del día fueran demasiado absorbentes para permitirles el ocio de la devoción.

Muchos budistas piadosos utilizan con esa finalidad las corrientes de los ríos. He visto toda una serie de cilindros, con sus fórmulas usuales, colocados de tal modo en una orilla del río, que se mantienen en movimiento continuo gracias al agua, liberando así a sus propietarios de la obligación de rezar.

Al llegar a nuestro destino, me senté en un banco en una habitación débilmente iluminada cuyas paredes estaban decoradas con las inevitables imágenes de Buda, así como con los libros y molinillos, y mis locuaces anfitriones empezaron en seguida a explicarme el significado de cada objeto.

—Esos libros que tenéis aquí —les pregunté— se refieren sin duda a asuntos religiosos.

—Cierto, Sahib. Son volúmenes que tratan de los primeros y más importantes ritos de la vida pública. Poseemos varias partes de las palabras de Buda, consagradas al gran e indivisible Ser divino y a todo lo que ha salido de sus manos.

—¿Hay entre esos libros algún dato registrado del profeta Issa?

—No —contestó un monje— Sólo poseemos algunos tratados principales relativos a la observancia de los ritos religiosos. En cuanto a las biografías de nuestros santos, están recogidas en Lhasa. Incluso algunos de nuestros conventos más importantes no han tenido todavía tiempo para conseguirlas. Antes de llegar a este gonpa viví varios años en un gran monasterio al otro lado de Ladak y vi allí miles de libros y rollos de pergaminos copiados en diferentes épocas por los lamas del claustro.

Tras interrogar en mayor extensión a los monjes, me enteré de que ese convento se hallaba cerca de Leh. Sin embargo, mis repetidas preguntas levantaron sus sospechas, y con placer nada disimulado, volvieron a llevarme abajo, donde me retiré para descansar tras una ligera comida y tras haber encargado a mi hindú que preguntara con sensatez a los lamas más jóvenes del gonpa el nombre del monasterio en donde su jefe había vivido antes de su nominación para Lamayuru.

Al amanecer de la mañana siguiente, proseguí mi viaje, tras informarme el hindú de que no había sido capaz de extraer información alguna de los lamas, quienes evidentemente estaban a la defensiva. No me detendré aquí a describir la vida monástica de estos conventos pues es muy semejante a la de todos los claustros de Ladak. A continuación vi el famoso monasterio de Leh, a cuya visita me referiré con más detalle posteriormente.

En Lamayuru comienza un empinado descenso que a través de un estrecho y sombrío desfiladero conduce hacia el Indo. Sin tener ninguna idea de los peligros que presentaba ese descenso, envié de antemano a mis culis y partí por un sendero entre colinas de arcilla marrón, bastante suave en su comienzo, pero conducente más tarde a una especie de paso, estrecho y oscuro, que serpenteaba a los lados de la montaña y dominaba un horrible precipicio.

El camino era tan estrecho que si un jinete se hubiera encontrado conmigo, con toda seguridad no habríamos sido capaces de pasar ambos al mismo tiempo. Toda descripción sería insuficiente para transmitir una idea de la grandeza y belleza salvaje de esa garganta, con unas cimas cuyas crestas se precipitan hacia lo alto, hasta el cielo.

En ciertos puntos, el paso se vuelve tan estrecho que desde mi silla podía tocar con el látigo la roca opuesta, mientras que en otros, la muerte parecía mirarme a la cara desde las profundidades del abismo ahí abajo. Sin embargo, era demasiado tarde para pensar en desmontar. Sólo me quedaba lamentar la temeridad del paso que había dado y seguir adelante lo mejor que pudiera.

Este desfiladero es en realidad una grieta enorme debida a alguna sacudida tremenda de la Tierra que debió de haber separado violenta-mente dos masas inmensas de roca granítica. En el fondo pude ver una veta blanca apenas perceptible. Era un torrente impetuoso cuyo apagado ruido llenaba la garganta de un sonido misterioso. Por encima de mí serpenteaba una estrecha cinta azul, la única parte de la bóveda celeste visible entre las rocas.

Ver esta naturaleza majestuosa era en sí mismo un placer intenso. Al mismo tiempo, la mortal quietud, el terrible silencio de las montañas, roto sólo por el sonido melancólico de las aguas que había abajo, me llenaban de tristeza.

Durante una distancia de 13 kilómetros (ocho millas) tuve que experimentar esas sensaciones, agradables y deprimentes a la vez, hasta que de pronto, girando a la derecha, salí del desfiladero a un valle rodeado por rocas cuyas cimas se reflejaban en el Indo. En una orilla del río se halla la pequeña fortaleza de Khalsi, una famosa fortaleza que data de las invasiones musulmanas, cerca de la cual se encuentra el camino alto que conduce desde Cachemira hasta el Tíbet.

Tras haber cruzado el Indo por una especie de puente colgante que conduce a la puerta de la fortaleza, atravesé el valle y luego el pueblo de Khalsi, deseoso de pasar la noche en la aldea de Snourly, situada en el valle del Indo y construida en terrazas que descienden hasta el río.

Durante los dos días siguientes viajé con tranquilidad y sin dificultades a lo largo de las orillas del Indo, atravesando un país pintoresco que me llevó hasta Leh, la capital de Ladak.

Al cruzar el pequeño valle de Saspoula, cerca del pueblo que lleva su nombre, encontré, durante varios kilómetros, montículos de piedras y t'horthenes. Pasé también junto a dos monasterios, en uno de los cuales ondeaba la bandera francesa. Después me enteré de que un ingeniero francés se la había regalado a los monjes, quienes la utilizaban como objeto decorativo.

Pasé la noche en Saspoula, sin olvidar visitar los claustros donde vi por décima vez las imágenes cubiertas de polvo de Buda, las banderas y estandartes amontonados en una esquina, máscaras horribles por el suelo, libros y rollos de pergamino apilados sin orden alguno, y la usual exhibición de los cilindros de oración.

A los lamas parece producirles un placer particular el exponer esos objetos. Dan la sensación de estar presentando tesoros de gran importancia y son absolutamente indiferentes con respecto al interés que pueda mostrar por ellos el espectador. Su idea parece ser: «Debemos mostrar todo lo que poseemos con la esperanza de que sólo la visión de tantas cosas sagradas fuerce al viajero a creer en la grandeza divina del alma humana».

Con relación al profeta Issa me contaron lo mismo que antes, informándome de lo que ya sabía: de que los volúmenes que podían ilustrarme sobre él estaban en Lhasa, y que sólo los monasterios más importantes poseían copias de los mismos.

Ya no pensaba en pasar el Karakorum, sino sólo en descubrir esta historia, que podría arrojar quizá más luz sobre la vida interior del mejor de los hombres y amplificar al mismo tiempo la información algo vaga que dan los evangelios con respecto a él.

Un poco antes de Leh, a la entrada del valle que lleva su nombre, el camino pasa junto a una roca solitaria, en cuya cima hay una fortaleza flanqueada por dos torres (sin guarnición) y un pequeño convento llamado Pintak.

Una montaña de 3.200 metros (10.500 pies) de altitud protege la entrada del Tíbet. El camino se dirige entonces abruptamente hacia el norte en dirección a Leh, que se halla a una distancia de 9,5 km (6 millas) de Pintak y a una altura de 3.500 metros (11.500 pies) sobre basas de columnas inmensas de granito cuyas cimas, que oscilan entre los 5.500 y 5.800 metros (18.000 y 19.000 pies), se hallan cubiertas de nieves eternas.

La ciudad en sí, rodeada de álamos temblones poco desarrollados, se eleva en una sucesión de terrazas dominadas por una vieja fortaleza y por el palacio de los antiguos soberanos de Ladak. Por la noche entraba en Leh, instalándome en un bungaló construido especialmente para el uso de europeos que venían desde la India durante la temporada de caza.

Ladak

Ladak formaba parte originalmente del Gran Tíbet. Las frecuentes hordas de invasores del norte que atravesaban este país para conquistar Cachemira y las guerras que allí se habían producido, no sólo la habían reducido a la miseria, sino que también la habían privado, al pasar de las manos de un conquistador a otro, del dominio político de Lhasa.

Los musulmanes, quienes en una época remota habían tomado posesión de Cachemira y Ladak, convirtieron a la fuerza a los débiles habitantes del Pequeño Tíbet al islamismo. La existencia política de Ladak terminó con la anexión de este país a Cachemira llevada a cabo por los sijs, quienes permitieron a los ladakianos regresar a sus antiguas creencias.

Dos tercios de los habitantes se aprovecharon de esto para volver a levantar sus gonpas y regresar a sus antiguas costumbres. Sólo los baltistanos siguieron siendo musulmanes chiíes, secta a la que los conquistadores del país habían pertenecido. Sin embargo, sólo conservaban un parecido muy vago con el islamismo, el cual se revela principalmente en sus costumbres y en la práctica de la poligamia. Varios lamas me informaron de que no habían abandonado la esperanza de devolverles algún día a la fe de sus antepasados.

Desde el punto de vista religioso, Ladak está sometido a Lhasa, capital del Tíbet y residencia del Dalai Lama. Es aquí donde son elegidos los *khoutoukhtes*, es decir, los lamas supremos, así como los *chogzots*, que son los administradores. Políticamente se halla bajo la autoridad del maharajá de Cachemira, representado por un gobernador.

Los habitantes de Ladak pertenecen a la raza chino-turaniana y se dividen en ladakianos y tchampas. Los ladakianos llevan una vida sedentaria, construyen pueblos a lo largo de sus estrechos valles, viven en casas de dos plantas que conservan cuidadosamente y cultivan grandes áreas de tierra.

Son muy feos, de corta estatura, delgados y encorvados, de cabeza pequeña, y de frente estrecha y con entradas, pómulos prominentes y

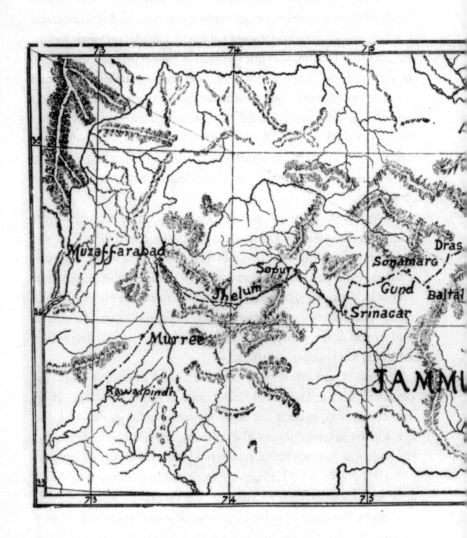

ITINERARIO DEL AUTOR POR CACHEMIRA Y LADAK

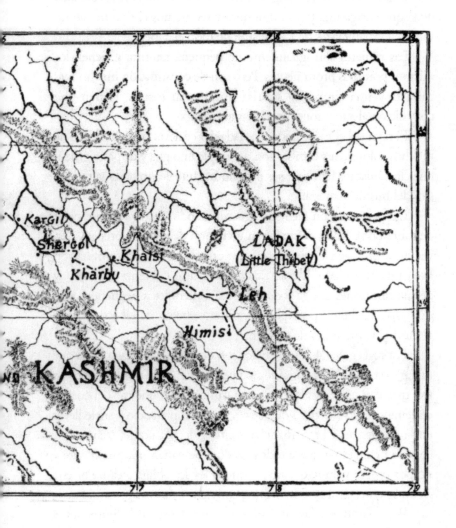

los ojos negros de la raza mongola, nariz plana, boca grande de labios delgados, barbilla débil y escasamente poblada de pelo, y mejillas ahuecadas, con muchas arrugas. Añadamos a esto una cabeza afeitada de la que cuelga una trenza diminuta y tendremos el tipo medio no sólo de los habitantes de Ladak sino de todo el Tíbet.

Las mujeres son igualmente de pequeña estatura y tienen los mismos pómulos prominentes. Pero son de constitución mucho más robusta y una simpática sonrisa ilumina su rostro. Tienen una disposición alegre y son muy dadas al regocijo.

El rigor del clima impide a los ladakianos llevar prendas ricas o de muchos colores. Sus camisas son de simple lino gris y de paño grueso que ellos mismos fabrican; sus pantalones, que llegan hasta la rodilla, son del mismo material.

Las personas con recursos siguen llevando la *choga* (una especie de sobretodo). En invierno llevan una gorra de piel con orejeras y en verano se protegen la cabeza con una gorra de paño, cuya terminación cuelga hacia un lado. Llevan zapatos de fieltro cubiertos de cuero, y de sus cinturones cuelga todo un arsenal de objetos pequeños: cajas de agujas, cuchillos, portaplumas, tinteros, bolsas de tabaco, pipas y el inevitable molinillo de oración.

Por regla general, los tibetanos son de disposición tan ociosa que una trenza que se haya soltado no vuelve a trenzarse por lo menos en tres meses, y no se deshacen de una camisa hasta que cae del cuerpo en harapos. El sobretodo que llevan está siempre sucio y suele llevar en la espalda una gran mancha aceitosa dejada por la trenza, que engrasan cuidadosamente todos los días. Se bañan una vez al año, y no por propia voluntad, sino porque la ley les obliga a ello. Por esta razón se entenderá fácilmente que conviene evitar su proximidad.

Por el contrario, las mujeres son muy amantes de la limpieza y el orden. Se lavan diariamente y con el mínimo pretexto. Su vestimenta se compone de una camiseta corta y sin manchas que oculta la deslumbrante blancura de su piel, y una chaqueta roja, que llevan sobre sus hombros bien redondeados, cuyo dobladillo va metido dentro

MUJERES LADAKIANAS

de unos bombachos de paño rojo y verde. Esta última y original prenda la llevan acolchada como protección contra el frío. Gastan botas de media caña de color rojo, revestidas de piel; y en el interior la vestimenta se completa con una falda de paño ancha y muy trenzada.

Suelen llevar trenzas muy apretadas, y en la cabeza, sujetas con horquillas, llevan grandes piezas de paño suelto, para seguir la moda de las mujeres italianas. Bajo este tocado cuelgan a modo de extraña moda diversos guijarros brillantemente coloreados, así como monedas y fragmentos de metales esculpidos.

Se cubren las orejas con orejeras de paño o piel y llevan pieles de oveja para protegerse la espalda. Las mujeres pobres se contentan con pieles ordinarias de animales, mientras que las de buena posición llevan pellizas de paño rojo bordadas con flecos dorados.

Cuando pasean por la calle o visitan a sus amigas, las mujeres llevan siempre en su espalda cestas de forma cónica, cuyas pequeñas bases miran hacia el suelo, y van llenas de turba, que es el principal combustible del país.

Toda mujer posee cierta cantidad de dinero que es suya por derecho, y la gasta generalmente en joyas, comprando a pequeño coste grandes turquesas que añade a los diversos ornamentos de su tocado.

La mujer ladakiana goza de una posición social envidiada por todas las mujeres de Oriente, pues no sólo es libre sino que además se la tiene en gran respeto. Con la excepción de una pequeña cantidad de trabajo en el campo, pasa la mayor parte de su tiempo haciendo visitas. Y hay que hacer notar aquí que el chismorreo ocioso es desconocido para ella.

La población asentada en Ladak se dedica a la agricultura, pero los habitantes poseen tan poca tierra (la asignación de cada uno raramente excede los diez acres) que los ingresos que extraen de ella no son suficientes para hacer frente ni al pago de los impuestos ni a las necesidades mínimas de la vida. El nivel social inferior lleva el nombre de *Bem*, y se evita escrupulosamente la relación con cualquiera de sus miembros.

JÓVENES VESTIDOS PARA UNA BODA

Durante las horas de ocio que les quedan tras las labores del campo, los habitantes se entregan a la caza de la cabra tibetana, cuya lana es muy estimada en la India. El sector más pobre de la población, que no puede permitirse el equipo necesario para la caza, ofrece sus servicios como culis.

Esta ocupación es compartida por las mujeres, quienes soportan muy bien la fatiga y gozan de una salud mucho mejor que la de sus esposos, cuya pereza llega hasta tal punto que, antes de moverse, son capaces de pasarse toda una noche al aire libre, sin preocuparse del calor ni del frío, tumbados sobre un lecho de piedras.

La poliandria (a la que me referiré con más detalle) es un factor que mantiene unida a la población. Crea grandes familias que cultivan la tierra para el bien común, ayudadas de yaks, *zos* y *zomos* (bueyes y vacas). Un miembro de una familia no puede separarse de ella, y si muere su parte revierte a la comunidad.

Apenas se siembra otra cosa que no sea trigo, que por el rigor del clima tiene unos granos muy pequeños. También se cultiva cebada, pulverizándola para la venta.

Cuando han terminado las tareas del campo, todos los hombres van a las montañas a recoger la hierba silvestre *enoriota*, así como el gran espino *dâma*. Con ellas hacen combustible, escaso en Ladak, donde no se ven nunca bosques ni jardines y sólo ocasionalmente se encuentra en una orilla del río un pequeño grupo de sauces o álamos. Cerca de los pueblos se encuentran también álamos temblones, pero por falta de terreno fértil, la horticultura y la jardinería son tarea difícil.

La ausencia de madera es evidente sobre todo en los habitáculos, construidos a veces con ladrillos secados al Sol, pero más frecuentemente con piedras de tamaño mediano, unidas con una especie de argamasa compuesta de arcilla y paja troceada. Estos edificios, de dos plantas, están cuidadosamente encalados por la parte frontal y los marcos de las ventanas están pintados de llamativos colores. Los tejados, horizontales, forman terrazas, decoradas habitualmente con flores silvestres, y ahí, durante la estación buena del año, los habitantes matan el tiempo contemplando la naturaleza y haciendo girar sus molinillos de oración.

Cada vivienda tiene varias habitaciones y entre ellas hay una siempre aparte para los huéspedes, cuyas paredes están decoradas con soberbias pieles. En las otras habitaciones hay camas y muebles. Las personas ricas poseen también oratorios llenos de ídolos y consagrados a la oración.

Aquí la vida es muy regular. Por lo que respecta a los alimentos, hay poco donde elegir, y la base alimenticia del ladakiano es de lo más simple. El desayuno consiste en una rebanada de pan de centeno. A mediodía, se pone en la mesa un cuenco de madera lleno de harina a la que se le añade agua templada. Se remueve eso con palitos hasta obtener la consistencia de una pasta espesa con la que se forman finalmente pequeñas bolas a las que se les agrega leche.

Por la noche se sirve pan y té. La carne se considera un lujo superfluo. Sólo los deportistas introducen una pequeña cantidad en su dieta alimenticia en forma de cabra salvaje, águilas y faisanes blancos, que abundan en el país. Durante todo el día, y con el menor pretexto, se bebe tchang, una especie de cerveza clara sin fermentar.

Si ocurre que un ladakiano, montado en un poni (y personas tan privilegiadas son raras de ver), inicia una expedición para buscar trabajo en el vecindario, se provee de una pequeña cantidad de comida. Al llegar la hora de comer, desmonta cerca de un río o corriente, llena una pequeña taza de madera (de la que nunca se separa) con un poco de harina, la amasa con agua y finalmente la consume.

Los *tchampas* (nómadas), que componen la otra mitad de la población de Ladak, son mucho más pobres y al mismo tiempo menos civilizados que los ladakianos sedentarios. En su mayor parte son deportistas y desprecian totalmente las ocupaciones agrícolas.

Acampan normalmente en las cimas de las montañas, donde el frío es intenso. Mientras que los ladakianos son escrupulosamente veraces y les gusta aprender, pero son desesperadamente ociosos, los tchampas, por el contrario, son muy irascibles, extremadamente activos y muy mentirosos, y profesan además un desdén extraordinario por los conventos.

Entre estos últimos habitan los pobladores de Khamba, procedentes de las afueras de Lhasa, que llevan la existencia miserable de un grupo de gitanos que vagan por los caminos. Se hallan incapacitados para cualquier tipo de trabajo, y hablan una lengua distinta a la del país en el que buscan su sustento, por lo que son objeto de ofensa generalizada, siendo tolerados sólo por piedad ante su deplorable situación, cuando el hambre les obliga a ir en grupo a buscar alimento por los pueblos.

La poliandria, predominante en todas las familias tibetanas, suscitó en mí gran curiosidad. No es en absoluto consecuencia de las doctrinas de Buda, pues existía mucho antes de su llegada. En la India ha adquirido proporciones considerables y constituye un factor determinante para mantener dentro de los límites una población siempre en incremento, aunque también contribuye a ello la costumbre abominable de estrangular a los bebés recién nacidos del sexo femenino, pues los esfuerzos de los ingleses en su lucha contra la supresión de esas posibles madres futuras no han sido fructíferos.

El propio Manu estableció la poliandria como ley, y algunos predicadores budistas que han abjurado del brahmanismo introdujeron esa costumbre en Ceilán, Tíbet, Mongolia y Corea. Reprimida durante mucho tiempo en China, la poliandria, que florece en el Tíbet y en Ceilán, se encuentra también entre los Kalmouks, los Todas del sur de la India y los Nairz de la costa de Malabar. Rastros de esta extraña costumbre familiar los vemos también entre los tasmanios y, en Norteamérica, entre los iroqueses.

Si hemos de creer a César, la poliandria también floreció en Europa, pues leemos en su libro *De bello Gallico* (Libro Quinto): «Uxores habent deni duodenique inter se communes, et maxime fratres cum fratribus et parentes cum liberis»[13].

---

[13] Las esposas son compartidas por grupos de diez o doce hombres, especialmente entre hermanos y entre padres e hijos. (Julio César: *La conquista de las Galias*).

El resultado de todo esto es que es imposible considerar la poliandria una costumbre exclusivamente religiosa. En el Tíbet, teniendo en cuenta la pequeña porción de tierra arable por habitante, se explica mejor por motivos económicos. Para mantener el millón y medio de habitantes que en el Tíbet se distribuyen sobre una superficie de 1.200.000 km², los budistas se vieron obligados a adoptar la poliandria: cada familia, además, estaba destinada a dedicar uno de sus miembros al sacerdocio.

El primer hijo varón se consagra siempre al gonpa, el cual se encuentra invariablemente sobre una elevación a la entrada de cada pueblo. En cuanto el niño ha alcanzado los ochos años de edad es confiado a las caravanas que pasan en ruta hacia Lhasa, ciudad en donde permanece siete años como novicio en uno de sus gonpas.

Allí aprende a leer y escribir, estudia los ritos religiosos y se familiariza con los rollos de pergamino sagrados escritos en pali, antiguamente la lengua del país de Magadha, que tiene fama de ser el lugar de nacimiento del Buda Gautama.

El hermano mayor de la familia elige esposa, que pasan a compartir todos los miembros de su familia. La elección de la novia y de la ceremonia nupcial revisten un carácter muy rudimentario.

En cuanto una mujer y sus esposos han decidido el matrimonio de uno de sus hijos, el mayor de ellos es enviado para hablar con un vecino que tenga una hija casadera. La primera y segunda visitas transcurren con una conversación más o menos banal, acompañada de frecuentes libaciones de tchang; sólo en la tercera visita el joven declara su intención de tomar esposa. Se presenta entonces la hija de la familia, generalmente no desconocida del solicitante, pues en Ladak las mujeres nunca se tapan el rostro con un velo.

Una joven no suele casarse sin su propio consentimiento. Si lo desea, se va con su novio, convirtiéndose en su esposa y en la esposa de sus hermanos. Un hijo único puede enviarse a una mujer que tenga sólo dos o tres esposos, ofreciendo convertirse en su cuarto marido. Ese ofrecimiento raramente es declinado y el joven se instala inmediatamente con su nueva familia.

LEH, CAPITAL DE LADAK (PEQUEÑO TÍBET), VISTA
DESDE EL CARARE

Los padres de una pareja recién casada suelen vivir con ella hasta el nacimiento del primer hijo. El día siguiente a la llegada de ese nuevo miembro de la familia, los abuelos entregan toda su fortuna a la joven pareja y se van a vivir a una pequeña vivienda lejos de ellos.

A veces, se pacta el matrimonio entre simples niños que viven separados hasta llegar a una edad casadera. Cada mujer tiene derecho a un número ilimitado de esposos y amantes. En este último caso, si conoce a un joven que la complace, le lleva a casa, despide a todos sus esposos, y vive con el que prefiere, anunciando que ha tomado un *jing-tuh* («amante»), noticia que es recibida por los esposos con absoluta sangre fría.

Aquí sólo se tienen las ideas más vagas acerca de los celos. El tibetano tiene una sangre demasiado fría para conocer el amor. Ese sentimiento sería para él un anacronismo si no fuera porque lo considera una violación flagrante de los usos establecidos. En una palabra, para él el amor es egoísta e injustificable.

En ausencia de uno de los esposos, se ofrece su lugar a un soltero o a un viudo. Estos últimos son una gran minoría en Ladak, pues las esposas sobreviven generalmente a sus débiles maridos. A veces se elige a un viajero budista que tiene que detenerse por sus asuntos en el pueblo. Del mismo modo, un marido que viaje o busque trabajo en una zona vecina se beneficia en cada parada de una hospitalidad semejante por parte de sus correligionarios, cuya generosidad, sin embargo, no siempre carece de otras intenciones.

A pesar de la peculiaridad de su posición, las mujeres son tenidas en gran estima y gozan de absoluta libertad para la elección de sus esposos o jing-tuh. Siempre están de buen humor, interesadas por todo lo que sucede, y son libres de ir adonde quieran, salvo a las cámaras de oración principales de los monasterios, cuyo acceso les está totalmente prohibido.

Los niños sólo consideran a sus madres. No sienten afecto por los padres por la razón evidente de que parecen tener demasiados. Si bien no apruebo ni por un momento la poliandria, no puedo condenarla en el Tíbet, pues, sin ella la población aumentaría prodigiosamente y el hambre y la miseria abrumarían a la nación, llevando con ellas el siniestro cortejo de robos, asesinatos y otros crímenes que son absolutamente desconocidos en todo el país.

Una fiesta en un gonpa

Leh, capital de Ladak, es una pequeña ciudad que se jacta de no tener más de cinco mil habitantes y está compuesta de dos o tres calles de casas pintadas de blanco. En el centro está la «plaza» cuadrada del bazar, en donde los mercaderes de la India, China, Turquestán, Cachemira y diversas partes de Tíbet vienen a intercambiar sus bienes por el oro tibetano que les llevan los nativos, buscando no sólo suministros de ropa para sus monjes, sino hasta los más pequeños objetos útiles.

Un palacio viejo y deshabitado se eleva en una colina desde la que se domina la ciudad, en cuyo centro se encuentra la enorme residencia de dos plantas de mi amigo el visir Surajbal, gobernador de Ladak, un simpatiquísimo punjabí que se licenció en filosofía en Londres.

Para animar mi estancia en Leh, organizó en la plaza del bazar un gran partido de polo [el polo, juego favorito de los emperadores mogoles, fue introducido en la India por los conquistadores musulmanes novecientos años antes], mientras que por la noche se celebraban danzas y juegos frente a la terraza de su casa.

Numerosas hogueras emitían una brillante luz sobre las multitudes que se apiñaban para ver el espectáculo. Formaban un gran círculo, en cuyo centro un grupo de actores disfrazados de diablos, bestias y brujos, se desplazaban aleteando, saltando y girando en una danza rítmica, acompañada de una música monótona al son de dos largas trompetas y un tambor.

El barullo infernal y el griterío continuo de la muchedumbre me fatigaba en extremo. El espectáculo concluyó con las graciosas danzas de las mujeres tibetanas, quienes haciendo piruetas y balanceándose de un lado a otro, nos hacían una gran reverencia al llegar a nuestra

RETRATO DEL GOBERNADOR DE LADAK

INSCRIPCIÓN EN EL REVERSO DE LA FOTOGRAFÍA:

«DE PANDIT SURAJBAL MANPHAL (OXON.) A NICOLÁS NOTOVITCH, EN LEH, NOVIEMBRE DE 1887. COMO MUESTRA DE UNA INTERESANTE RELACIÓN EN LOS CONFINES AL NORTE DE LA INDIA.»

ventana, saludándonos cruzando las muñecas con el golpeteo de sus bracaletes de cobre y marfil.

A primera hora del día siguiente partí hacia el gran convento de Himis, el cual se halla en una pintoresca situación, en la cima de una masa rocosa desde la que se domina el valle del Indo. Es uno de los monasterios más importantes del país, y es sustentado gracias a las contribuciones de los habitantes y a los subsidios enviados desde Lhasa.

En la carretera que conduce a él, tras haber cruzado el Indo por un puente cercano en donde se unen numerosos pueblos, se encuentran los interminables embarcaderos cubiertos de piedras grabadas y de t'horthenes, que nuestros guías procuraban especialmente pasar por el lado derecho. Yo quise girar con mi caballo a la izquierda, pero los ladakianos me hicieron en seguida deshacer mis pasos, conduciendo mi caballo por la brida hacia la derecha y explicándome que tal era la costumbre del país. Traté de descubrir, inútilmente, el origen de esa superstición.

Proseguimos nuestro camino hacia el gonpa, dominado por una torre con parapetos dentados visibles desde lejos, y nos encontramos ante una gran puerta pintada de colores vivos, la entrada a un gran edificio de dos plantas que encierra un patio pavimentado con pequeñas piedras.

A la derecha, en uno de sus ángulos, hay otra gran puerta pintada, ornamentada con capas de cobre. Es la entrada del templo principal, cuyo interior está decorado con pinturas de los ídolos principales y en donde puede verse una enorme imagen de Buda flanqueada por una multitud de deidades menores.

A la izquierda hay una galería con un inmenso molinillo de oración, y allí se agruparon todos los lamas del convento, con su jefe, a nuestra llegada. Bajo la galería había varios músicos con tambores y largas trompetas. A la derecha del patio, una sucesión de puertas conducía a las habitaciones de los monjes, todas decoradas con imágenes sagradas y ornamentadas con pequeños molinillos de oración, encima de los cuales había tridentes con cintas pintadas de rojo y negro.

LAMAS TIBETANOS

En medio del patio se elevaban dos grandes mástiles en cuyo extremo superior ondeaban al viento colas de yaks y las largas tiras de papel con preceptos religiosos inscritos en ellas. A lo largo de todas las paredes del convento había molinillos de oración adornados con cintas.

Reinaba un silencio profundo, y todo el mundo esperaba ansiosamente el inicio de algún misterio religioso. Ocupamos nuestro lugar en la galería, no lejos de los lamas. Casi inmediatamente, los músicos produjeron con sus largas trompetas sonidos monótonos y suaves, acompañándose con un curioso tipo de tambor circular unido a una estaca fija en el suelo.

A las primeras notas del canto melancólico que siguió a esa extraña música se abrieron las puertas del convento, dando acceso a unas veinte personas disfrazadas de animales, aves, diablos y monstruos de todo tipo. Llevaban en sus pechos fantásticos dispositivos de demonios y cabezas de la muerte bordadas en seda china de varios colores, mientras que de sus tocados, que tomaban la forma de sombreros cónicos, colgaban largas cintas multicolores cubiertas de inscripciones. En sus caras llevaban máscaras, en las que estaba bordada en seda blanca la cabeza de la muerte.

Ataviados así, recorrieron lentamente el circuito de los mástiles, extendiendo los brazos de vez en cuando y elevando al aire con la mano izquierda una especie de cuchara, una parte de la cual se componía de un fragmento de cráneo humano ornamentado con pelo, tomado, me aseguraron, de cráneos de enemigos.

El paseo alrededor de los mástiles se convirtió al poco rato en una suerte de saltos inquietos. Tras un prolongado tamborileo se detuvieron de pronto, para empezar de nuevo blandiendo hacia el cielo, de un modo algo amenazador, unos palos con cintas amarillas.

Finalmente, tras haber saludado al lama rector, se aproximaron a la entrada del templo, donde aparecieron en ese momento otros enmascarados con las cabezas cubiertas con máscaras de cobre. Llevaban una vestimenta compuesta de materiales bordados de varios colores. En una mano sostenían una pandereta, y con la otra hacían

MÚSICOS DEL MONASTERIO

sonar pequeñas campanas. De cada pandereta colgaba una bola, que, al menor movimiento de la mano, rebotaba contra la piel sonora del instrumento.

Estos nuevos intérpretes recorrieron el patio varias veces marcando el compás con las panderetas, y tras cada vuelta creaban un alboroto ensordecedor tocándolas todos al unísono. Al terminar corrieron hacia la puerta del templo y se agruparon en las escaleras que había delante.

Se produjo un silencio general, roto en seguida por la aparición de una tercera compañía de hombres disfrazados, con máscaras enormes que representaban a distintas deidades, llevando cada uno un tercer ojo en la frente. A su cabeza marchaba Thlogan-Poudma-Jungnas, que literalmente significa «aquél que nació en la flor de loto», acompañado de otra máscara ricamente ataviada y sosteniendo un gran parasol amarillo cubierto de dibujos.

Su comitiva se componía de varios dioses magníficamente vestidos: Dorje-Trolong, Sangspa Kourpo (es decir, el propio Brahma) y otros. Estos actores, tal como nos explicó el lama sentado a nuestro lado, representaban las seis clases de seres sometidos a metamorfosis: los dioses, semidioses, hombres, animales, espíritus y demonios.

A cada lado de estos personajes, que avanzaban tranquilamente, marchaban otras máscaras con vestidos de seda de sorprendentes tonos. Llevaban coronas doradas con seis bordes floridos rematados en punta y cada uno llevaba un tambor. Realizaron el circuito de los mástiles las tres veces prescritas con el sonido de una música ronca e incoherente, y finalmente se sentaron en el suelo rodeando a Thlogan-Poudma-Jungnas, quien en seguida introdujo con admirable gravedad dos dedos en su boca, emitiendo un profundo silbido.

Como respuesta a esta señal, unos hombres jóvenes vestidos de guerreros salieron del templo. Llevaban monstruosas máscaras verdes adornadas con pequeñas banderas triangulares, camisas cortas y ajorcas de cascabeles con cintas. Producían un estrépito infernal con sus panderetas y cascabeles, y giraban alrededor de los dioses sentados en el suelo.

ACTORES DISFRAZADOS CON SOMBREROS CÓNICOS

Les acompañaban dos hombres grandes vestidos con mallas que hacían el papel de bufones, ejecutando todo tipo de movimientos grotescos y cómicos. Uno de ellos, que bailaba todo el tiempo, golpeaba continuamente el tambor de su compañero. Esto provocaba las delicias en la multitud, que recompensaba sus contorsiones con grandes risas.

Se unió luego a la multitud un grupo de actores que personificaban los mayores poderes después de la Divinidad. Su disfraz se componía de mitras rojas y pantalones amarillos. Llevaban las campanas y panderetas habituales y ocuparon su lugar frente a los dioses.

Casi los últimos actores en entrar en escena aparecieron llevando máscaras rojas y marrones y tres ojos pintados en el pecho. Éstos, junto con los bailarines precedentes, se dividían en dos clases, actuando con acompañamiento de panderetas y música general y realizando una danza salvaje: avanzando, retrocediendo, girando en círculos y formando columnas, llenando las pausas con grandes reverencias.

Al cabo de un tiempo, esta escena de agitación, que nos fatigaba terriblemente, empezó a calmarse un poco. Dioses, semidioses, reyes, hombres y espíritus se levantaron y, seguidos por los demás disfrazados con máscaras, dirigieron sus pasos hacia la entrada del templo, desde donde fueron precedidos con la máxima gravedad por una serie de hombres admirablemente disfrazados de esqueletos. Todas estas salidas se habían dispuesto previamente y cada una tenía su significado particular.

El cortejo de bailarines dejó su sitio a esos seres de aspecto fúnebre, quienes dirigieron sus pasos con gravedad hacia los mástiles. Se detuvieron allí, manipulando piezas de madera que colgaban de sus costados de tal modo que imitaban con perfección el castañeteo de las mandíbulas.

Dieron tres vueltas alrededor del patio, marchando al ritmo intermitente de los tambores, y entonaron finalmente un canto religioso. Movieron una vez más sus mandíbulas artificiales, cerraron los dientes y, con algunas dolorosas contorsiones más, se detuvieron.

MÁSCARAS DE COBRE

En ese momento tomaron y rompieron una efigie del enemigo del hombre, hecha con una especie de yeso blanco y colocada al pie de uno de los mástiles, y los más ancianos entre los espectadores distribuyeron los trozos entre los esqueletos como signo de su resignación a unirse a ellos al cabo de poco tiempo en los cementerios.

Habiendo terminado la representación, el lama rector vino hacia mí y me suplicó que le acompañara a la terraza principal para beber tchang, el cual abundaba en honor de la fiesta. Acepté complacido su invitación, pues la cabeza me daba vueltas por el prolongado espectáculo que acababa de presenciar.

Tras haber cruzado el patio y subido por una escalera revestida con molinillos de oración, pasamos por las dos habitaciones repletas de ídolos y salimos a la terraza, donde me senté en un banco frente al venerable lama, cuyos ojos chispeaban de inteligencia. Nos trajeron entonces jarras de tchang tres monjes, los cuales llenaron pequeñas copas de cobre que entregaron primero a su jefe, y luego a mí y a mis acompañantes.

—¿Le ha gustado nuestra fiesta? —me preguntó el lama.

—La encontré muy interesante —contesté. —De hecho, me hallo todavía bajo la influencia del espectáculo. Pero, a decir verdad, nunca tuve la más ligera sospecha de que el budismo en sus ceremonias religiosas pudiera presentarse de una forma tan extravagante.

—Ninguna religión —replicó el lama— tiene ceremonias más teatrales que las nuestras. Pero este aspecto ritualista no viola en modo alguno los principios fundamentales del budismo. Lo consideramos como un modo práctico de mantener a la masa ignorante en el amor y la obediencia al Creador único, algo así como el juguete con el que el padre se gana el afecto y la sumisión de su hijo. En el pueblo, es decir, en las masas sin educación, vemos a los hijos del Padre.

—¿Pero qué significado tienen todas esas máscaras, vestimentas, campanas y danzas, en una palabra, toda la representación, la cual parece realizarse según un programa fijo? —pregunté yo.

THLOGAN-POUDMA-JUNGNAS

—Tenemos varias fiestas similares durante el año —respondió el lama—. Se representan los misterios y se invita a los actores a tomar parte en ello. Tienen absoluta libertad por lo que respecta a sus movimientos y gestos y deben ceñirse sólo a los detalles y límites de una idea central.

—Nuestros misterios no son más que pantomimas, que tienden a mostrar a los dioses gozando del alto grado de veneración que trae como recompensa al hombre la serenidad del alma y la creencia en la vida inmortal.

»Los actores reciben sus vestimentas de los conventos y actúan según indicaciones generales, manteniendo plena libertad de acción. El efecto que producen es ciertamente imponente, pero sólo nuestro pueblo puede apreciar el significado de su actuación. Creemos que también ustedes recurren a procedimientos similares que sin embargo no alteran en modo alguno su principio de monoteísmo.

—Perdóneme —contesté—, pero ¿cabe alguna duda de que la cantidad de ídolos que se encuentran en sus gonpas constituyan una flagrante violación de este principio?

—Como ya le he dicho —replicó el lama— el hombre se encuentra, y se encontrará siempre, en su infancia. Lo entiende todo, ve y siente la grandeza de la naturaleza, pero sigue siendo incapaz de comprender la Gran Alma creadora y animadora de todas las cosas.

»El hombre ha buscado siempre lo tangible; nunca ha conseguido creer durante mucho tiempo lo que ha escapado a sus sentidos materiales. Siempre ha hecho todo lo posible por encontrar un medio directo de comunicación entre él y el Creador, lo cual le ha hecho mucho bien, y al mismo tiempo, como erróneamente cree, un gran mal.

»Por esa razón ha adorado todos los rasgos de la naturaleza que tienen una influencia beneficiosa. Tenemos un impresionante ejemplo de esto en los antiguos egipcios, quienes veneraban a los animales, los árboles, las piedras, los vientos y las lluvias.

»También otras naciones se volvieron ignorantes, pues, al percibir que las lluvias no siempre traían buenas cosechas y los animales podían

ACTORES DISFRAZADOS EN LA COMITIVA
DE LOS DIOSES

desobedecer a sus dueños, buscaron intermediarios directos entre ellas y los grandes misterios y el poder insondable del Creador. Por tanto, crearon ídolos, a los que consideraron como neutrales con respecto a su medio, y a cuya mediación recurrían constantemente.

»Desde las épocas más remotas hasta hoy, repito, el hombre se ha inclinado siempre hacia lo tangible. Los asirios, al buscar el modo que podía conducirles a los pies del Creador, volvieron sus ojos hacia las estrellas, las cuales contemplaban con adoración por estar más allá de las posibilidades de alcance. Los güebres han conservado esa creencia hasta hoy.

»La nulidad del hombre y la ceguera de su inteligencia le hacen incapaz de concebir el vínculo invisible y espiritual que le une a la gran Divinidad. En ello está la explicación de su atenuación del principio divino y la razón de que busque siempre el dominio de las cosas palpables.

»Tenemos una nueva ejemplificación de esto en el brahmanismo, cuyos seguidores, abandonándose al amor de las formas exteriores, han creado no de golpe sino gradualmente todo un ejército de dioses y semidioses. Al mismo tiempo, el hombre no se ha atrevido nunca a atribuir una existencia divina y eterna a las imágenes visibles producidas por sus manos.

»Quizá el pueblo de Israel haya demostrado de un modo más evidente que cualquier otro el amor del hombre por todo lo concreto. Pues a pesar de la serie de milagros maravillosos realizados por su gran Creador, que es el mismo para todos los pueblos, no pudieron resistirse a fundir un dios de metal en el momento mismo en que su profeta Moisés se hallaba en comunicación con el Altísimo, en nombre de ellos.

»El budismo ha pasado por modificaciones similares. Nuestro gran reformador, Sakyamuni, inspirado por el Juez Supremo, tenía una verdadera comprensión de la majestad e indivisibilidad del Maestro. Por esta razón, se separó abiertamente de los brahmanes y de su doctrina politeísta, predicando la pureza e inmortalidad del Creador, y haciendo todo lo posible para derribar las imágenes hechas, se suponía, a Su semejanza.

ACTORES DISFRAZADOS CON CORONAS DORADAS

»El éxito que él y sus discípulos tuvieron entre el pueblo provocó una notable persecución contra él por parte de los brahmanes, quienes, contrariamente a las leyes del Ser Supremo, trataban al pueblo con el mayor despotismo, creando nuevos dioses simplemente para aumentar la fuente de sus ingresos personales.

»Nuestros primeros santos profetas, a quienes damos el título de Budas —es decir, de hombres sabios y santos, creyendo que son encarnaciones del Gran Creador—, se establecieron desde muy antiguo en varios países del globo. Como sus prédicas apuntaban ante todo contra la tiranía de los brahmanes, y el pecado de haber hecho de su religión un simple asunto comercial, encontraron el mayor número de seguidores entre las clases inferiores de China e India.

»Entre estos santos profetas se rinde especial veneración al Buda Sakyamuni (conocido en China con el nombre de Fô), quien vivió hace tres mil años y con sus enseñanzas puso a toda China en el camino único, verdadero e indivisible de Dios, y también el Buda Gautama, quien vivió hace dos mil quinientos años y convirtió casi a la mitad de los hindúes a la misma creencia [en el budismo tradicional, el nombre "Sakyamuni" (sabio clan Sakya) hace referencia a Gautama Buda (hacia los años 563-483 a. C.)].

»El budismo se divide en varias sectas, diferenciándose unas de otras sólo en algunas ceremonias religiosas, siendo el fundamento de su doctrina igual en todas partes. A nosotros, los budistas tibetanos se nos conoce como lamaístas [de la palabra *lama*, "superior"], y nos separamos de los foístas hace unos mil quinientos años. Hasta entonces formábamos parte de los veneradores de Fô-Sakyamuni, el primero en compilar todas las leyes hechas por los diversos Budas en el tiempo del gran cisma en la religión brahmánica.

»Después de años, un khoutoukhte mongol tradujo al chino los libros del gran Buda, por lo que recibió como recompensa del emperador de China el título de "Go-Chi", preceptor del rey, título que tras su muerte fue concedido al Dalai Lama del Tíbet y que siempre han llevado los que han ocupado ese cargo.

EL DIOS DE LOS ANIMALES

»Nuestra religión admite dos órdenes de monjes, los rojos y los amarillos. Los primeros reconocen la autoridad del Panchen, quien reside en Tashi Lumpo y es el jefe de la administración civil del Tíbet, y pueden casarse. Pero nosotros, los monjes amarillos, hemos hecho voto de celibato y nuestro jefe directo es el Dalai Lama. Aparte de esa diferencia, el ritual de las dos órdenes es idéntico.»

—¿Ambos tienen representaciones de misterios similares a la que he presenciado hoy?

—Sí, con muy pocas variaciones. Antiguamente estas fiestas se realizaban con la pompa más solemne, pero desde la conquista de Ladak nuestros conventos han sido saqueados más de una vez y se han llevado nuestras riquezas. Ahora tenemos que contentarnos con vestimentas blancas y utensilios de bronce, cuando en el verdadero Tíbet sólo se ven recipientes y tejidos de oro.

—En una visita reciente que hice a un gonpa, uno de los lamas me habló de cierto profeta o, como dirían ustedes, un Buda, llamado Issa. ¿Puede decirme algo relativo a su existencia? —pregunté yo ansioso por aprovechar una oportunidad favorable para sacar a colación un tema que tenía cercano.

—Los budistas respetan mucho el nombre de Issa —respondió mi anfitrión—. Pero poco se sabe de él, salvo los lamas rectores, quienes han leído los rollos de pergamino relativos a su vida. Ha habido un número infinito de Budas como Issa, y existen 84.000 rollos repletos de detalles de las vidas de cada uno; pero pocos han leído más de una centésima parte de ellos.

»Según la costumbre establecida, cada estudiante o lama que visita Lhasa debe hacer un regalo de una o más copias al convento al que pertenece. Nuestro gonpa, entre otros, posee ya un gran número. Se encuentran entre ellos descripciones de la vida y actos del Buda Issa, quien predicó la santa doctrina en la India y entre los hijos de Israel y fue condenado a muerte por los paganos, cuyos descendientes han abrazado desde entonces los dogmas que él propagó y que creemos son los vuestros.

JÓVENES VESTIDOS DE GUERREROS

»El gran Buda, Alma del Universo, es la encarnación de Brahma. Permanece casi siempre pasivo, conservando dentro de sí todas las cosas desde el principio de los tiempos, y su aliento vivifica al mundo. Sin embargo, tras haber abandonado al hombre a sus propios recursos, en determinadas épocas por inercia propia, toma forma humana y salva a sus criaturas de la ruina irremediable.

»Durante su existencia terrena Buda crea un nuevo mundo entre su pueblo esparcido. Y, tras haber cumplido su tarea, abandona la Tierra para reanudar su estado invisible y su vida de perfecta bendición.

»Hace tres mil años, el gran Buda encarnó en el famoso príncipe Sakyamuni, continuando así el plan de sus veinte encarnaciones. Hace 2.500 años la gran Alma del mundo encarnó de nuevo en Gautama, asentando los cimientos de un nuevo reino en Birmania, Siam y diferentes islas.

»Poco después, el budismo comenzó a extenderse por China, gracias a la energía de los hombres sabios que hicieron lo posible por propagar la santa doctrina. Y bajo el gobierno de Ming Ti de la dinastía Han hace 1.823 años [recuérdese que el Sr. Notovitch visitó el convento en 1887] los preceptos de Sakyamuni fueron universalmente aceptados. Simultáneamente a la llegada del budismo a China, sus dogmas eran difundidos entre los israelitas.

»Hace casi 2.000 años el Ser perfecto, interrumpiendo de nuevo su estado de inactividad, encarnó en el hijo recién nacido de una familia pobre. Fue su voluntad que un niño, con palabras sencillas, iluminara al ignorante con respecto a la vida eterna por medio de su propio ejemplo, devolviendo a los hombres a los caminos de la verdad al trazar ante ellos los senderos que con mayor seguridad conducen al logro de la pureza moral.

»Cuando el niño santo era todavía un muchacho le llevaron a la India, en donde estudió hasta la vida adulta las leyes del gran Buda que habita eternamente en los cielos».

En ese momento, mi interlocutor empezó a mostrar una fatiga evidente y comenzó a hacer girar su molinillo de oraciones como

JÓVENES VESTIDOS DE GUERREROS

señal de su deseo de poner fin a la conversación. Hice, por tanto, precipitadamente, las preguntas siguientes:

—¿En qué lengua están escritos los rollos principales relativos a la vida de Issa?

—Los documentos traídos de la India al Nepal y del Nepal al Tíbet referentes a su existencia están escritos en la lengua pali y ahora se encuentran en Lhasa. Pero hay en este convento una copia en nuestra lengua, es decir, en tibetano.

—¿Cómo consideran a Issa en el Tíbet? ¿Tiene fama de santo?

—La gente ignora su existencia misma. Sólo los lamas rectores, que han estudiado los documentos relativos a su vida, saben algo de él. Pero como su doctrina no constituye una parte canónica del budismo y sus veneradores no reconocen la autoridad del Dalai Lama, el profeta Issa no es aceptado en el Tíbet como santo.

—¿Sería un pecado recitar esas copias a un extranjero? —pregunté.

—Lo que pertenece a Dios —contestó el lama— pertenece también al hombre. Nuestro deber nos obliga a ayudar con la máxima gracia a propagar Su palabra sagrada. Lo que ya no sé es dónde se encuentran los papeles; pero si vuelve a visitar nuestro gonpa me complacerá enseñárselos.

En esos momentos entraron dos monjes, pronunciando algunas palabras no inteligibles para mi intérprete y se retiraron en seguida.

—Me llaman a los sacrificios —dijo el lama— Le ruego me excuse.

Hizo entonces una reverencia y desapareció dirigiendo sus pasos hacia la puerta. Como no tenía nada mejor que hacer, me retiré a la habitación que me habían asignado, donde pasé la noche tras compartir una cena ligera.

Al día siguiente regresé a Leh, pensando en algún pretexto que me permitiera volver a visitar el convento. Dos días más tarde envié al lama rector, por medio de un mensajero, un regalo compuesto de un despertador, un reloj de bolsillo y un termómetro, informándole al mismo tiempo de mi deseo de regresar si era posible al convento antes de irme a Ladak, con la esperanza de que me permitiera ver el libro que había constituido uno de los temas de nuestra conversación.

Había concebido el proyecto de llegar a Cachemira y en un momento posterior partir desde allí a Himis, pero el destino lo ordenó de otro modo. Pues al pasar ante la colina, en lo alto de la cual se encarama el gonpa de Pintak, mi caballo tropezó y caí al suelo con tal violencia que me fracturé la pierna derecha por debajo de la rodilla.

Por tanto, me era imposible proseguir mi viaje y, como no tenía ningún deseo de regresar a Leh o de pedir hospitalidad en el gonpa de Pintak (un lugar poco saludable), ordené que me llevaran a Himis, donde pude llegar tras medio día de lento viaje.

De forma improvisada me entablillaron la pierna fracturada, operación que me produjo intenso sufrimiento, y me pusieron sobre mi silla, con un culi llevando el caballo de la brida, mientras otro me sujetaba la pierna. Cruzamos el umbral de Himis a una hora avanzada de la noche.

Enterados de mi accidente, todos salieron a verme. Me condujeron con gran cuidado al mejor de sus aposentos y me pusieron sobre un lecho de material suave, cerca del cual había un molinillo de oración. Todo esto se realizó bajo la vigilancia inmediata del superior, quien apretó cariñosamente la mano que le ofrecí en gratitud por su amabilidad.

Al día siguiente, yo mismo me hice una tablilla mejor para la pierna, con la ayuda de pequeñas piezas oblongas de madera unidas con cuerdas, y permaneciendo absolutamente inmóvil mejoré tanto que al poco tiempo me hallaba en estado de abandonar el gonpa y partir hacia la India en busca de ayuda quirúrgica.

Mientras un joven del convento mantenía en movimiento el molinillo de oraciones que había junto a mi lecho, el venerable superior me entretuvo con interminables e interesantes historias, sacando constantemente el despertador y el reloj de sus cajas y haciéndome preguntas con respecto a sus usos y al modo en que debían tratarse.

Finalmente, accediendo a mis sinceras súplicas, terminó trayéndome dos grandes volúmenes de páginas amarillentas por el tiempo y de ellos me leyó en lengua tibetana la biografía de Issa, que yo anoté cuidadosamente en mi diario de viaje conforme mi intérprete iba traduciendo lo que él decía. Este curioso documento está escrito en forma de versos aislados, carentes muy a menudo de secuencia.

A los pocos días, mi estado había mejorado tanto que pude seguir mi camino. Por tanto, tras tomar las precauciones apropiadas con respecto a mi pierna rota, rehice mis pasos, dirigiéndome a la India a través de Cachemira. Este viaje, realizado en etapas lentas, duró veinte días y me produjo grandes sufrimientos.

Sin embargo, gracias a una camilla que me envió cortésmente el Sr. Peychaud (aprovecho esta ocasión para agradecerle la hospitalidad que me concedió) y a un ukase del gran visir del maharajá de Cachemira, quien dio a las autoridades una orden para que me proporcionaran porteadores, pude llegar a Srinagar, lugar que abandoné casi en seguida, pues estaba deseoso de llegar a la India antes de que cayeran las primeras nevadas.

En Murree conocí a otro francés, el conde André de Saint Phall, quien estaba realizando un viaje de placer por el Indostán. Durante todo el viaje, que hicimos juntos hasta Bombay, el joven conde me mostró una conmovedora preocupación por los sufrimientos que yo soportaba debido a la pierna fracturada y a la fiebre que me consumía.

Tengo un agradecidísimo recuerdo de su amabilidad y no olvidaré nunca los bondadosos cuidados que me prestaron a mi llegada a Bombay el marqués de Morès, el vizconde de Breteuil, el Sr. Monod de la Comptoir d'Escompte, el Sr. Moët, gerente del consulado, y otros simpáticos miembros de la colonia francesa.

Al mismo tiempo, aprovecho esta oportunidad para añadir unas palabras de sincero agradecimiento a los numerosos amigos ingleses que durante mi estancia en la India me honraron con su amistad y su hospitalidad, entre otros el Coronel Napier y Sra., Sr. y Sra. O'Connor,

Sr. Hume, Sr. E. Kay Robertson, de la *Civil and Military Gazette*, y Sr. Rudyard Kipling.

He meditado durante mucho tiempo sobre la publicación de las memorias de Jesucristo que encontré en Himis. Sin embargo, ciertos asuntos importantes consumieron mi tiempo y, sólo hoy, tras haber pasado muchas noches en vela poniendo en orden mis notas, agrupando los versos según la secuencia del relato y dando cohesión a toda la obra, he resuelto dar luz al curioso documento que sigue.

La vida del Santo Issa
El mejor de los hijos del hombre

Capítulo I

1. La Tierra ha temblado y los cielos han llorado por un gran delito que se ha cometido en la tierra de Israel.

2. Pues han torturado y ejecutado al grande y justo Issa, en quien habita el alma del universo,

3. el cual encarnó como un simple mortal para hacer el bien a los hombres y exterminar sus malos pensamientos

4. y para devolver al hombre degradado por sus pecados una vida de paz, amor y felicidad, y recordarle el Creador único e indivisible, cuya misericordia es infinita y no conoce límites.

5. Escucha lo que los mercaderes de Israel nos relatan sobre el tema.

Capítulo II

1. El pueblo de Israel, que habita en tierra fértil que da dos cosechas al año y posee grandes rebaños, causó con sus pecados la cólera de Dios,

2. quien les infligió un castigo terrible separándolos de su tierra, su ganado y sus posesiones. Israel se vio reducida a la esclavitud por los poderosos y ricos faraones que reinaban entonces en Egipto.

3. Éstos trataron a los israelitas peor que a animales, encomendándoles las tareas difíciles y cargándoles con cadenas. Cubrieron sus cuerpos de verdugones y heridas, sin darles alimento ni permitirles habitar bajo techo,

4. para mantenerles en estado de continuo terror y privarles de toda semejanza humana.

5. Y en su gran calamidad, el pueblo de Israel recordó a su protector celeste y, dirigiéndose a Él, imploró Su gracia y Su misericordia.

6. Reinaba entonces en Egipto un faraón ilustre que se había hecho famoso por sus numerosas victorias, por las riquezas que había amontonado y los vastos palacios que sus esclavos, con sus propias manos, habían erigido para él.

7. Este faraón tuvo dos hijos, el más joven de los cuales se llamaba Mossa. Los israelitas instruidos le enseñaron diversas ciencias.

8. En Egipto amaban a Mossa por su bondad y por la compasión que mostraba por todos los que sufrían.

9. Viendo que los israelitas, a pesar de los sufrimientos intolerables que soportaban, no abandonaban a su Dios para venerar a aquellos dioses hechos por la mano del hombre, que eran los dioses de la nación egipcia,

10. Mossa creyó en su Dios invisible, quien no permitía que les abandonaran las fuerzas.

11. Y los preceptores israelíticos excitaron el ardor de Mossa y recurrieron a él, rogándole que intercediera ante su padre el Faraón a favor de sus correligionarios.

12. Por eso el Príncipe Mossa fue ante su padre, suplicándole que mejorara el destino de esos desgraciados. Pero el Faraón se enfadó con él y sólo aumentó los tormentos sufridos por sus esclavos.

13. Sucedió que poco tiempo después un gran mal visitó Egipto. La peste llegó a diezmar a jóvenes y a ancianos, a débiles y a fuertes; y el Faraón creyó en el resentimiento de sus dioses contra él.

14. Pero el Príncipe Mossa le dijo a su padre que era el Dios de los esclavos quien estaba intercediendo a favor de esos desgraciados, castigando a los egipcios.

15. El Faraón dio entonces a Mossa, su hijo, la orden de llevarse a todos los esclavos de raza judía, conducirlos fuera de la ciudad y fundar a gran distancia de la capital otra ciudad en donde habitaría con ellos.

16. Mossa hizo entonces saber a los esclavos hebreos que él les había liberado en el nombre de su Dios, el Dios de Israel, y se fue con ellos de la ciudad y de la tierra de Egipto.

17. Les condujo a la tierra que habían perdido por sus numerosos pecados, les dio leyes y se unió a ellos para rezar siempre al Creador Invisible, cuya bondad es infinita.

18. A la muerte del Príncipe Mossa, los israelitas observaron con rigor sus leyes, por lo que Dios les recompensó por los males a los que les había expuesto en Egipto.

19. Su reino se hizo el más poderoso de todos los de la Tierra, sus reyes se hicieron famosos por sus tesoros y una larga paz reinó entre el pueblo de Israel.

Capítulo III

1. La gloria de las riquezas de Israel se extendió por toda la Tierra y las naciones vecinas les envidiaron.

2. Pero el Altísimo mismo conducía los ejércitos victoriosos de los hebreos y los paganos no se atrevían a atacarles.

3. Desgraciadamente, como el hombre no siempre es leal consigo mismo, la fidelidad de los israelitas para con su Dios no duró mucho.

4. Empezaron a olvidar todos los favores que Él había amontonado sobre ellos, sólo raramente invocaban Su nombre y buscaban la protección de magos y brujos.

5. Los reyes y capitanes substituyeron por sus propias leyes las que Mossa había escrito para ellos. Abandonaron el templo de Dios y la práctica de la veneración. El pueblo se entregó al placer y perdió su pureza original.

6. Varios siglos habían pasado desde que se fueron de Egipto cuando Dios decidió volver a castigarles.

7. Ejércitos extranjeros empezaron a invadir la tierra de Israel, devastando el país, asolado pueblos y llevándose en cautividad a sus habitantes.

8. Y llegaron allí los paganos del país de Romeles, del otro lado del mar. Sometieron a los hebreos y establecieron entre ellos jefes militares que les gobernaban por delegación del César.

9. Destruyeron los templos, obligaron a los habitantes a dejar de venerar al Dios invisible y a sacrificar a víctimas por las deidades paganas.

10. Hicieron guerreros de los que habían sido nobles, las mujeres fueron separadas de sus esposos y las clases inferiores, reducidas a la esclavitud, fueron enviadas por miles allende los mares.

11. En cuanto a los niños, los pasaron a cuchillo. Pronto, en toda la tierra de Israel, sólo se oían gemidos y lamentaciones.

12. En esta situación extrema, el pueblo recordó a su gran Dios. Imploraron Su gracia y pidieron que les perdonara; y nuestro Padre, en Su misericordia inagotable, escuchó sus ruegos.

Capítulo IV

1. En ese tiempo llegó el momento en el que el Juez todomisericordioso eligió encarnar en el ser humano.

2. Y el Espíritu Eterno, habitando en un estado de inacción completa y de suprema beatitud, despertó y se separó del Ser Eterno por un período indefinido,

3. para mostrar bajo la apariencia de la humanidad los medios de autoidentificación con la Divinidad y de alcanzar la felicidad eterna,

4. y también para demostrar con el ejemplo cómo el hombre puede alcanzar la pureza moral y, separando su alma de su espiral mortal, el grado de perfección necesario para entrar en el reino de los cielos, que es inmutable y en donde la felicidad reina eternamente.

5. Poco después, un niño maravilloso nacía en la tierra de Israel, hablando el propio Dios por boca de ese niño sobre la fragilidad del cuerpo y la grandeza del alma.

6. Los padres del niño recién nacido eran pobres, pertenecían por nacimiento a una familia de notable misericordia, la cual, olvidando su antigua grandeza sobre la Tierra, alababa el nombre del Creador y le agradecía los males con que juzgó conveniente probarles.

7. Para recompensarles por no apartarse del camino de la verdad, Dios bendijo al primogénito de esa familia. Lo tomó como Su elegido y lo envió para ayudar a los que habían caído en el mal y para curar a los que sufrían.

8. El niño divino, a quien le dieron el nombre de Issa, empezó desde sus más tiernos años a hablar del Dios único e indivisible, exhortando a las almas de los que se habían extraviado al arrepentimiento y a la purificación de los pecados de los que eran culpables.

9. De todas partes llegaron gentes para oírle, y se maravillaban de los discursos procedentes de la boca de un niño. Todos los israelitas estaban de acuerdo al decir que el Espíritu Eterno habitaba en el niño.

10. Cuando Issa alcanzó la edad de trece años, la época en que un israelita puede tomar esposa,

11. la casa en donde sus padres se ganaban la vida con un oficio modesto empezó a ser lugar de reunión de ricos y nobles, deseosos de tener como yerno al joven Issa, famoso ya por sus discursos edificantes en nombre del Todopoderoso.

12. Fue entonces cuando Issa abandonó la casa de sus padres en secreto, se fue de Jerusalén y partió con los mercaderes hacia Sind,

13. con el objetivo de perfeccionarse en la Palabra Divina y estudiar las leyes de los grandes Budas.

Capítulo V

1. En el transcurso de su decimocuarto año, el joven Issa, bendecido por Dios, llegó a este lado de Sind y se estableció entre los arios en la tierra amada por Dios.

2. La fama extendió la reputación de ese niño maravilloso por todo el Norte de Sind, y cuando cruzó el país de los cinco ríos y el Rajputana, los devotos del dios Jaine le rogaron que se quedara entre ellos.

3. Pero abandonó a los veneradores errantes de Jaine y fue a Juggernaut, en el país de Orissa, donde reposan los restos mortales de Vyasa-Krishna, y donde los sacerdotes blancos de Brahma le dieron una alegre bienvenida.

4. Ellos le enseñaron a leer y entender los Vedas, a curar por medio de la oración, a enseñar, a explicar las sagradas escrituras a la gente, y a expulsar los espíritus malignos de los cuerpos de los hombres, restituyéndoles su cordura.

5. Pasó seis años en Juggernaut, en Rajagriha, en Benarés y en las otras ciudades santas. Todo el mundo le amaba, pues Issa vivía en paz con los vaisyas y los sudras, a quienes instruía sobre las sagradas escrituras.

6. Pero los brahmanes y los kshatriyas le dijeron que estaba prohibido por el Gran Para-Brahma acercarse a aquéllos a quienes Él había creado de Su costado y de sus pies;

7. que los vaisyas sólo estaban autorizados a escuchar la lectura de los Vedas, y únicamente en los días festivos;

8. que los sudras tenían prohibido no sólo asistir a la lectura de los Vedas, sino también contemplarlos, pues su condición era la de servir a perpetuidad como esclavos de los brahmanes, los kshatriyas e incluso de los vaisyas.

9. «Sólo la muerte les puede liberar de su esclavitud», dice el Para-Brahma. Déjales entonces y ven a venerar con nosotros a los dioses, que se encolerizarán contigo si les desobedeces.

10. Pero Issa no escuchó sus discursos y se dirigió a los sudras, predicando contra los brahmanes y los kshatriyas.

11. Lanzó invectivas contra el acto de un hombre que se arrogara el poder de privar a su prójimo de sus derechos humanos, diciendo «pues Dios el Padre no hace distinciones entre Sus hijos; para él todos somos igualmente queridos».

12. Issa negaba el origen divino de los Vedas[14] y los Puranas. Y les enseñaba a sus seguidores: «Pues ya ha sido dada una ley al hombre que lo guíe en sus acciones;

13. »Teme a tu Dios, arrodíllate sólo ante él y sólo a él llévale las ofrendas de tus ganancias».

14. Issa negaba el Trimurti y la encarnación de Para-Brahma en Vishnu, Shiva y otros dioses, pues decía:

15. «El Juez Eterno, el Espíritu Eterno, comprende la única e indivisible alma del Universo, que ella sola crea, contiene y vivifica todo.

16. »Él solo ha querido y creado, él solo ha existido desde toda la eternidad, y Su existencia no tendrá fin. Él no tiene igual ni en los cielos ni en la Tierra.

17. »El Gran Creador no ha compartido Su poder con ningún ser vivo, menos aún con objetos inanimados, tal como os han enseñado; pues Él solo posee omnipotencia.

---

[14] Como discípulo más cercano de Jesús, Juan empieza su Evangelio con una cita de los Vedas: «En el principio fue el Verbo [...]»; cabe cuestionar la autenticidad de este pasaje. Ver argumentos en la página 279.

18. »Él lo quiso y el mundo apareció. En un pensamiento divino, reunió las aguas, separándolas de la parte seca del globo. Él es el principio de la misteriosa existencia del hombre, en quien ha alentado una parte de Su ser.

19. »Y Él ha subordinado al hombre la tierra, las aguas, los animales y todo lo que ha creado y lo que Él mismo conserva en un orden inmutable, fijando para cada cosa su duración.

20. »La cólera de Dios pronto se desatará contra el hombre; pues éste ha olvidado a su Creador, ha llenado sus templos con abominaciones y venera a una multitud de criaturas que Dios ha hecho subordinadas a Él.

21. »Pues para honrar a piedras y metales, sacrifica a seres humanos en los que habita una parte del Espíritu del Altísimo.

22. »Pues humilla a los que trabajan con el sudor de su frente para adquirir el favor de un ocioso sentado a una mesa suntuosa.

23. »Los que privan a sus hermanos de la divina felicidad serán también privados de ella. Los brahmanes y kshatriyas se convertirán en sudras y con los sudras habitará el Eterno para siempre.

24. »Porque en el día del juicio final los sudras y los vaisyas serán perdonados por su ignorancia, mientras que Dios, por el contrario, castigará con Su ira a los que se han arrogado Sus derechos».

25. Los vaisyas y sudras se llenaron de gran admiración y preguntaron a Issa cómo podían rezar para no perder su felicidad eterna.

26. «No veneréis a los ídolos pues ellos no os escuchan. No escuchéis los Vedas, pues su verdad es falsa. No os pongáis nunca en primer lugar y no humilléis nunca a vuestro prójimo.

27. »Ayudad al pobre, apoyad al débil, no hagáis mal a nadie, y no codiciéis lo que no tenéis y veis que pertenece a otro».

Capítulo VI

1. Los sacerdotes blancos y los guerreros, al conocer los discursos de Issa dirigidos a los sudras, decidieron su muerte y enviaron con esa intención a sus criados para que buscaran al joven profeta.

2. Pero Issa, advertido del peligro por los sudras, abandonó la región de Juggernaut por la noche, llegó a la montaña y se estableció en el país de Gautamides, el lugar de nacimiento del gran Buda Sakyamuni, rodeado por un pueblo que veneraba al único y sublime Brahma.

3. Tras haberse perfeccionado en la lengua pali, el justo Issa se aplicó en el estudio de los textos sagrados de los Sutras.

4. Seis años después, Issa, a quién había elegido el Buda para expandir su santa palabra, se había convertido en un perfecto comentador de los textos sagrados.

5. Abandonó entonces Nepal y las montañas del Himalaya, descendió al valle del Rajputana y fue hacia el Oeste, predicando a diversos pueblos la perfección suprema del hombre,

6. que es: hacer el bien al prójimo, pues ése es el medio seguro de fundirse rápidamente con el Espíritu Eterno: «El que haya recuperado su pureza original —decía Issa— morirá habiendo obtenido el perdón de sus pecados y tendrá el derecho a contemplar la majestad de Dios».

7. Al pasar por territorios paganos, el divino Issa enseñaba que la veneración de dioses visibles era contraria a la ley de la naturaleza.

8. «Pues al hombre —decía— no se le ha permitido ver la imagen de Dios, y sin embargo él ha hecho una serie de deidades a semejanza del Eterno.

9. »Además, es incompatible con la conciencia humana sacar menos materia de la grandeza de la pureza divina que de animales y objetos labrados por la mano del hombre en piedra o metal.

10. »El Legislador Eterno es uno; no hay otro Dios salvo Él. Él no ha compartido el mundo con nadie, ni ha informado a nadie de Sus intenciones.

11. »Así como un padre actuaría con sus hijos, así Dios juzgará a los hombres tras su muerte, según las leyes de Su misericordia. Nunca humillaría a Su hijo transmigrando su alma, como en un purgatorio, al cuerpo de un animal».

12. «La ley celestial —decía el Creador por boca de Issa— se opone a la inmolación de seres humanos a una imagen o un animal; pues he consagrado al hombre todos los animales y todo lo que la tierra contiene.

13. »Todas las cosas han sido sacrificadas al hombre, quien está directa e íntimamente relacionado conmigo, su padre; por tanto el que me haya robado a mi hijo será severamente juzgado y castigado por la ley divina.

14. »El hombre no es nada ante el Juez Eterno, como el animal no es nada ante el hombre.

15. »Por tanto, os digo, dejad vuestros ídolos y no realicéis ritos que os separan de vuestro Padre, asociándoos con los sacerdotes de quienes los cielos se han apartado.

16. »Pues son ellos los que os han alejado del Dios verdadero y cuyas supersticiones y crueldades conducen a la perversión de vuestra alma y a la pérdida de todo sentido moral».

Capítulo VII

1. Las palabras de Issa se extendieron entre los paganos en los países que atravesó y los habitantes renunciaron a sus ídolos.

2. Viendo lo que los sacerdotes le exigían al que glorificaba el nombre del Dios verdadero, razón a los ojos de la gente para los reproches que les hacía y prueba de que sus ídolos no eran nada,

3. Issa les respondió: «Si vuestros ídolos y vuestros animales son poderosos y poseen realmente una fuerza sobrenatural, dejad que me golpeen y me hagan caer sobre la tierra».

4. «Obra entonces un milagro —contestaron los sacerdotes—, y que tu Dios confunda a nuestros dioses, si es que ellos le inspiran desprecio».

5. Pero Issa respondió entonces: «Los milagros de nuestro Dios se han hecho desde el primer día en que se creó el Universo; suceden todos los días y en todo momento. Quien no los vea está privado de uno de los mayores dones de la vida.

6. »Y no es contra trozos de piedra, metal o madera, o sea, inanimados, que la cólera de Dios se desatará, sino que caerá sobre los hombres que, si desean su salvación, deberán destruir todos los ídolos que hayan hecho.

7. »Al igual que una piedra y un grano de arena, que nada son a la vista del hombre, esperan pacientemente el momento en que él haga uso de ellos,

8. »así, el hombre debe esperar el gran favor que Dios le concederá en su juicio final.

9. »Así que afligíos, enemigos de los hombres, si no es un favor lo que esperáis sino más bien la ira de la Divinidad, afligíos los que esperáis milagros para testimoniar Su poder.

10. »Pues no es a los ídolos a los que aniquilará en su cólera, sino a aquéllos que los han levantado. Sus corazones se consumirán en el fuego eterno y sus cuerpos lacerados irán a saciar el hambre de las bestias salvajes.

11. »Dios separará al impuro de Sus rebaños, pero atraerá de nuevo hacia Él a aquéllos que se han perdido por no haber reconocido la parte de espiritualidad que tienen dentro de sí».

12. Viendo la impotencia de sus sacerdotes, los paganos tuvieron todavía mayor fe en lo que decía Issa, y, temiendo la cólera de la Divinidad, rompieron en pedazos sus ídolos. Los sacerdotes huyeron para escapar a la venganza del vulgo.

13. E Issa enseñó también a los paganos a no esforzarse para ver el Espíritu Eterno con sus ojos, sino para sentirlo en sus corazones y hacerse dignos de Sus favores por la pureza de alma.

14. Les dijo: «Absteneos no sólo de realizar sacrificios humanos, sino también de inmolar a cualquier criatura que tenga vida, pues todas las cosas que existen han sido creadas para beneficio del hombre.

15. »No robéis los bienes de vuestro prójimo, pues eso sería privarle de lo que ha ganado con el sudor de su frente.

16. »No engañéis y no seréis engañados. Esforzaos por justificaros antes del juicio final, pues entonces será demasiado tarde.

17. »No os abandonéis al libertinaje, pues eso violaría las leyes de Dios.

18. »Alcanzaréis la felicidad suprema no sólo purificándoos a vosotros mismos, sino también guiando a otros por el camino que les permita obtener la perfección original».

Capítulo VIII

1. Las profecías de Issa tuvieron resonancia en los países vecinos, y cuando entró en Persia los sacerdotes se alarmaron y prohibieron a los habitantes escucharle.

2. Y cuando vieron a todos los pueblos recibirle con alegría y escuchar devotamente sus sermones, dieron órdenes de arrestarle y llevarle ante el sumo sacerdote, donde sufrió el siguiente interrogatorio:

3. «¿De qué nuevo Dios hablas? ¿No sabes, infeliz, que el santo Zoroastro es el único justo admitido al privilegio de comunión con el Ser Supremo?

4. »¿Quién ordenó a los ángeles poner por escrito la palabra de Dios para el uso de Su pueblo, las leyes que le fueron dadas a Zoroastro en el paraíso?

5. »¿Quién eres tú que te atreves aquí a blasfemar contra nuestro Dios y a sembrar la duda en el corazón de los creyentes?»

6. Entonces Issa les dijo: «No es de un nuevo Dios de quien hablo sino de nuestro Padre Celestial, quien ha existido siempre y seguirá existiendo al final de todas las cosas.

7. »Es de Él de quien hablo a las gentes, que como niños inocentes no son capaces todavía de entender a Dios con la fuerza simple de su inteligencia, ni de penetrar en Su divina y espiritual sublimidad.

8. »Pero así como un recién nacido descubre en la oscuridad el pecho de su madre, así vuestras gentes, que han sido conducidas al error por vuestra equivocada doctrina y por vuestras ceremonias reli-

giosas, han reconocido por instinto a su Padre en el Padre de quien yo soy profeta.

9. »El Ser Eterno ha dicho a vuestras gentes por medio de mi boca: "No veneréis al Sol, pues sólo es una parte del mundo que yo he creado para el hombre.

10. »"El Sol se eleva para calentaros durante el trabajo; se pone para permitiros el reposo que yo mismo he designado.

11. »"Es a mí, y sólo a mí, a quien debéis todo lo que poseéis, todo lo que encontréis en vosotros, por encima de vosotros y por debajo de vosotros"».

12. Dijeron entonces los sacerdotes: «¿Pero cómo puede vivir un pueblo con las normas de justicia si no tiene preceptores?»

13. Respondióles entonces Issa: «Cuando el pueblo no tenía sacerdotes, la ley natural les gobernaba y conservaba el candor de sus almas.

14. »Sus almas estaban con Dios, y para comulgar con el Padre no recurrían a un ídolo o a un animal, ni al fuego, como se practica aquí.

15. »Afirmáis que uno debe venerar al Sol, al espíritu del bien y del mal. Pues bien, yo os digo que vuestra doctrina es falsa, que el Sol no actúa espontáneamente sino de acuerdo con la voluntad del Creador invisible que lo hizo,

16. »y Él ha sido el que ha querido que sea la estrella que ilumine el día, que caliente durante el trabajo y cuando el hombre siembre.

17. »El Espíritu Eterno es el alma de todo lo que es animado. Cometéis un gran pecado al dividirlo en un espíritu del mal y un espíritu del bien, pues no hay Dios fuera del bien,

18. »el cual, como un padre de familia sólo hace el bien para con sus hijos, olvidando todas sus faltas si éstos se arrepienten.

19. »El espíritu del mal habita en la Tierra en los corazones de aquellos hombres que apartan a los hijos de Dios del camino recto.

20. »Por tanto, os digo, tened cuidado con el día del juicio, pues Dios infligirá un castigo terrible a aquéllos que hayan conducido a Sus

hijos fuera del camino correcto y les hayan llenado de supersticiones y prejuicios;

21. »a aquéllos que hayan cegado a los que ven, contagiado a los sanos, y enseñado a venerar las cosas que Dios ha subordinado al hombre para su bien y su ayuda en el trabajo.

22. »Vuestra doctrina es, por tanto, el fruto de vuestros errores; pues, deseando acercaros a la verdad de Dios, habéis creado falsos dioses».

23. Tras escucharle, los magos decidieron no hacerle daño. Pero por la noche, cuando toda la ciudad dormía, le condujeron fuera de las murallas y le abandonaron en el camino con la esperanza de que fuera pronto presa de los animales salvajes.

24. Pero, protegido por el Señor nuestro Dios, el santo Issa siguió su viaje en paz.

Capítulo IX

1. Issa, a quien el Creador había elegido para recordar a la humanidad depravada el verdadero Dios, había llegado a la edad de 29 años cuando decidió regresar a la tierra de Israel.

2. Desde que se había ido, los paganos habían infligido sufrimientos aún más atroces a los israelitas, que cayeron presa del desaliento más profundo.

3. Entre ellos, muchos habían empezado ya a abandonar las leyes de su Dios y las de Mossa con la esperanza de apaciguar a sus salvajes conquistadores.

4. Frente a todo ese mal, Issa exhortó a sus compatriotas a no desesperarse, porque el día de la redención de los pecados estaba cercano, y les confirmó en la creencia que tenían en el Dios de sus padres.

5. «Hijos, no os abandonéis a la desesperanza —decía el Padre Celestial por boca de Issa— pues he oído vuestra voz y vuestros gritos han llegado hasta mí.

6. »¡No lloréis, amados míos! Pues vuestra pena ha conmovido el corazón de vuestro Padre y Él os ha perdonado, como perdonó a vuestros antepasados.

7. »No abandonéis a vuestras familias para precipitaros en el libertinaje, no perdáis la nobleza de vuestros sentimientos y no veneréis a ídolos que permanecerán sordos ante vuestras voces.

8. »Llenad mi templo con vuestra esperanza y paciencia, y no abjuréis de la religión de vuestros padres; pues yo solo les he guiado y les he colmado de ganancias.

9. »Levantad a los que han caído, dad de comer al hambriento y ayudad al enfermo, para ser totalmente puros y justos en el día del juicio final que preparo para vosotros».

10. Los israelitas iban en multitud a oír la palabra de Issa, preguntándole dónde debían alabar al Padre Celestial, ya que el enemigo había arrasado sus templos y derribado sus vasos sagrados.

11. Issa les respondió que Dios no veía los templos erigidos por las manos de los hombres, pero que el corazón humano era el verdadero templo de Dios.

12. «Entrad en vuestro templo, en vuestro corazón. Iluminadlo con buenos pensamientos y la paciencia y confianza inmutable que debéis tener en vuestro Padre.

13. »Y vuestros recipientes sagrados, ellos son las manos y los ojos. Ved y haced lo que sea conforme a Dios, pues al hacer el bien a vuestro prójimo realizáis un rito que embellece el templo en el que habita aquél que os dio la vida.

14. »Pues Dios os ha creado a Su semejanza: inocentes, con almas puras y corazones llenos de bondad, destinados no a la concepción de planes malignos, sino a ser santuarios de amor y justicia.

15. »Por tanto, os digo, no mancilléis vuestros corazones, pues el Ser Supremo habita allí eternamente.

16. »Si deseáis realizar obras marcadas por el amor o la piedad, hacedlas con el corazón abierto y no dejéis que vuestros actos sean gobernados por cálculos o esperanzas de obtener ganancia.

17. »Pues esas acciones no ayudarían a vuestra salvación, y caeríais en ese estado de degradación moral en el que el robo, la mentira y el asesinato pasan por actos generosos».

Capítulo X

1. El santo Issa fue de una ciudad a otra, fortaleciendo con la palabra de Dios el coraje de los israelitas, quienes estaban preparados para sucumbir al peso de su desesperanza; y miles de hombres le seguían para escucharle predicar.

2. Pero los jefes de las ciudades tuvieron miedo de él, y le hicieron saber al gobernador principal que habitaba en Jerusalén que un hombre llamado Issa había llegado al país; que con sus discursos estaba levantando al pueblo en contra de las autoridades; que la gente le escuchaba con asiduidad, despreciaba las obras del Estado y afirmaba que no pasaría mucho tiempo antes de que éste quedara libre de sus gobernadores intrusos.

3. Entonces, Pilato, gobernador de Jerusalén, ordenó que arrestaran a la persona del predicador Issa, que le llevaran a la ciudad y le condujeran ante los jueces. Pero para no excitar la cólera del pueblo, Pilato encargó a los sacerdotes y ancianos hebreos instruidos que le juzgaran en el templo.

4. Entretanto Issa, siguiendo sus prédicas, llegó a Jerusalén; y al saber de su llegada, todos los habitantes, sabedores de su fama, salieron a saludarle.

5. Le acogieron con respeto y le abrieron las puertas de su templo para oír de su boca lo que había dicho en otras ciudades de Israel.

6. E Issa les dijo: «La raza humana perece por su falta de fe, pues la oscuridad y la tempestad han dispersado los rebaños de la humanidad y éstos han perdido a sus pastores.

7. »Pero la tempestad no durará siempre, y la oscuridad no siempre ocultará la luz. El cielo volverá a ser sereno, la luz celestial se extenderá sobre la Tierra y los rebaños perdidos se reunirán alrededor de su pastor.

8. »No os esforcéis por encontrar caminos rectos en la oscuridad, por temor a caer en un foso; lo que debéis hacer es reunir las fuerzas restantes, ayudaros unos a otros, poner vuestra confianza en Dios y esperar hasta que aparezca la luz.

9. »El que sostenga a su prójimo, a sí mismo se sostiene; quien protege a su familia, protege al pueblo y al Estado.

10. »Pues está cerca el día en que seréis librados de la oscuridad, os reuniréis de nuevo como una familia, y vuestro enemigo, que ignora lo que es el favor de Dios, temblará de miedo».

11. Los sacerdotes y ancianos que le escuchaban, llenos de admiración por su discurso, le preguntaron si era cierto que había tratado de levantar al pueblo en contra de las autoridades del país, tal como habían informado al gobernador Pilato.

12. «¿Se puede incitar a la insurrección a hombres perdidos, a quienes la oscuridad ha ocultado la puerta y el camino? —contestó Issa—. Sólo he advertido a los desafortunados, como hago aquí en este templo, para que no avancen por el camino oscuro, pues un abismo se abre bajo sus pies.

13. »El poder terrenal no es de larga duración y está sometido a muchos cambios. ¿De qué sirve que el hombre se rebele contra él, siendo así que un poder sucede siempre a otro? Y así sucederá hasta la extinción de la humanidad.

14. »¿No veis que los poderosos y los ricos siembran entre los hijos de Israel un espíritu de rebelión contra el poder eterno de los cielos?»

15. Los ancianos preguntaron entonces: «¿Quién eres tú y de qué país vienes? No hemos oído hablar de ti antes y no sabemos siquiera tu nombre».

16. «Yo soy un israelita —contestó Issa—. Desde el día de mi nacimiento vi los muros de Jerusalén, y oí el llanto de mis hermanos reducidos a la esclavitud y las lamentaciones de mis hermanas llevadas por los paganos.

17. »Y mi alma se llenó de tristeza al ver que mis hermanos habían olvidado al auténtico Dios. De niño, abandoné la casa de mi padre y fui a habitar entre otros pueblos.

18. »Pero, al oír que mis hermanos sufrían todavía torturas mayores, he vuelto al país donde habitaron mis padres para recordar a mis hermanos la fe de sus antepasados, que nos enseña paciencia en la Tierra para obtener felicidad perfecta y sublime en el cielo».

19. Y los ancianos cultos le hicieron esta pregunta: «Se dice que niegas las leyes de Mossa y que enseñas al pueblo a abandonar el templo de Dios».

20. E Issa contestó: «No se puede demoler lo que nos ha dado nuestro Padre Celestial, ni lo que ha sido destruido por los pecadores; yo he prohibido toda mancha a la purificación del corazón, pues ése es el templo verdadero de Dios.

21. »En cuanto a las leyes de Mossa, me he esforzado por establecerlas en los corazones de los hombres. Y os digo que no entendéis su verdadero significado, pues no es la venganza sino la misericordia lo que enseña. Sólo el sentido de esas leyes se ha pervertido».

Capítulo XI

1. Tras haber escuchado a Issa, los sacerdotes y los ancianos sabios decidieron no juzgarle, pues no hacía daño a nadie. Presentándose ante Pilato, designado gobernador de Jerusalén por el rey pagano del país de Romeles, se dirigieron a él de este modo:

2. «Hemos visto al hombre a quien tú acusas de incitar a nuestro pueblo a la rebelión; hemos oído su discurso y sabemos que es nuestro compatriota.

3. »Pero los jefes de las ciudades te han dado falsos informes, pues es un hombre justo que enseña al pueblo la palabra de Dios. Tras haberle interrogado le despedimos y pudo irse en paz».

4. Entonces el gobernador se enfureció y envió cerca de Issa a sus criados disfrazados, para que pudieran vigilar todas sus accio-

nes e informar a las autoridades de la menor palabra que pudiera dirigir al pueblo.

5. Entretanto, el santo Issa siguió visitando las ciudades vecinas, predicando los caminos auténticos del Creador, exhortando a los hebreos a tener paciencia y prometiéndoles una rápida liberación.

6. Durante todo ese tiempo, muchas personas lo siguieron dondequiera que fuese, varias de ellas no dejándole nunca, sino convirtiéndose en sus servidores.

7. E Issa dijo: «No creáis en milagros hechos por la mano del hombre, pues aquél que domina la Naturaleza es él solo capaz de hacer lo que es sobrenatural, mientras que el hombre es impotente para detener la cólera de los vientos o provocar la lluvia.

8. »Sin embargo, hay un milagro que el hombre puede realizar. Es cuando, lleno de creencia sincera, decide desarraigar de su corazón todos los malos pensamientos, y cuando para alcanzar ese fin termina con los caminos de iniquidad.

9. »Y todas las cosas que se hacen sin Dios no son más que errores, seducciones y encantamientos, que sólo demuestran hasta qué punto el alma que practica este arte está llena de desvergüenza, falsedad e impureza.

10. »No pongáis vuestra fe en los oráculos; sólo Dios conoce el futuro: el que recurre a adivinadores profana el templo que tiene en su corazón y da una prueba de desconfianza hacia su Creador.

11. »La fe en los adivinadores y en sus oráculos destruye la simplicidad innata del hombre y su pureza infantil. Un poder infernal toma posesión de él, obligándole a cometer todo tipo de delitos y a venerar a ídolos;

12. »mientras que el Señor nuestro Dios, que no tiene igual, es uno, todopoderoso, omnisciente y omnipresente. Él es el que posee toda la sabiduría y toda la luz.

13. »Es a Él a quien tenéis que dirigiros para consolaros de vuestras penas; para que se os ayude en vuestros trabajos y se os cure de vuestra enfermedad. Quien recurra a Él, no será negado.

14. »El secreto de la naturaleza está en las manos de Dios. Pues el mundo, antes de que apareciera, existía en la profundidad del pensamiento divino; se hizo material y visible por la voluntad del Altísimo.

15. »Cuando os dirigís a Él os volvéis de nuevo como los niños; pues no conocéis ni el pasado, ni el presente, ni el futuro, y Dios es el Maestro de todos los tiempos».

Capítulo XII

1. «Hombre justo —le dijo uno de los espías del gobernador de Jerusalén—, dinos si hemos de cumplir la voluntad de nuestro César o esperar pronta liberación».

2. Issa, reconociéndoles como la gente designada para seguirle, replicó: «No he dicho que vayáis a ser liberados del César. Es el alma sumergida en el error la que será liberada.

3. »Así como no puede haber familia sin cabeza, no puede haber orden en un pueblo sin César; a él se le debe obediencia implícita, y sólo él responderá de sus actos ante el tribunal supremo».

4. «¿Posee César un derecho divino? —le preguntaron de nuevo los espías— ¿Y es el mejor de los mortales?»

5. «No debe haber mejores entre los hombres, pero están también los que sufren, a quienes deben cuidar los que fueron elegidos y encargados de esa misión, utilizando los medios conferidos por la ley sagrada de nuestro Padre Celestial.

6. »La misericordia y la justicia son los atributos superiores de César; su nombre será ilustre si se adhiere a ellas.

7. »Pero el que actúa de otro modo, quien se excede del límite de poder que tiene sobre sus subordinados, llegando a poner sus vidas en peligro, ofende al gran Juez y pierde su dignidad ante la vista de los hombres».

8. En ese momento, una anciana que se había aproximado al grupo para oír mejor a Issa, fue apartada por uno de los espías, que se colocó delante de ella.

9. Entonces Issa dijo: «Un hijo no debe apartar a su madre, ocupando su lugar. Quien no respeta a su madre, el ser más sagrado después de su Dios, es indigno del nombre de hijo.

10. »Escuchad entonces lo que os digo: respetad a la mujer, pues ella es la madre del universo, y toda la verdad de la creación divina está en ella.

11. »Ella es la base de todo lo que es bueno y hermoso, como es también el germen de la vida y la muerte. De ella depende la existencia entera del hombre, pues ella es su apoyo natural y moral.

12. »Ella os parió sumida en el sufrimiento. Con el sudor de su frente os crió, y hasta su muerte vosotros le causáis las más serias preocupaciones. Bendecidla y veneradla, pues es vuestra amiga, vuestro único apoyo en la Tierra.

13. »Respetadla, sostenedla. Actuando así os ganaréis su amor y su corazón. Encontraréis favor a la vista de Dios y muchos pecados os serán perdonados.

14. »Del mismo modo, amad a vuestras esposas y respetadlas, pues ellas serán madres mañana y cada una, posteriormente, ancestro de una raza.

15. »Sed clementes con la mujer. Su amor ennoblece al hombre, suaviza su corazón endurecido, amansa al bruto que hay en él y hace de él un cordero.

16. »La esposa y la madre son los tesoros inapreciables que os ha dado Dios. Son los más bellos ornamentos de la existencia, y de ellas nacerán todos los habitantes del mundo.

17. »Así como el Dios de los ejércitos separó antiguamente la luz de la oscuridad y la tierra, de las aguas, la mujer posee la facultad divina de separar en un hombre las buenas intenciones de los malos pensamientos.

18. »Por tanto, os digo, después de Dios vuestros mejores pensamientos deben pertenecer a las mujeres y a las esposas, siendo la mujer para vosotros el templo donde obtendréis la felicidad más perfecta.

19. »Imbuíos en este templo de fuerza moral. En él olvidaréis vuestras penas y vuestros fracasos y recuperaréis la energía necesaria que habéis perdido para poder ayudar a vuestro prójimo.

20. »No la expongáis a la humillación. Actuando así os humillaríais a vosotros mismos y perderíais el sentimiento del amor, sin el cual nada existe aquí abajo.

21. »Proteged a vuestra esposa para que ella pueda protegeros a vosotros y a vuestra familia. Todo lo que hagáis por vuestra esposa, por vuestra madre, por una viuda o por cualquier mujer en apuros, lo haréis por vuestro Dios».

Capítulo XIII

1. El Santo Issa enseñó así al pueblo de Israel durante tres años, en todas las ciudades, en todos los pueblos, en los bordes de los caminos y en las llanuras; y todo lo que él había predicado acabó por suceder.

2. Durante todo ese tiempo los criados de Pilato, disfrazados, le vigilaron de cerca sin oír nada semejante a los informes hechos contra Issa en años anteriores por los jefes de las ciudades.

3. Pero el gobernador Pilato, alarmado por la gran popularidad del santo Issa, quien según sus adversarios trataba de levantar al pueblo para que le proclamase rey, ordenó a uno de sus espías que le acusara.

4. Entonces ordenó a los soldados que le arrestaran; y le encarcelaron en una celda subterránea donde le sometieron a diversas torturas con la intención de obligarle a hacer una confesión que permitiera condenarle a muerte.

5. El santo, pensando sólo en la beatitud perfecta de sus hermanos, soportó todos sus sufrimientos en el nombre de su Creador.

6. Los criados de Pilato siguieron torturándole y le redujeron a un estado de debilidad extrema, pero Dios estaba con él y no le permitió morir.

7. Conociendo los sufrimientos y las torturas que estaba soportando su santo, los sumos sacerdotes y los ancianos sabios fueron a suplicar al gobernador que dejara en libertad a Issa en honor a una fiesta próxima.

8. Pero inmediatamente el gobernador se negó a hacerlo. Entonces le rogaron que permitiera a Issa presentarse ante el tribunal de los ancianos para que fuera condenado o absuelto antes de la fiesta, y a eso consintió Pilato.

9. Al día siguiente, el gobernador reunió a los capitanes de mayor rango, a los sacerdotes, a los ancianos y a los abogados, para que pudieran juzgar a Issa.

10. Le llevaron allí desde su prisión y le sentaron ante el gobernador entre dos ladrones que iban a ser juzgados al mismo tiempo que él, para demostrar a las masas que no sería el único condenado.

11. Y Pilato, dirigiéndose a Issa, le dijo: «¡Oh hombre! ¿Es cierto que incitas al pueblo en contra de las autoridades, con la intención de convertirte en rey de Israel?»

12. «Nadie se convierte en rey por su propia voluntad —contestó Issa— y han mentido los que hayan dicho que incito al pueblo a la rebelión. Nunca he hablado de otro que del Rey del Cielo, y a Él enseño al pueblo a venerar.

13. »Pues los hijos de Israel han perdido su pureza original; y si no recurren al verdadero Dios, serán sacrificados y su templo caerá en ruinas.

14. »Como el poder temporal mantiene el orden en un país, les enseño a no olvidarlo. Les digo: "Vivid conforme a vuestra posición y vuestra fortuna, para no perturbar el orden público". Y les he exhortado también a recordar que el desorden reina en sus corazones y en sus mentes.

15. »Por eso el Rey del Cielo les ha castigado y suprimido sus reyes nacionales. Sin embargo, les he dicho: "Si os resignáis a vuestro destino, como recompensa el reino del cielo os será reservado"».

16. En ese momento los testigos se adelantaron, y uno de ellos dio el siguiente testimonio: «Tú has dicho al pueblo que el poder tem-

poral no es nada frente al rey que pronto liberará a los israelitas del yugo pagano».

17. «Bendito seas —dijo Issa— por haber dicho la verdad. El Rey del Cielo es mayor y más poderoso que la ley terrena, y su reino sobrepasa todos los reinos de la Tierra.

18. »Y no está lejano el tiempo en que, conforme a la voluntad divina, el pueblo de Israel se purificará de sus pecados; pues se ha dicho que un precursor vendrá para proclamar la liberación del pueblo, y lo reunirá en un rebaño».

19. Y el gobernador, dirigiéndose a los jueces, dijo: «¿Habéis oído? El israelita Issa confiesa el delito del que se le acusa. Juzgadlo entonces de acuerdo con vuestras leyes y pronunciad contra él la pena capital».

20. «No podemos condenarle —contestaron los sacerdotes y los ancianos—. Tú mismo has oído que sus alusiones estaban hechas con respecto al Rey del Cielo y que no ha predicado nada a los hijos de Israel que pueda constituir una ofensa contra la ley».

21. El gobernador Pilato mandó entonces traer al testigo que, a instigación suya, había traicionado a Issa. El hombre se adelantó y se dirigió a Issa con las siguientes palabras: «¿No te presentaste como el rey de Israel cuando dijiste que aquél que reina en los cielos te había enviado para preparar a Su pueblo?»

22. E Issa, tras bendecirle, dijo: «¡Serás perdonado, porque lo que dices no proviene de ti!» Entonces, añadió dirigiéndose al gobernador: «¿Por qué humillas tu dignidad y por qué enseñas a tus inferiores a vivir en falsedad, cuando tienes poder para condenar al inocente?»

23. Ante esas palabras el gobernador se volvió extremadamente airado, y ordenó que se condenara a muerte a Issa y se absolviera a los dos ladrones.

24. Los jueces, tras consultar entre ellos, dijeron a Pilato: «No queremos sobre nuestras cabezas el gran pecado de condenar a un hombre inocente y absolver a unos ladrones. Eso iría en contra de la ley.

25. »Haz como quieras». Tras decir eso, los sacerdotes y los ancianos sabios se fueron y se lavaron las manos en un recipiente sagrado, diciendo: «Somos inocentes de la muerte de este hombre justo».

Capítulo XIV

1. Por orden del gobernador, los soldados tomaron entonces a Issa y a los dos ladrones, a quienes llevaron al lugar de la ejecución, donde les clavaron en cruces levantadas sobre el suelo.

2. Durante todo el día los cuerpos de Issa y de los dos ladrones permanecieron suspendidos, bajo la guardia de los soldados, lo cual era terrible de contemplar. Las gentes estaban alrededor; los parientes de los que sufrían rezaban y lloraban.

3. Con la puesta del Sol los sufrimientos de Issa terminaron. Perdió la conciencia y el alma de este hombre justo abandonó su cuerpo para ser absorbida en la Divinidad.

4. Así terminó la existencia terrenal del reflejo del Espíritu Eterno que tomó la forma de un hombre que había salvado a pecadores insensibles y soportado muchos sufrimientos.

5. Entretanto, Pilato, temeroso de su acción, dio el cuerpo del santo a sus padres, quienes lo enterraron cerca del lugar de su ejecución. Las multitudes fueron a rezar sobre su tumba y el aire estaba lleno de gemidos y lamentaciones.

6. Tres días después, el gobernador envió a sus soldados para que se llevaran el cuerpo de Issa y así enterrarlo en otro lugar, temiendo que de otro modo se produjera una insurrección popular.

7. Al día siguiente, las masas encontraron la tumba abierta y vacía. En seguida se extendió el rumor de que el Juez supremo había enviado a sus ángeles para que se llevaran los restos mortales del santo en el que habitaba en la Tierra una parte del Espíritu Divino.

8. Cuando este rumor llegó al conocimiento de Pilato, se encolerizó y prohibió, bajo pena de esclavitud y muerte, que se pronunciara el nombre de Issa o se rezara al Señor por él.

9. Pero la gente siguió llorando y glorificando en voz alta a su Maestro; por eso muchos fueron llevados en cautividad, sometidos a tortura y condenados a muerte.

10. Los discípulos del santo Issa abandonaron la tierra de Israel y se esparcieron entre los paganos, predicando que debían renunciar a sus errores, recordándoles la salvación de sus almas y la felicidad perfecta que espera a la humanidad en ese mundo inmaterial de luz donde, en reposo y en toda su pureza, el Gran Creador habita en perfecta majestad.

11. Los paganos, sus reyes y sus guerreros escucharon a los predicadores, abandonaron sus absurdas creencias y olvidaron a sus sacerdotes e ídolos para celebrar la alabanza al Creador del Universo que todo lo sabe, el Rey de reyes, cuyo corazón está lleno de infinita misericordia.

Capítulo III

DE CAMINO A HIMIS

Fragmentos escogidos de la obra de
Swami Abhedananda En Cachemira y Tíbet,
con su traducción del manuscrito de Himis

SWAMI ABHEDANANDA

Nota del editor

En 1922, Swami Abhedananda viajó al monasterio de Himis para determinar si era cierto que Nicolás Notovitch había obtenido una traducción de un antiguo manuscrito budista que describía la estancia de Jesús en Oriente, tal como afirmaba en su obra *La vida desconocida de Jesucristo*. Abhedananda afirmó que un lama que le enseñó el monasterio verificó la historia de Notovitch, le enseñó el libro que constituyera la base de *La vida del santo Issa* de ese autor y le ayudó a traducir parte del texto.

Abhedananda publicó un relato de su viaje, junto con una parte del texto que escribió mientras estuvo en Himis, en un libro escrito en bengalí titulado *Kashmir o Tibbate* («En Cachemira y Tíbet»).

Esta obra fue compuesta en fases, en parte por Abhedananda y en parte por Brahmachari Bhairav Chaitanya, un ayudante suyo que trabajó a partir del diario y las notas originales del Swami. Posteriormente, Abhedananda puso al día una primera versión del manuscrito. Puesto que el estilo literario del texto es mucho menos pulido que el de sus otros escritos, y a menudo se hacen referencias a Abhedananda en tercera persona, como «Swamiji», da la impresión de que no revisó todo el texto. En 1954, quince años después de la muerte de Abhedananda, el libro fue editado de nuevo por Swami Prajnananda en una segunda edición revisada.

Con la publicación de esta colección de informes de testigos oculares que documentan los viajes de Jesús a Oriente, nos complace anunciar que los pasajes siguientes de los capítulos 13 y 15 de *En Cachemira y Tíbet* han sido traducidos al inglés por primera vez por tres devotos de la antigua sabiduría que desean que esta información llegue al estudioso occidental en su forma más pura: Prasun Kumar De, nativo de Calcuta que vive actualmente en Los Ángeles, Per Sinclair, traductor americano profundamente interesado en la cultura y religiones indias, y Jayasri Majumdar, profesor de lenguas y traductor de Calcuta que hoy reside en Los Ángeles. La autora y el editor expresan su profundo agradecimiento a estos amigos de la Verdad.

El monasterio de Himis

Al amanecer, Swamiji fue con los lamas a visitar el monasterio. Se sentó con el lama rector en su despacho[1]. Los lamas trajeron un gran registro (el libro de visitantes) y anotaron nuestros nombres y direcciones. Swamiji firmó en inglés como sigue: «Swami Abhedananda, vicepresidente de la misión Ramakrishna, Belur Math, cerca de Calcuta[2]. Por curiosidad Swamiji leyó todos los nombres del libro sin encontrar un solo nombre bengalí.

La habitación era grande. En el suelo, al estilo del pueblo marwari, había un espacioso colchón, un tipo de colchón grueso, como los de gimnasio. Una serie de lamas escribanos escribían cartas o llevaban las cuentas. El templo principal y el patio que había delante del monaste-

---

[1] 34 años antes, en el año 1888 de la era cristiana, el honorable Swami Akhandananda, uno de los discípulos sannayasi (monje) de Sri Ramakrishna, llegó procedente del templo de Barahanagar para visitar este monasterio.

[2] En esa época (1921-1924), Swami Abhedananda era el vicepresidente de la misión y del Math Ramakrishna.

rio se estaban reformando. Trabajaban unos treinta obreros y albañiles tibetanos. Para los trabajos de reparación utilizaban tierra, piedra y madera. Muchos muchachos, muchachas y mujeres lamas hacían de transportistas a los albañiles. El jefe de obras pidió a Swamiji una contribución para los trabajadores y éste les dio algo de dinero. Tras haber recibido el donativo, los felices trabajadores comenzaron a entonar cantos de montaña, canciones populares, en su ininteligible lengua tibetana.

Me dijeron que el Maharaj Pratap Singh de Cachemira había donado treinta mil rupias para el trabajo de restauración. Cuando el Pratap Singh del Punjab había atacado esta provincia, el monje rector del monasterio se puso del lado del maharajá de Cachemira y le prometió raciones y alojamiento durante seis meses para todo su ejército. Desde entonces, el monasterio había estado unido por amistad eterna a la familia real de Cachemira.

Había molinillos de oración instalados por todo el monasterio. En algunos lugares, los grandes molinos de oración giraban continuamente por la fuerza del agua de un torrente cercano. Una campana unida a las ruedas sonaba constantemente. En otros lugares había dispuestos en fila molinillos de oración más pequeños en forma de tamborcillos.

Había diez o doce habitaciones que contenían imágenes de dioses y diosas. Ya los habíamos visto en otros templos, habiéndolos descrito entonces. Una habitación oscura contiene la imagen de un gurú lama, Stag-Sang-Rom-Chen. Su divina belleza, noble figura y amplia frente indican distinción. Es el fundador del monasterio. Ya hemos mencionado que muchas personas le llaman el «lama tigre».

Muchas de esas imágenes están hechas de oro y plata. Aquí no hay muchas realizadas con otros metales. Las estupas (relicarios) en las que se encuentran están labradas totalmente con plata y adornadas con piedras preciosas y orfebrería de oro. Los ornamentos de los cuerpos de las deidades son todos de oro y piedras preciosas. Los ornamentos principales son las ajorcas de muñecas y brazos, collares y coronas doradas.

Hay una imagen de una diosa, Mandara o Kumari, que no habíamos visto antes en otro lugar. Es la esposa de Padma Sambhava (gurú Rimpoche) y hermana de Shanti Rakshita[3]. En el año 749 de nuestra era abandonó Udyan, lugar de la India septentrional, con su esposo y fue a predicar el budismo al Tíbet. Solían predicar la escuela Mahayana del budismo. En monasterios como los de Sang-Ye, Ching-Fook, etc., se veneran sus imágenes diariamente con devoción. Los lamas consideran a Padma Sambhava una encarnación de Mañjusri.

En el monasterio de Himis residen casi ciento cincuenta Gye-Loang, es decir, monjes, pertenecientes a la orden de Dug-Pa, cuyas túnicas son rojas. Cada uno tiene su habitación, y en una de la última planta vive el Khang-Po, el responsable del monasterio, el cual habla un poco de inglés e hindi. Salvo la persona que cuida de nosotros, ningún lama habla otra lengua que no sea el tibetano. Nos habríamos enfrentado con muchas dificultades si no hubiéramos traído con nosotros desde Leh a un intérprete experto.

El monasterio, que está situado sobre unas 80 áreas (dos acres) de tierra, está rodeado por altas montañas salvo por el este. Se han construido algunas extensiones conectando directamente el monasterio con las pendientes de las montañas.

Debajo del monasterio hay algunos templos, grandes y pequeños, así como aldeas y tierras de cultivo. El Kushak, o sea, el monje rector del monasterio, tiene innumerables discípulos y devotos que son cabezas de familia. Una vez al año visita a todos sus discípulos y recibe como diezmo grandes donativos. Si alguno cae enfermo o es atemorizado por los malos espíritus, él les visita y es bien pagado por sus servicios. Todos los gastos del monasterio se sufragan con esas ganancias.

Hace unos años, el doctor Nicolás Notovitch, viajero ruso que se encontraba de viaje por el Tíbet, sufrió una caída en una colina cerca

---

[3] Una conocida antología de teorías escritas por él ha sido publicada recientemente por el estado de Baroda. [Nota original del autor].

de esta ermita y se rompió una pierna. Los aldeanos le llevaron a la hospedería del monasterio y los lamas le prestaron asistencia médica. Se recuperó mes y medio más tarde. En ese tiempo llegó a saber por uno de los lamas del monasterio que Jesucristo había venido a la India y que eso se describía en uno de los manuscritos de la biblioteca del mismo monasterio. Con la ayuda del lama consiguió obtenerlo y lo tradujo al inglés. Al volver a su país, escribió un libro titulado *La vida desconocida de Jesús*. En su libro trata este tema pormenorizadamente.

Swamiji leyó el libro cuando estuvo en América y le entusiasmó. Para verificar las descripciones, se tomó la molestia de venir hasta aquí para ver el retiro de Himis con sus propios ojos. Swamiji preguntó a los lamas y supo por ellos que el relato era en efecto cierto. Swamiji quería ver el libro en el que se escribía sobre ese tema.

El lama que estaba enseñando el monasterio a Swamiji cogió un manuscrito de la librería y se lo enseñó. Dijo que era una copia y que el original se encontraba en el monasterio de Marbour, cerca de Lhasa. El original estaba escrito en pali, pero éste era una traducción tibetana. Constaba de 14 capítulos y 224 versos. Con su ayuda, Swamiji consiguió traducir una parte.

Sólo se citan aquí los versos que describen las actividades de Jesucristo cuando estuvo en la India.[4]

---

[4] En el capítulo 13 de *En Cachemira y Tíbet*, Swami Abhedananda describió sus experiencias en Himis y reprodujo sólo la parte del manuscrito que relataba el viaje de Jesús a la India. Colocó otros versos del manuscrito de Himis en el capítulo 15 de su obra. Hemos tomado el extracto del capítulo 15 y lo hemos incluido en el capítulo 13 para poner los versos en su orden original y cronológico. La versión que hace Abhedananda del manuscrito de Himis es casi idéntica a *La vida del santo Issa* de Notovitch hasta el capítulo 5°, verso 4. Después, las partes extractadas por Abhedananda del manuscrito de Himis se corresponden con versos esparcidos de *La vida del santo Issa* hasta el capítulo 9°, verso 1.

Jesucristo, el líder de los hombres

Tal como se describe en el manuscrito del monasterio de Himis

Capítulo I

1. Los judíos, descendientes de Israel, cometieron pecados tan atroces que la Tierra tembló y los dioses del cielo lloraron,
2. porque torturaron infinitamente y mataron a Issa, la gran alma en la cual descansa el Alma Divina.
3. Para hacer el bien a todos y eliminar los pensamientos pecaminosos de sus mentes, el Alma Divina descendió sobre él.
4. Y para ofrecer paz, felicidad y amor de Dios a los pecadores y recordarles la gracia infinita de Dios, descendió.
5. Así lo describen los comerciantes que llegaron a este país desde la tierra de Israel.

Capítulo II

1. Las tribus de Israel vivían en una tierra muy fértil que producía dos cultivos al año. Tenían varios rebaños de ovejas y cabras. Por su acto pecaminoso, incurrieron en la ira de Dios.

2. Por esta razón, Dios confiscó todas sus propiedades y los puso bajo la esclavitud del faraón, el poderoso gobernante de Egipto.

3. Pero el faraón infligió una opresión inhumana sobre los descendientes de Israel. Les puso cadenas, les causó heridas en el cuerpo, les privó de su sustento y les ocupó con duros trabajos,

4. para que se mantuvieran siempre temerosos y no se consideraran hombres libres.

5. Los hijos de Israel, expuestos así a dificultades extremas, rezaron al Padre del Universo, el Salvador de sus antepasados, y le suplicaron misericordia y ayuda.

6. En ese tiempo, un rico faraón, conocido por sus conquistas, se convirtió en el gobernante de Egipto; sus palacios eran levantados por los esclavos.

7. El faraón tenía dos hijos. El más joven de ellos se llamaba Mosa. Estaba versado en ciencias y artes,

8. y se hacía querer por todos por su buen carácter y su compasión por los que sufrían.

9. Vio que los descendientes de Israel pasaban enormes apuros pero no habían perdido la fe en el Padre del Universo ni veneraban a los numerosos dioses pequeños de los egipcios.

10. Mosa creía en un solo Dios.

11. Los sacerdotes-maestros de los israelitas, suplicaron a Mosa diciéndole que si él pedía a su padre, el faraón, que ayudara a sus compañeros, eso traería el bien para todos.

12. Cuando Mosa trasladó esta súplica a su padre, éste se enfadó mucho y comenzó a oprimir más a sus súbditos cual esclavos.

13. Pero al poco tiempo Egipto fue visitado por una gran plaga que comenzó a matar a jóvenes y a viejos, a ricos y a pobres. El faraón pensó que los dioses estaban enfadados y que le estaban castigando.

14. En ese tiempo Mosa le dijo a su padre que el Padre del Universo estaba castigando a los egipcios como acto de gracia hacia los pobres súbditos oprimidos.

***

A su debido tiempo, por la gracia del Padre del Universo, los hijos de Israel comenzaron a encontrar prosperidad y libertad.

Capítulo IV

1. El Dios Supremo, Padre del Universo, por su gran compasión hacia los pecadores, deseó aparecer en la Tierra en forma humana.

2. Esa encarnación se presentó con un alma separada de esa Alma Suprema que no tiene principio ni fin y está por encima de todas las consecuencias.

3. Descendió para mostrar cómo un alma puede unirse con Dios y percibir bendición eterna,

4. y adoptó forma humana para demostrar en su propia vida de qué modo un mortal puede conseguir la justicia y separar el alma del cuerpo mortal para ganar la inmortalidad y dirigirse a ese cielo del Padre del Universo en donde hay bendición eterna.

5. Apareció como niño inmaculado en la tierra de Israel. El niño se convirtió en el portavoz del Padre del Universo para explicar la naturaleza transitoria del cuerpo y la gloria del alma.

6. Los padres de ese niño eran pobres pero muy devotos y de alta cuna. No prestaban atención a las posesiones terrenas a fin de proclamar el nombre y la gloria de Dios, y creían que el Señor del Universo sólo les hacía sufrir para ponerles a prueba.

7. El señor del Universo bendijo a ese hijo primogénito para recompensar su paciencia y le envió para salvar a los pecadores y curar a los afligidos.

8. Llamaron ese niño divino Issa. Durante su infancia, exhortó a la gente a ser devota y respetuosa con el Único Señor del Universo, y a los pecadores, a abstenerse de los actos pecaminosos y arrepentirse.

9. Gentes de todas partes venían a escuchar la sabiduría que salía por la boca de ese niño, y los hijos de Israel proclamaron unánimemente que el Alma Suprema, infinita y misericordiosa, que no conoce principio ni fin, existía en el niño.

10. Con el transcurso del tiempo, Issa cumplió su decimotercer año. Los israelitas, según su costumbre nacional, se casan a esa edad. Sus padres solían vivir como gente común que posee una casa.

11. Esa humilde choza suya fue lugar de llegada de ricos y aristócratas. Todo el mundo estaba ansioso de tener a Issa como yerno.

12. Issa no quería casarse. Ya había alcanzado fama por su exposición de la naturaleza de Dios. Ante las proposiciones de matrimonio, decidió abandonar en secreto la casa de su padre.

13. En ese tiempo era muy fuerte en su mente el deseo de alcanzar la perfección mediante el servicio devoto a Dios y el de estudiar religión con los que habían alcanzado la iluminación.

14. Abandonó Jerusalén, se unió a un grupo de comerciantes y partió hacia la tierra de Sind (el valle inferior del Indo, al sur de Pakistán), donde solían comprar mercancías para exportar a otros países.

Capítulo V

1. Él (Jesús), a la edad de catorce años, cruzó el norte de Sind y entró en la tierra sagrada de los arios [...].

2. Mientras viajaba solo por la tierra de los cinco ríos (el Punjab), sus rasgos majestuosos, su rostro lleno de paz y la amplia frente impulsaron a los jainitas devotos a reconocerle como aquél que ha recibido la misericordia del Señor.

3. Le pidieron que se quedara en sus templos. Pero no aceptó esa invitación porque en aquel tiempo no quería las atenciones de los otros.

4. Siguiendo su camino llegó al hogar de Jagannath, el país de la representación mortal de Vyasa-Krishna[5], y se hizo discípulo de

---

[5] *Representación mortal* describe la acción de un dios que representa un papel, es decir, adopta una forma que empieza con el nacimiento y termina con la muerte, con un fin específico, como en las encarnaciones de Krishna.

los brahmanes. Se hizo querer por todos y allí empezó a leer, a aprender y a exponer los Vedas.

***

Después vivió durante seis años en Rajagriha, Kasi y otros lugares sagrados. Partió entonces hacia Kapilavastu, lugar de nacimiento del Señor Buda.

Tras vivir allí durante seis años con los monjes budistas, aprendió el pali a fondo y empezó a estudiar las escrituras budistas [...]. Desde allí recorrió el Nepal y el Himalaya [...] y se dirigió hacia el oeste.

Llegó al poco tiempo a Persia, en donde se seguían las doctrinas de Zaratustra[6]. [...]

[...] Pronto su fama se extendió por todas partes [...].

Así, regresó a su patria a la edad de veintinueve años y empezó a extender la palabra de paz entre sus oprimidos compatriotas.

El reverendo lama dijo [...] que tres o cuatro años después de que él (Jesús) abandonara su cuerpo, el manuscrito original había sido compilado en pali a partir de las descripciones de todos los tibetanos que le habían conocido en aquel tiempo, así como por las descripciones de los comerciantes que presenciaron con sus propios ojos su crucifixión a manos del rey de su país.

No cabe duda de que, si todas las opiniones actuales de estudiosos de diversos lugares con respecto a la estancia de Cristo en la India se compilaran y publicaran en un libro, éste sería un valioso documento.

---

[6] En aquel tiempo, Jesús estuvo al lado de una laguna cercana a Kabul para lavarse las manos y los pies y descansó allí algún tiempo. Esa laguna todavía existe y se la conoce con el nombre de «laguna de Issa». Para celebrar el acontecimiento, todos los años se celebra una feria en ese lugar. En un libro arábigo se le menciona con el nombre de *Tarig-A-Ajhan*.

Capítulo IV

LEYENDAS DE ORIENTE

*Extractos de las obras de Nicolás Roerich
Altai-Himalaya, Corazón de Asia e Himalaya,
con los textos originales sobre el santo Issa.*

NICOLÁS ROERICH

Roerich: personalidad, expediciones y descubrimientos

Habría que buscar mucho para encontrar en un solo hombre tal diversidad de talentos: arqueólogo, antropólogo, explorador, cazador, diplomático, místico, poeta, autor y conferenciante, artista, diseñador de ropa y decorados, preservador de la cultura. Nicolás Roerich es un hombre renacentista consumado.

Su vida fue una búsqueda de la Verdad. En dos ocasiones esa búsqueda le llevó a Asia central: en la primera expedición (1924-28), a Sikkim a través de Punjab, Cachemira, Ladak, Karakorum, Khotan, Kashgar, Karashahr, Urumchi, Irtysh, los Montes Altai, la región de Oyrot, Mongolia, el Gobi central, Kansu, Tsaidam, Tíbet y, en secreto, Moscú.

Nacido en San Petersburgo, Rusia, el 10 de octubre de 1874, Nicolás Konstantinovich Roerich pasó gran parte de su juventud cerca de Gatchina, a 25 millas (40 Km.) al suroeste de la ciudad, en la finca rural de su familia, Iswara[1]. Desarrolló allí pasión por la caza y fascinación por la arqueología y la historia natural. Escribió épica e historias de aventuras para revistas de caza, y a la edad de quince años ilustró una historia sobre un encuentro fortuito (y peligroso) que tuvo con un oso. Michail O. Mikeshine, un artista, vio sus dibujos, estimuló su trabajo artístico y le dio las primeras lecciones de pintura.

Nicolás quería desarrollar una carrera artística, pero su padre, abogado eminente, decidió que estudiara Derecho. Por tanto, estudió ambas cosas, y para ello se matriculó en la Academia de Bellas Artes y en la Universidad de San Petersburgo en 1893.

En 1898 se le nombró a una cátedra en el Instituto Arqueológico Imperial y, en 1901, se casó con Helena Ivanovna Shaposhnikov, sobrina del famoso compositor Modest P. Musorgski y sobrina nieta del mariscal de campo Mikhail I. Kutuzov, el general ruso cuya estrategia de retirada indefinida ayudó a derrotar a Napoleón en 1812. Tuvieron dos hijos: George, científico, y Sviatoslav, artista.

Helena era una dama de letras distinguida y llena de gracia, espiritualmente profunda e intelectualmente brillante, pianista consumada y prolífica escritora sobre temas de la tradición esotérica de la religión oriental. Además de libros atribuidos a ella, fue autora, según se dice, de obras para las que utilizó hasta cinco seudónimos, incluyendo los de Josephine Saint-Hilaire y Natalie Rokotoff[2]. De vez en cuando es posible captar alguna vislumbre de sus actividades. Por ejemplo, en 1934 mantuvo correspondencia con el presidente Franklin D. Roosvelt, lo que sugiere la importante naturaleza de su obra[3]. Pero en

---

[1] Para información biográfica sobre Nicolás Roerich, véase Christian Brinton: *The Nicholas Roerich Exhibition* (New York: Redfield-Kendrick-Odell Co., 1920); Frances R. Grant et al.: *Himalaya* (New York: Brentano's, 1926); Nicolás Roerich: *Altai-Himalaya* (New York: Frederick A. Stokes Company, 1929); Nicolás Roerich: *Heart of Asia* (New York: Roerich Museum Press, 1929); George N. Roerich: *Trails to Inmost Asia* (New Haven, Conn.; Yale University Press, 1931); *Nicholas Roerich* (New York: Nicholas Roerich Museum, 1964); Penelope Chetwode: *Kulu* (London: John Murray, 1972); *Nicholas Roerich* (New York: Nicholas Roerich Museum, 1974); Garabed Paelian: *Nicholas Roerich* (Agoura, Calif.: Aquarian Educational Group, 1974).

[2] Helena Roerich: *Foundations of Buddhism* (New York: Agni Yoga Society, 1971), Prefacio.

[3] J. Samuel Walker: *Henry A. Wallace and American Foreign Policy*, colaboraciones en *American History, no. 50* (Westport, Conn. y London: Greenwood Press, 1976), pág. 62, n. 25.

general no es mucho lo que se sabe de ella porque deliberadamente conseguía pasar desapercibida.

Los Roerich no sólo eran personas de enorme talento, sino que eran también afectivos e inspiradores: «Quiero decir que nadie más ha irradiado tanta luz y alegría inconsciente como los señores Roerich», escribió George Grebenstchikoff, autor y amigo. «Los días de nuestro encuentro fueron días en que nos levantaron el ánimo al máximo tanto a mi esposa como a mí; a una orden de los Roerich, cualquiera de los dos habría estado dispuesto a hacer cualquier sacrificio.[4]

A principios del siglo XX, mientras los Roerich recorrían Rusia y Europa, el profesor Roerich pintaba, realizaba excavaciones arqueológicas, estudiaba arquitectura, daba conferencias y escribía con lucidez sobre arte y arqueología. A iniciativa del empresario de ballet Sergei P. Diaghilev, se convirtió en miembro de la famosa sociedad Mundo del Arte (Mir Iskusstva) de San Petersburgo y ejerció durante algún tiempo como presidente. A través de su boletín, la sociedad «trataba de expresar el ideal del arte por el arte», concepto en el que «el arte era visto como una forma de vivencia mística, un medio a través del cual la belleza eterna podía ser expresada y comunicada, casi un nuevo tipo de religión»[5].

En 1906 Roerich fue nombrado director de la Escuela para el Fomento de las Bellas Artes de Rusia. En 1907 comenzó a aplicar sus talentos en la escena y en el diseño de trajes, y posteriormente diseñó decorados para Diaghilev y para el ballet de Igor Stravinsky *La consagración de la primavera*. Al año siguiente se convirtió en miembro de la Junta de la Sociedad Imperial de Arquitectura y en 1909 fue elegido académico de la Academia Imperial Rusa de Bellas Artes.

Roerich llevó una vida productiva y aventurera, y a menudo estuvo en la vanguardia de los acontecimientos importantes. Al principio de la revolución bolchevique, en marzo de 1917, Máximo Gorki

[4] Grant et al.: *Himalaya*, pág. 48.
[5] Chetwode: *Kulu*, pág. 151.

convocó a sus compatriotas relacionados con las artes a una reunión en San Petersburgo. Eligieron un Consejo de Asuntos Artísticos que se reunía en el Palacio de Invierno. Roerich actuó de presidente durante dos meses.

En aquel tiempo fue candidato al cargo de ministro de Bellas Artes y se le pidió que sirviera en el gobierno en esa área o en cualquier otra. Al hablar de una colección perdida de valiosas pinturas antiguas pertenecientes a Roerich, la *American Magazine of Art* (junio de 1921) comentaba que el destino de las pinturas era «desconocido, porque él no había aceptado el alto puesto que le habían ofrecido los bolcheviques»[6]. Presintiendo la inminente catástrofe, se llevó a su familia a Finlandia, corriendo con ello la cortina a su temprana carrera en la madre Rusia.

Por invitación del doctor Robert Harshe, director del Instituto de Arte de Chicago, Roerich llegó a los Estados Unidos en 1920. Ya había realizado más de 2.500 pinturas y era un artista internacional-mente reconocido, por lo que causó sensación artística de forma inmediata.

«Las pinturas de Roerich son tan importantes por su afirmación, su gran seguridad, en estos tiempos de inquietud», escribía el famoso crítico de arte Olin Downes. «Inmerso en nuestra sociedad moderna, tan positiva y tan limitada, da a sus colegas artistas un ejemplo profético del objetivo que deben alcanzar: la expresión de la Vida Interior»[7].

Su obra contiene escenas de la naturaleza, temas inspirados por la historia, la arquitectura, la religión, en muchos al estilo de las antiguas pinturas rusas de iglesias; en otros casos, de contenido místico, alegórico, épico o sublime; y en otros, como *El último ángel*, son proféticas. Estuvo influido por muchos artistas importantes, desde Arhip I. Kuindjy, su instructor en la Academia de Bellas Artes, a Gauguin y Van Gogh, así como por una variedad de escuelas de arte. Sin embargo, él mismo creó escuela.

---

[6] «Nicholas K. Roerich». *American Magazine of Art 12* no. 6 (junio de 1921):200.

[7] *Nicholas Roerich* (New York: Nicholas Roerich Museum, 1974), págs. 7 y 8.

De todos modos, su estilo es difícil de describir, porque, tal como afirma el arquitecto Claude Bragdon, pertenece a una fraternidad selecta de artistas, que incluye a da Vinci, Rembrandt, Blake, y en música, a Beethoven, cuya obra tiene «una calidad única, profunda y mística que los diferencia de sus contemporáneos, haciendo imposible clasificarlos en cualquier categoría conocida o adscribirlos a alguna escuela, porque se parecen sólo a sí mismos y unos a otros, y forman una especie de orden de iniciados sin tiempo ni espacio»[8].

Roerich fue un artista de increíble dominio, cuyas pinturas, a menudo vivas y de colores estimulantes, producen un impacto tangible en el espectador. Henry A. Wallace (ministro de Agricultura en 1933-40, vicepresidente de Estados Unidos en 1941-45), dijo que las pinturas de Roerich «le producían una sensación interior agradable»[9]. Y algunos afirmaban que eran literalmente transportados a otras esferas por su arte, o que al menos habían tenido visiones de ellas: «El genio de la fantasía de Roerich llega al borde de la clarividencia», escribió el gran novelista ruso Leonid Andreyev[10].

En su ensayo, titulado «El significado interior del arte de Roerich», Iván Narodny proclamó: «En el momento mismo en que vi las pinturas de Nicolás Roerich expuestas en las Kingore Galleries de Nueva York, sentí que atraían mis ojos hacia una tierra desconocida y maravillosa, evocando en mi alma sonidos de campanillas, coros, órganos, orquestas y arpas eólicas [...]. Mirando los cuadros de Roerich, me he sentido atraído a meditaciones, sueños y lágrimas espirituales; emociones que los peregrinos experimentaban cuando se arrodillaban a rezar ante los prodigiosos iconos»[11].

En apoyo de la verosimilitud de los que hablan de tan elevadas visiones, o exclaman que «el arte de Roerich *está fuera de este mundo*», mientras estaba en órbita, Yuri A. Gagarin, el primer hombre que

---

[8] Roerich: *Altai-Himalaya*, pág. xv.
[9] Walker: *Henry A. Wallace*, pág. 54.
[10] Leonid Andreyev: «The Realm of Roerich», *New Republic 29*, no. 368 (21 de diciembre de 1921):97.
[11] Grant et al.: *Himalaya*, págs. 66, 68.

viajó al espacio (12 de abril de 1961), escribió en su diario: «Resplandecían rayos en la atmósfera de la Tierra, el horizonte se volvió de color naranja brillante, pasando gradualmente por todos los colores del arco iris: del azul claro pasando por el azul oscuro, al violeta y luego al negro. ¡Qué gama tan indescriptible de colores! Igual que en las pinturas del artista Nicolás Roerich»[12].

Roerich viajó extensamente por América, mostró sus obras, anduvo por los mejores círculos, dio conferencias en las escuelas femeninas más exclusivas y en los almacenes Marshall Field, en donde habló sobre «las prendas espirituales» y la armonización del aura humana con las ropas.[13]

Fundó Cor Ardens (la Sociedad Internacional de Artistas) y el Master Institute of United Arts en 1921, y Corona Mundi (Centro de Arte Internacional) en 1922. Tras planear la primera de sus expediciones a Asia, se embarcó hacia la India en 1923 para preparar el viaje.

Los administradores del Master Institute of United Arts fundaron en 1923 el museo Roerich. Ese museo alberga un gran número de pinturas suyas, si bien, reflexionando en torno al concepto de Roerich sobre la unidad del arte, se convirtió rápidamente, en palabras del historiador Robert C. Williams, «en una auténtica empresa cultural, patrocinando exposiciones, conferencias y conciertos de distinguidos artistas, músicos y escritores de finales de los años veinte y principios de los treinta»[14].

En 1928 Roerich fundó el Urusvati Himalayan Research Institute en el encantador valle de Kulu en Nagar, India, centro para el estudio de materiales etnográficos y arqueológicos.

A lo largo de su vida, Roerich pintó un número sorprendente de cuadros (unos siete mil), escribió más de mil doscientas obras de todo

---

[12] Nikolai Rerikh: *Zazhigaite serdtsa*. [Incendiar los corazones] comp. I. M. Bogdanova-Rerikh (Moscow: Izdatel'stvo «Molodaia gvardia», 1978), pág. 22.

[13] Paelian: *Nicholas Roerich*, pág. 36; Robert C. Williams: *Russian Art and American Money* (Cambridge, Mass. y London: Harvard University Press. 1980), pág. 117.

[14] Williams: *Russian Art and American Money*, pág. 119.

tipo, fue *una* de las fuerzas, sino *la* fuerza —a veces invisible—, a la sombra de la colocación del Gran Sello de los Estados Unidos en el billete de dólar, y estuvo nominado para el Premio Nobel de la Paz en 1929 y en 1935 por sus esfuerzos para promover la paz internacional por medio del arte y la cultura y para proteger los tesoros artísticos en tiempos de guerra.

Ya en 1904 Roerich había propuesto un tratado para proteger el patrimonio cultural del mundo, sugirió la idea al zar Nicolás II en 1914 y lo esbozó formalmente en el lenguaje del Derecho Internacional en 1929.

El Tercer Congreso Internacional de la Bandera de la Paz de Roerich, celebrado en noviembre de 1933, fue un punto decisivo en la campaña para ratificar lo que se conocería popularmente como el Pacto Roerich. En efecto, ese pacto obligaba a las naciones a respetar museos, universidades, catedrales y bibliotecas, tal como hacían con los hospitales. Así como en tiempo de guerra, en los hospitales, ondeaba la bandera de la Cruz Roja, en las instituciones culturales ondearía la *Bandera de la Paz* de Roerich, una esfera blanca con tres esferas rojas rodeadas por un círculo rojo.

Los esfuerzos por promover el pacto fueron patrocinados por el ministro de Agricultura, Henry A. Wallace, en aquel tiempo admirador de Roerich, y, según algunos, su discípulo espiritual. La reunión no fue un asunto irrelevante entre la élite de Washington; el senador Robert F. Wagner ocupó el cargo de presidente honorario, y catorce senadores estadounidenses, dos congresistas, dieciséis gobernadores, el superintendente de la Academia Militar de los EE.UU. y varios rectores de universidades fueron miembros honorarios del congreso.[15]

Por fin, el 15 de abril de 1935, Roerich veía un tratado panamericano que encarnaba el pacto firmado en la Casa Blanca por los representantes de Estados Unidos y veinte naciones latinoamericanas.[16]

---

[15] Véase *The Roerich Pact and The Banner of Peace* (New York: The Roerich Pact and Banner of Peace Committee, 1947).
[16] Walker: *Henry A. Wallace*, págs. 53-57.

Los biógrafos han escrito mucho sobre las etapas de la vida de Roerich, salvo acerca de una: la piedra angular de sus esfuerzos, la fuerza que dio dirección, unidad y significado a sus múltiples actividades: su vida espiritual.

Los Roerich adquirieron una comprensión profunda de la literatura y las tradiciones de la religión esotérica: especialmente el budismo esotérico. Sin duda alguna, el íntimo conocimiento que poseía Nicolás Roerich del estilo oriental, combinado con sus diversas experiencias y gran saber, explica la razón de que fuera recibido con honores prácticamente allí donde acudió en su primera expedición al Asia central, así como el hecho de que los chinos se maravillaran de sus conocimientos y se refirieran a él como «el iniciado», y de que los mongoles al parecer afirmaran: «Personajes tan universales como Roerich recorren el sendero de los Bodhisattvas de más alto nivel como luces perfectas del siglo [...]. Por tanto, nuestro país considera la visita del profesor Roerich [...] un gran honor y alegría»[17].

No es tarea fácil rastrear el desarrollo de la vida espiritual de Roerich. El velo de oscuridad, según algunos de sus seguidores, es el resultado de un esfuerzo intencionado de los Roerich por mantener un círculo reverente de intimidad alrededor de su vida personal y vivencias interiores.

Uno de sus biógrafos, el doctor Garabed Paelian, creía que las primeras inspiraciones comenzaron en la vida de Nicolás a edad temprana con la aparición en sus sueños de una figura con una túnica blanca[18]. Algunos seguidores de Roerich afirman que su profesor de pintura, Kuindjy, hombre con las cualidades de un san Francisco, fue durante un tiempo su gurú. En tributo a Kuindjy, Roerich recordó: «Me sentí feliz de tener como maestro a un hombre extraordinario. El eminente Maestro Kuindjy no era sólo un artista destacado, sino también un gran Maestro de la vida»[19].

---

[17] Paelian: *Nicholas Roerich*, págs. 39-40.
[18] Ibíd., pág. 28.
[19] Ibíd., pág. 29.

Algunos creen que Kuindjy pudo haber introducido a Roerich en la literatura e ideas esotéricas. Lo que le enseñara a Roerich, aparte de pintura, queda envuelto en el misterio, y si fue su gurú es materia de mucho debate. Sin embargo, en un ensayo titulado «Gurú: el maestro», publicado en *Shambhala* (1930), Roerich afirma que Kuindjy fue «un auténtico gurú para sus pupilos según la elevada concepción hindú del término». Dice que tenía «la autoridad del gurú», pero añade: «no sé de dónde procedía su idea acerca del auténtico gurú en el refinado sentido oriental»[20].

En cualquier caso, los Roerich fueron por un breve período miembros de la Sociedad Teosófica, estudiaron su literatura, tradujeron finalmente al ruso el libro *Doctrina Secreta* de Helena P. Blavatsky, y en 1919 ó 1920, según los informes de algunos de sus seguidores, contactaron con los grandes mahatmas de Oriente Morya y Koot Hoomi.

Mientras vivieron en Estados Unidos, un grupo de devotos familiarizados con sus actividades espirituales reconocieron en Nicolás a un gurú. A lo largo de los años, los Roerich escribieron un gran número de libros sobre una amplia variedad de temas espirituales. La mayoría de ellos carecen de información biográfica. Algunos ni siquiera identifican al autor, y otros, al menos en el caso de Helena Roerich, fueron escritos con seudónimos.

Atraídos por su profundo amor hacia Oriente y por los numerosos secretos que les reservaba, en 1923 iniciaron un épico viaje de cuatro años y medio por Asia. La expedición estaba formada por Nicolás, Helena, su hijo George (el científico) y otros europeos. Su hijo Sviatoslav (el artista) y el lama Lobzang Mingyur Dorje, estudioso de la literatura tibetana, se unieron al grupo durante una parte del viaje. Viajaron por Sikkim, la India, Cachemira, Ladak, Tíbet, China, Mongolia y Rusia. En resumen, la ruta daba la vuelta al Asia central.

---

[20] Nicholas Roerich: *Shambhala* (New York: Nicholas Roerich Museum, 1978), págs. 304,307.

«Desde luego, mi aspiración principal como artista, al viajar a Asia, era el trabajo artístico —escribió Roerich en *Corazón de Asia*, una sinopsis de su diario del viaje—, y es incluso difícil calcular lo pronto que podré dar cuerpo a todas mis impresiones y esbozos artísticos; tan generosos son estos dones de Asia. Ningún conocimiento adquirido en la literatura o en los museos le dota a uno para describir Asia o algún otro país a menos que lo haya visto con sus propios ojos y a menos que haya tomado algunas notas y esbozos in situ. La convicción, esta propiedad mágica e intangible de la creación, sólo se produce por una acumulación continua de ideas reales. Cierto que las montañas lo son en todas partes, que el agua es agua en todas partes, y el cielo es siempre cielo y los hombres son hombres en todos los lugares. Sin embargo, si uno se sienta delante de los Alpes y trata de pintar el Himalaya, carece de algo inexplicable pero convincente.

»Además de sus objetivos artísticos, nuestra expedición se proponía estudiar la posición de los monumentos antiguos del Asia central, observar el estado actual de religiones y credos, y anotar los vestigios de las grandes migraciones de naciones»[21]. La expedición cumplió con creces sus objetivos.

Durante gran parte del tiempo, los Roerich estuvieron sin contacto con Occidente. Tras un largo silencio, llegó este telegrama a Nueva York el 24 de mayo de 1928. Lo conciso de sus frases reproduce la atmósfera del viaje:

«Expedición americana de Roerich tras muchas dificultades llega Himalaya. Termina así gran expedición Asia central. Muchos resultados artísticos y científicos. Enviadas ya varias series de pinturas a Nueva York. Espero último envío desde Mongolia llegue seguro. Muchas observaciones con respecto al budismo.

»Expedición iniciada en 1924 desde Sikhim, atravesando Punjab, Cachemira, Ladak, Karakorum, Khotan, Kashgar, Karashahr,

---

[21] Roerich: *Heart of Asia*, págs. 7-8.

Urumchi, Irtysh, Montes Altai, región de Oyrot, Mongolia, Gobi central, Kansu, Tsaidam, Tíbet.

»Bandera de paz americana rodeó Asia central. En todas partes caluroso recibimiento salvo gobiernos de Khotan y Lhasa. Nuevos movimientos de la expedición desde Khotan ayudados por el cónsul británico en Kashgar. En territorio tibetano atacados por ladrones armados. Superioridad de nuestras armas de fuego impidió derramamiento de sangre. A pesar de pasaportes tibetanos, expedición detenida forzosamente por autoridades tibetanas el 6 de octubre, a dos días al norte de Nagchu. Con inhumana crueldad, expedición detenida durante cinco meses a una altitud de 3.500 metros (15.000 pies) en tiendas de verano en medio de intenso frío a 40º bajo cero.

»Expedición sufrió falta de combustible y pienso. Durante estancia en Tíbet cinco hombres, mongoles, buriatos y tibetanos murieron, y perecieron noventa animales de la caravana. Por orden de autoridades, confiscadas todas cartas y cables dirigidos al gobierno de Lhasa y a autoridades británicas de Calcuta. Prohibido hablar con caravanas que pasaban. Prohibido comprar alimentos a población. Dinero y medicinas se terminaron. La presencia de tres mujeres en caravana y certificado médico sobre debilidad del corazón no tenidas en consideración. Con grandes dificultades el 4 de marzo expedición se dirigió hacia sur. Los nueve miembros europeos de la expedición a salvo. Soportaron valerosamente dificultades de un invierno especialmente riguroso. Saludos»[22].

Durante el viaje, a pesar de los abrumadores obstáculos, Roerich pintó unos quinientos cuadros. Roerich llevaba también un diario de viaje publicado posteriormente con el título *Altai-Himalaya*. Consta de una serie de pensamientos vagamente hilvanados sobre ciencia, arqueología y religión, combinados con un rápido relato de viaje. Se trata de una compilación de «pensamientos a lomos de caballo y en la

---

[22] Roerich: *Altai-Himalaya*, págs. vii-viii.

tienda» que realizó Roerich, a la que se describió una vez como «la sinfonía de Asia»[23]. No conocemos ninguna otra obra comparable. Es todo un monumento de belleza en la misma medida que lo son sus impresionantes pinturas, que penetran hasta el alma.

Mientras observaba las costumbres religiosas, Roerich acumuló muchas pruebas, tanto orales como escritas, que no sólo corroboraban los descubrimientos de Notovitch, sino que añadían también nuevos textos al cuerpo ya conformado. Por fortuna para los estudiosos de los años perdidos, de las religiones del mundo y del misticismo en el arte del siglo XX, la búsqueda del santo Issa les llevará a los archivos inexplorados de Nicolás y Helena Roerich y a un mundo de belleza trascendente que atrae a los peregrinos espirituales que tratan de entrar en el siglo XXI con la integridad y la fuerza necesarias para afrontar el caos mundial con conocimiento y tranquilidad.

«La expedición partió de Nueva York en mayo de 1923 y en diciembre de ese mismo año llegó a Darjeeling, en el Sikkim británico —anotó George Roerich en su diario, *Viajes al Asia interior*—. Se estableció allí una base y realizaron varios viajes por Sikkim. Pasamos todo el año 1924 en Sikkim preparando el viaje más extenso al Asia interior»[24].

Los Roerich abandonaron Darjeeling el 6 de marzo de 1925 y se dirigieron a Srinagar, Cachemira. Encargaron allí a artesanos habilidosos que preparan pertrechos necesarios en cantidad, pues «un viaje desde Cachemira al Turquestán chino por la ruta montañosa más alta del mundo requiere un cuidadoso estudio y una previsión inusual», escribía George.

«El equipo de invierno para el clima frío de los pasos de montaña y el invierno del Turquestán chino se componía de pieles forradas con *pashmina*, botas de piel de gilgit, y gorras, calcetines y sacos de dormir de piel. También solicitamos varias tiendas de lienzo impermeable

---

[23] Ibíd., pág vi, vii.
[24] Roerich: *Trails to Inmost Asia*, pág. xii.

Willesden, forradas con *pattoo* caliente. Había que construirlas especialmente para resistir las asperezas del viaje y los vendavales de la montaña. Se componían de dos alas, la exterior de las cuales llegaba hasta el suelo para impedir que el fuerte viento de las tierras altas penetrara por debajo y levantara la tienda. Los palos de la tienda eran de bambú grueso con fuertes junturas metálicas y los ganchos eran de hierro galvanizado»[25].

El 15 de abril la familia se mudó a la estación de montaña de Cachemira, Gulmarg, donde pasó el resto de abril y los meses de mayo, junio y julio. El 8 de agosto comenzaron el viaje por la ruta del Tratado de Leh, con 82 ponis a remolque.

«¡Moscas, mosquitos, pulgas, tijeretas! Todos los regalos posibles tiene Cachemira. Nuestra partida no careció de derramamiento de sangre», escribió Roerich en *Altai-Himalaya*. «En Tangmarg, una banda de rufianes atracaron nuestra caravana y empezaron a golpear a nuestros hombres con barras de hierro; siete de ellos quedaron heridos. Fue necesario mantener el orden con revólveres y rifles. En Ghund, los que regentaban nuestro hostal alimentaron a los caballos con hierba venenosa; éstos empezaron a temblar y finalmente cayeron al suelo. Tuvieron que llevarles de acá para allá durante toda la noche. Mi caballo, Mastan, sufrió especialmente, y lo mismo le sucedió a Sabsa, el de George. Los conductores hicieron fuego alrededor de la caja de munición. Un gato salvaje se deslizó en la tienda bajo la cama de George»[26].

En *Corazón de Asia* escribió: «El antiguo camino de caravanas desde Srinagar a Leh se recorre en una marcha de diecisiete días. Pero suele ser aconsejable hacerlo en algunos más. Sólo un caso de extrema necesidad puede inducir al viajero a realizar ese trayecto sin interrupciones. Lugares tan inolvidables como Maulbeck, Lamayuru, Basgu, Kharbu, Saspul y Spithug detienen al viajero y se conservan para siempre en su memoria, desde un punto de vista tanto artístico como histórico.

---

[25] Ibíd., pág. 5.
[26] Roerich: *Altai-Himalaya*, pág. 100.

»Maulbeck, que ahora ya es un monasterio en declive, a juzgar por las ruinas, debió de ser en otro tiempo una auténtica fortaleza que ocupaba la escarpada cima de una enorme masa rocosa. Cerca de allí, en el camino principal, sobresalta al viajero una gigantesca y antigua imagen de Maitreya. Se percibe que esta imagen la esculpió, en la época de la gloria budista, no una mano tibetana, sino probablemente hindú [...].

»Hay que tener un sentido de la belleza y de la autonegación carente de miedo para construir fortalezas a tales alturas. En muchos de esos castillos, se excavaban en las rocas largos pasadizos subterráneos, que llegaban a un río, por los que un burro cargado apenas podía pasar. Y como veremos, los cuentos de hadas sobre pasadizos subterráneos han creado muchas de las mejores epopeyas. Como en Sikkim, los lamas de Ladak resultaron ser amables, tolerantes con las otras creencias religiosas y hospitalarios con los viajeros, tal como deben ser los budistas [...].

»En Nimu, un pequeño pueblo situado antes de Leh, a 3.300 metros (11.000 pies) de altitud, tuvimos una experiencia que no se debe pasar por alto en ningún caso. Sería muy interesante saber si han sucedido casos análogos. Ocurrió después de un día claro y tranquilo. Acampamos colocando las tiendas. Hacia las diez de la noche estaba ya dormido cuando la Sra. Roerich se acercó a su cama para quitar la alfombra de lana. Pero nada más haber tocado la lana, una gran llama de color rosado violeta y de intensa descarga eléctrica salió, formando lo que parecía una hoguera, de casi unos treinta centímetros (un pie) de altura. El grito de "¡Fuego, fuego!" de la Sra. Roerich me despertó. Salté y vi su silueta oscura, y tras ella una llama en movimiento que iluminaba claramente la tienda. La Sra. Roerich trató de apagar la llama con sus manos, pero el fuego pasaba entre sus dedos, escapando de sus manos, y estallando en varios fuegos más pequeños. El efecto del contacto era ligeramente caluroso, pero sin quemaduras, sonido, ni olor. Poco a poco, las llamas disminuyeron y acabaron por desaparecer, sin dejar ningún rastro en el cubrecama. Hemos tenido ocasión de estudiar muchos fenómenos eléctricos, pero debo decir que nunca experimenté ninguno de tales proporciones.

»En Darjeeling, un rayo esferoide pasó sólo a dos pies (sesenta cm.) de mi cabeza. En Gulmarg, Cachemira, durante una tormenta ininterrumpida de tres días, en la que caía granizo tan grande como huevos de paloma, estudiamos una gran variedad de rayos. En el Trans-Himalaya experimentamos repetidamente sobre nosotros el efecto de distintos fenómenos eléctricos. Recuerdo que en Chunargen, a una altitud de 4.500 metros (15.000 pies), desperté por la noche en mi tienda y al tocar el cubrecama me vi sorprendido por los destellos de luz azul que salían de mis dedos y daban la impresión de envolver mi mano. Al pensar que esto sólo podía producirse en contacto con material de lana, toqué la funda de la almohada, que era de lino. El efecto volvió a ser el mismo. Toqué entonces todo tipo de objetos: madera, papel y lienzo: en todos los casos llameaba la luz azul, intangible, sin sonido ni olor.

»Toda la región del Himalaya ofrece campos excepcionales para la investigación científica. En ninguna otra parte del mundo pueden concentrarse circunstancias tan variadas: cimas de hasta casi 9.000 metros (30.000 pies), lagos a 4.500 (15.000 pies), valles profundos con géiseres y todo tipo de manantiales minerales calientes y fríos, vegetación desconocida totalmente; todo esto garantiza resultados sin precedentes para nuevos descubrimientos científicos. Si se pudieran comparar científicamente las condiciones del Himalaya con las tierras altas de otras partes del mundo, ¡qué destacables analogías y antítesis surgirían! El Himalaya es una verdadera Meca para un científico sincero. Al recordar el libro del profesor Millikan, *El rayo cósmico*, imaginamos las maravillosas posibilidades que este gran científico habría podido encontrar en esas cumbres del Himalaya. ¡Ojalá que estos sueños se hagan realidad en nombre de la ciencia verdadera!»[27].

---

[27] Roerich: *Heart of Asia*, págs. 23, 24, 26-28.

En sólo dieciocho días, la caravana de los Roerich llegó a Leh. George escribió: «Nuestra expedición permaneció en la capital de Ladak del 26 de agosto al 19 de septiembre de 1925, salvo los días que pasamos en el viaje al famoso monasterio de Hemis y otros lugares de interés en los alrededores de la ciudad. Durante esa estancia, ocupamos la mayor parte del tiempo en los preparativos para la siguiente y difícil parte del viaje a lo largo de la gran ruta montañosa del Turquestán chino»[28].

El intervalo en Himis no fue agradable. Al profesor Roerich no le impresionó el monasterio. Sin embargo, encontró pruebas de los manuscritos de Issa, aunque no concreta si los textos que publicó posteriormente los copió allí. Decepcionante en otros aspectos, la experiencia de Himis se halla resumida en las notas de *Himalaya*, monografía publicada en 1926, basada en partes de su diario enviado por correo a casa:

«Hay que ver también el lado inverso del budismo; vayamos a Hemis. Cuando uno se aproxima, siente ya la extraña atmósfera de oscuridad y abatimiento. Los estupas tienen extrañas y temibles imágenes de horribles rostros. Vuelan por el cielo cuervos negros y hay perros del mismo color que roen huesos. Y el cañón queda herméticamente cerrado en sí mismo. Por supuesto, el templo y las casas están apiñadas unas con otras. Y los objetos de servicio se encuentran amontonados en esquinas oscuras como si se tratara de un botín de ladrones. Los lamas son medio analfabetos. Nuestro guía dice riendo: "Hemis, un gran nombre pero un pequeño monasterio". Pequeño, desde luego, pero no por el tamaño sino por el significado interior. Aquí son evidentes los prejuicios y la codicia. Lo único bueno es que en las escarpadas rocas cercanas, por la mañana, apareció el ciervo y, bien erguido sobre los riscos, giró la cabeza para saludar al Sol».

---

[28] Roerich: *Trails to Inmost Asia*, pág. 20.

«Es un viejo monasterio fundado por un gran lama que dejó un libro sobre Chambhalla y ahora esos manuscritos están por ahí tirados, en lugar no visible, sirviendo probablemente de alimento a los ratones».

«Por lo que respecta a los manuscritos de Cristo, primero lo negaron completamente. Es evidente que, la primera negación procede del círculo de misioneros. Después, poco a poco, van deslizándose datos reservados y fragmentarios, difíciles de obtener. Finalmente aparece: los ancianos de Ladak han oído hablar de los manuscritos y los conocen».

«Esos documentos, entre ellos los manuscritos sobre Cristo y el Libro de Chambhalla, están en el lugar "más oscuro". Y la figura del lama, el compilador del libro, se presenta como un ídolo con una especie de tocado fantástico. ¿Cuántas otras reliquias habrán perecido en esquinas polvorientas? Pues los lamas tántricos no tienen ningún interés en ellas. Era necesario conocer este otro lado del budismo»[29].

«¡Pero qué simple es dejar de lado la mugre y el polvo del fanatismo! ¡Qué simple es restaurar las sensacionales pinturas murales! ¡Qué fácil purificar y limpiar las estatuas finamente labradas! Tampoco es difícil devolver a las organizaciones monásticas el significado pleno del estado de funcionamiento, según las enseñanzas del mayor de los Leones (Sinha): Buda»[30].

Leh recibió a los Roerich con gran honor. Fueron invitados a permanecer en el palacio real del siglo XVII, el cual se desmorona

---

[29] Grant et al.: *Himalaya*, págs. 170-172.
[30] Roerich: *Altai-Himalaya*, pág. 114

pero sigue siendo majestuoso, y desde donde se domina el horizonte. Roerich recuerda: «En Ladak, toda la atmósfera parecía presa-
giarnos benevolencia».

»La ciudad de Leh, residencia del antiguo maharajá de Ladak,
conquistada ahora por Cachemira, es una ciudad tibetana típica,
con numerosas paredes de arcilla, templos y largas filas de Subur-
gans, que dan un silencio solemne al lugar. Esta ciudad, situada en
una montaña alta, está coronada por el palacio de ocho plantas del
maharajá. Nos detuvimos allí por invitación de éste, y eligimos
como morada el piso superior de la fortaleza, el cual temblaba por
las violentas ráfagas de viento. Durante nuestra estancia, se vinie-
ron abajo una puerta y parte de una pared. Aun así la vista maravillosa que había desde el ático nos hacia olvidar la inestabilidad
del castillo.

»Bajo el palacio yace la ciudad entera: bazares atestados de rui-
dosas caravanas, huertos de fruta y, alrededor de la ciudad, grandes
campos de cebada desde donde sonaban canciones alegres al final
de la jornada laboral. Las mujeres ladaki pasean de forma pintoresca
con sus altas gorras de piel con orejeras vueltas hacia arriba. De sus
espaldas cuelgan largas cintas decoradas con una gran cantidad de
turquesas y pequeños ornamentos metálicos. Por los hombros, como
si se tratara de un antiguo korsno bizantino, llevan generalmente
una piel de yak, sujeta en el hombro derecho con una fíbula (bro-
che). Entre las mujeres más ricas, ese korsno es de paño de color,
por lo que se parece todavía más a los auténticos iconos bizantinos.
Y las fíbulas del hombro derecho podrían haber sido obtenidas
excavando en túmulos nórdicos y escandinavos.

»No lejos de Leh, sobre una colina pedregosa, hay tumbas antiguas que se cree son prehistóricas y recuerdan a las antigüedades
druídicas. Tampoco está lejana la casa del antiguo mongol Kham,
quien trató de conquistar Ladak. Se encuentran también en este

valle cruces nestorianas, que recuerdan una vez más lo extendidos que estuvieron en Asia el nestorianismo y el maniqueísmo»[31].

Y entre la algarabía y el color de los bazares asiáticos, la llegada y partida de las caravanas, los ajetreados mercaderes, la impresionante belleza del Himalaya y las antiguas tradiciones en torno a la ciudad de Leh, surgieron las leyendas de Issa.

«En Leh volvimos a encontrar la leyenda de la visita de Cristo a estos lugares. El administrador de correos hindú de Leh y varios budistas ladakis nos dijeron que allí, no lejos del bazar, existe todavía una laguna cerca de la cual hay un viejo árbol. Bajo ese árbol Cristo predicó al pueblo antes de partir hacia Palestina. También oímos otra leyenda que cuenta que Cristo, de joven, llegó a la India con una caravana de mercaderes y estudió la sabiduría superior en el Himalaya. Escuchamos varias versiones de esta leyenda, muy extendida en Ladak, Sinkiang y Mongolia, pero todas están de acuerdo en un punto: que, durante el tiempo de su ausencia, Cristo estuvo en la India y en Asia. No importa cómo ni dónde se originó la leyenda. Quizá sea de origen nestoriano. Lo valioso es comprobar que la leyenda se cuenta con total sinceridad»[32].

---

[31] *Nestorianismo*: doctrina establecida en el siglo V por el obispo de Constantinopla, Nestorio, quien afirmaba que había dos personas separadas, (la humana y la divina), en el Cristo encarnado, en oposición a la enseñanza ortodoxa de que Cristo era una persona divina que asumió naturaleza humana. Cuando las opiniones de Nestorio fueron condenadas en el año 431 en el concilio de Éfeso, los seguidores de su teología formaron un centro de resistencia en la famosa escuela teológica de Edesa. La escuela fue cerrada en el año 489 por orden imperial, y los pocos nestorianos que quedaron emigraron a Persia (Irán). En el año 637, tras la conquista árabe de Persia, se reconoció a los nestorianos como una comunidad religiosa y sus eruditos se tornaron influyentes en la formación de la cultura árabe. Hoy día, la mayoría de sus miembros, a los que suele dárseles el nombre de cristianos asirios, viven en Irak, Siria e Irán.

Maniqueísmo: religión fundada en Persia en el siglo III por Mani (alrededor del 216-276). Mani, quien afirmaba ser apóstol de Jesús, creía ser el instrumento del Paráclito prometido y mensajero del Espíritu Santo en la línea de sucesión de los profetas o mensajeros de Dios, siendo los principales Zoroastro, Buda y Cristo. Los seguidores de Mani eran vegetarianos, creían en la reencarnación y seguían un ritual de oración varias veces al día. Sus prácticas religiosas incluían también frecuentes ayunos, limosnas y confesión. El movimiento sincretista de Mani se constituyó en temprano rival de la iglesia cristiana, la cual trató su doctrina como herejía. Fue también perseguido por los zoroastrianos ortodoxos y sufrió martirio en Persia a manos de los sacerdotes zoroastrianos. El maniqueísmo se extendió hacia Occidente por Egipto, el norte de África y el Imperio Romano, desapareciendo en el siglo IV tras las terribles persecuciones, y penetró hacia el este llegando hasta el Turquestán chino, en donde perduró hasta el siglo X. Roerich: *Heart of Asia*, págs. 30, 28-29.

[32] Ibíd., págs. 29-30.

En *Altai-Himalaya*, Roerich añade: «Un hindú bueno y sensible habló de modo significativo sobre el manuscrito de la vida de Issa. "¿Por qué colocar siempre a Issa en Egipto durante la época de ausencia de Palestina? Es evidente que pasó sus años juveniles dedicado al estudio. Las huellas de su aprendizaje han quedado impresas naturalmente en sus últimos sermones. ¿A qué fuentes conducen esos sermones? ¿Qué hay en ellos de egipcio? ¿Y por qué no buscar rastros de budismo, de la India? Es difícil entender por qué se niega con tanta vehemencia el que Issa fuera por un camino de caravanas a la India y a la región ocupada en la actualidad por el Tíbet".

»Las enseñanzas de la India tenían gran fama por todas partes; recordemos la descripción de la vida de Apolonio de Tyana y sus visitas a los sabios hindúes.

»Otro orador nos recordó que en Siria se encontró una losa que llevaba inscrito un edicto gubernamental acerca de la persecución de los seguidores de Jesús en cuanto que enemigos del gobierno. Este descubrimiento arqueológico debe de resultar curioso para aquéllos que niegan la historicidad de Jesús el Maestro. ¿Y cómo se explica la existencia de pequeñas monedas utilizadas por los cristianos primitivos en las catacumbas? Esas primeras catacumbas todavía existen. Siempre hay alguien a quien le gusta negar con desdén las cuestiones difíciles que se introducen en su conciencia; pero luego, el conocimiento se transforma en escolasticismo y la difamación se cultiva como un arte. ¿Cómo es posible que un fraude reciente penetre en la conciencia de todo Oriente? ¿Y dónde está el científico capaz de escribir un largo tratado en pali y en tibetano? No conocemos ninguno [...].

»Leh es un lugar extraordinario. Aquí las leyendas unieron los caminos de Buda y de Cristo. Buda pasó por Leh de camino hacia el norte. Issa se comunicó aquí con el pueblo, procedente del Tíbet. Las leyendas se guardan secreta y precavidamente. Es difícil sondearlas, pues los lamas saben más que nadie cómo guardar silencio. Sólo por medio un idioma común —y no una simple lengua hablada, sino también de un entendimiento interior—, puede uno abordar sus misterios significativos. Uno acaba convencido de que todo *gelong* instruido sabe mucho. Ni siquiera por su mirada te das cuenta de cuándo está de acuerdo contigo o cuándo se ríe internamente de ti por saber más que tú. ¡Cuántas historias podrían contar estos seres silenciosos de los "sabios" que han pasado por aquí y se han encontrado en las situaciones más ridículas! Pero ahora ha llegado el momento de la iluminación de Asia»[33].

Viviendo en el palacio de Ladak, Roerich obtuvo inspiración para sus pinturas. «Desde este lugar de los sermones de Issa, desde sus altas terrazas, se puede pintar todo lo que se ve desde aquí. En estos lugares elevados, purificados por los vientos, se produjeron las señales que presagiaban grandes comuniones. Los lugares, por supuesto, han cambiado. Destrucciones y construcciones se sucedieron unas a otras. Los conquistadores trajeron nuevas acumulaciones, pero la silueta básica permanece inalterable. Las mismas estructuras celestiales coronan la tierra como antes. Las mismas estrellas brillantes y las mareas de arena como el mar, petrificadas. Y los vientos ensordecedores, barriendo la tierra [...].»

Luego se produjo, sin pedirla, una nueva confirmación de los manuscritos.

«Llegó el rey lama. A pesar de su pobreza, trajo con él a diez parientes y lamas acompañantes. De la conversación resultó evidente que la familia del rey conoce los manuscritos sobre Issa. Nos informaron también de que a muchos mahometanos les gustaría poseer esos documentos. Se produjo luego una conversación sobre las profecías relacionadas con Shambhala, sobre las fechas y sobre lo que llena de belleza la realidad. El viejo rey lama se va y la multitud, vestida con blancos caftanes, se inclina ante él con reverencia, simplicidad y belleza».

«Es una maravilla que George conozca todos los dialectos tibetanos necesarios. Aquí la gente no habla de cosas espirituales cuando hay un

---

[33] Roerich: *Altai-Himalaya*, págs. 118-119, 120.

traductor. Uno ha de absorberlas con pleno conocimiento, con un enfoque claro y sincero. La curiosidad no tiene cabida. ¡Sólo la tiene el insistente amor por el conocimiento!»

«8 de septiembre [1925]. Cartas de América. Aquí se nos escapan muchos mensajes. Las cartas viajaron durante seis semanas, pero lograron alcanzar el buque de vapor».

«En las paredes de la habitación elegida como comedor hay pintados jarrones ilustrados con plantas de muchos colores. En las paredes del dormitorio están todos los símbolos de Chintamani, la piedra del tesoro del mundo. Y los pilares grabados, ennegrecidos por el paso del tiempo, soportan el polvoriento techo con sus grandes balaustres semejantes a los de Berendey. Hay pequeñas puertas por encima de un alto umbral y las estrechas ventanas carecen de vidrios. De modo que, antes de caer la noche, el viento sopla libremente por los pasillos. El suelo está cubierto con un fieltro brillante de Yarkand. Y en la terraza inferior ladran un perro negro, llamado Tumbal, y otro blanco, llamado Amdong, que son ahora nuestros compañeros de viaje. Durante la noche, el viento silba y las viejas paredes tiemblan.

»Estoy pintando en la cámara superior que tiene salida a todas las terrazas. Las puertas tienen marcos con bisagra esculpidos y los pilares tienen capiteles con intrincados frescos. Escaleras, escalones y oscuras techumbres tienen la marca de la edad. ¿Dónde he visto antes esta cámara? ¿Dónde han chispeado estos brillantes colores? Por supuesto, en el *Snowmaiden*[34], en el escenario de Chicago. Entran mis familiares y dicen: «Bien, aquí esta realmente el auténtico Berendey en su propia cámara».

«*Berendeyevka* terminó antes de lo que esperábamos; el otoño no se entretiene. Hay que pasar el Karakorum antes de que lleguen los

---

[34] Roerich diseñó los vestidos y decorados para la producción de *Snowmaiden* de Rimski-Korsakov, en 1921, a cargo de la Chicago Opera Company.

vientos otoñales del nordeste. El camino a Shayok sólo se puede pasar hasta dentro de una semana. Además, la gente ya se ha llevado los puentes como combustible y el agua ha crecido hasta la altura de un hombre. Queda el camino a través de los pasos de Khardong y Sasser. Muchas consideraciones imperativas y diversas nos obligan a precipitar la fecha de la partida. Con una caravana grande, uno se convierte en súbdito».

«Karakorum: el trono negro. Más allá está China: de nuevo, el antiguo patrimonio de Buda».

«Terminan en el patio la carga de los yaks. ¡Partimos! Y el día centellea. 18 de septiembre de 1925»[35].

Roerich envió por correo a América la parte anterior de su diario junto con las pinturas acabadas hasta ese momento. Pero la caravana no se fue hasta el 19 de septiembre y él escribió más sobre Issa.

«Nos enteramos de lo extendidas que están las leyendas sobre Issa. Es importante conocer sólo el contenido de esas leyendas. Los sermones relacionados con ellas, sobre la unidad, sobre el significado de la mujer, así como todas las indicaciones sobre budismo, son harto oportunas para nosotros. Los lamas conocen el significado de esas leyendas. ¿Por qué la gente se ofende y las difama? Todo el mundo sabe cómo calumniar a los llamados textos "apócrifos". Pues la calumnia no precisa de una gran inteligencia. ¿Pero, cómo se puede dejar de reconocer que muchos de los llamados textos "apócrifos" se acercan más a la verdad que otros tantos documentos oficiales? El manuscrito Kraledvorsky, aceptado por todo el mundo, resultó ser un fraude, mientras que muchos documentos auténticos no entran en la conciencia de nadie. Baste recordar el llamado Evangelio de los Ebionitas.

---

[35] Ibíd., págs. 120-121, 122-123, 124.

Autoridades como Orígenes, Jerónimo y Epifanio hablan de la existencia de esa biografía. Ireneo, en el siglo II, la conoce: ¿y dónde está ahora? En lugar de esas inútiles discusiones, es mejor reflexionar humanamente sobre los hechos y pensamientos comunicados en las leyendas de Issa, "el mejor de los hijos del hombre". Aprecia lo cerca que está de la conciencia contemporánea el contenido de esas leyendas y sorpréndete de lo extendido que está en Oriente el conocimiento de ellas, y lo persistente que es su repetición.

»Tardamos mucho tiempo en cargar los yaks, los caballos, las mulas, los burros, las ovejas, los perros: una procesión bíblica al completo. Los miembros de las caravanas parecen la vitrina de un museo etnográfico. Pasamos junto a la laguna en la que, según la tradición, Issa empezó a enseñar. A la izquierda están las tumbas prehistóricas. Tras ellas, el lugar donde Buda, el antiguo fundador de la orden, se dirigió hacia el norte a través de Khotán. Más lejos, ruinas de las estructuras y el jardín que tanto nos dice. Pasamos junto a los relieves pétreos de Maitreya, que durante el camino transmiten a los distantes viajeros sus últimas palabras de esperanza para el futuro. El palacio quedó tras la roca, con el templo de Dukar, la Madre del Mundo iluminada y de múltiples brazos. La última señal de Leh fue la despedida de las mujeres de Ladak. Salieron al camino portando la leche bendecida de los yaks. Rociaron con leche las frentes de caballos y viajeros para darles el poder de los yaks, tan necesario en las escarpadas pendientes en los cañones resbaladizos de los glaciares. Las mujeres nos dieron la despedida»[36].

Así iniciaron Roerich y sus familiares la siguiente parte de su peregrinaje, a través de Khardong La, para seguir la más alta ruta de caravanas del mundo. Durante los tres años siguientes fueron tragados en el corazón de Asia.

Conocieron un último relato sobre Issa antes de cruzar Khardong La el 23 de septiembre:

---

[36] Ibíd., págs. 125-126.

«La noche termina con un encuentro inesperado con un musulmán. En la frontera del desierto hablamos sobre Mahoma, sobre la vida familiar del profeta y su reverencia por las mujeres. Seguimos hablando sobre el movimiento de los achmadis, y sobre las leyendas que dicen que la tumba de Jesús está en Srinagar y la tumba de María, en Kashgar. ¡De nuevo las leyendas de Issa! Los musulmanes están especialmente interesados por ellas [...].

»Jóvenes amigos, deberíais conocer todas las condiciones de la vida de caravana en el desierto. Sólo en esos caminos aprenderéis a combatir con los elementos, en donde cada paso inseguro es ya una muerte segura. Allí olvidaréis los días y las horas. Allí las estrellas brillarán para vosotros como runas celestiales. El fundamento de toda enseñanza es la intrepidez. No es en los agridulces campamentos suburbanos de verano, sino en las severas cimas donde se aprende la agudeza del pensamiento y el ingenio en la acción. No sólo en las conferencias en auditorios bien acondicionados, sino en los fríos glaciares, es donde se comprende el poder de trabajar el fondo y se entiende que cada final no es sino el principio de algo todavía más significativo y hermoso.

»De nuevo el cortante vendaval. El fuego se va apagando. Las alas de la tienda aletean ruidosamente como si quisieran volar»[37].

---

[37] Ibíd., págs. 131, 134.

Los textos antiguos sobre Cristo en la India, Nepal, Ladak y Tíbet

Una gran parte del relato del viaje de Jesús a Oriente, que el profesor Roerich publicó a partir de un documento anónimo de 1.500 años de antigüedad, guarda una notable semejanza con *La vida del santo Issa* de Notovitch. El capítulo en el que aparecen los versos, escrito en 1925, es una compilación de las observaciones de Roerich acerca de la religión, intercalado entre unos fragmentos que describen su viaje a Sikkim y su llegada a Cachemira, y un capítulo sobre su partida de Cachemira y los viajes a través de Ladak. Pudo haber encontrado el manuscrito en Himis, en algún otro monasterio de Ladak o incluso es posible que en Sikkim. Pero el lugar del descubrimiento no es tan relevante como el hecho de que una buena parte de su texto se asemeje a sesenta de los preciosos versos publicados en París treinta y un años antes por otro Nicolás y compatriota ruso, apellidado Notovitch.

A continuación reproducimos los fragmentos sobre Jesús que aparecen en los libros *Himalaya* y *Altai-Himalaya,* incluidas leyendas, textos antiguos y las propias reflexiones de Roerich. Lo reproducimos aquí tal como aparece en su comentario original sobre la religión fechado lacónicamente: Montañas, 1925.[38]

«Si detrás de la imagen actual de Buda es difícil reconocer a veces la elevada imagen de Buda el Maestro, todavía resulta más inesperado encontrar en los montes tibetanos hermosos rasgos sobre Cristo. Sin embargo, un monasterio budista conserva las enseñanzas de Cristo y los lamas le reverencian a él, que pasó por aquí y enseñó por estos lugares».

«Los lamas saben que Cristo, pasando por la India y el Tíbet, no se dirigió a los brahmanes y los kshatriyas, sino a los sudras, los trabajadores y los humildes. Los escritos de los lamas recuerdan que Cristo ensalzaba a la mujer, la Madre del Mundo. Y también apuntan los lamas cómo consideraba Cristo los supuestos milagros»[39].

«Hay distintas vislumbres sobre una segunda visita de Cristo a Egipto. ¿Pero por qué es increíble que después de eso pudiera haber estado en la India? Quienquiera que dude tan categóricamente de que dichas leyendas sobre la vida de Cristo existen en Asia, no entiende, probablemente, la inmensa influencia que tuvieron los nestorianos en toda Asia, ni cómo muchas de las leyendas llamadas apócrifas se extendieron en los tiempos más antiguos. ¡Y cuánta verdad hay encerrada en las leyendas llamadas apócrifas!

---

[38] Las remisiones al capítulo y verso de *La vida del santo Issa* figuran anotados al margen.
[39] Grant et al.: *Himalaya*, pág. 148.

»Muchos recuerdan las líneas del libro de Notovitch, pero aún es más maravilloso descubrir, en este lugar y en diversas variantes, la misma versión de la leyenda de Issa. Las gentes de aquí no saben nada de ningún libro publicado, pero conocen la leyenda y hablan de Issa con profunda reverencia. Uno se pregunta qué relación tienen con Issa los musulmanes, los hindúes o los budistas. Pero todavía es más significativo ver la vitalidad de las grandes ideas y cómo han penetrado éstas, incluso en los lugares más remotos. Nunca podrá descubrirse la fuente de tales leyendas. Pero aun cuando se originaran en los antiguos textos apócrifos nestorianos[40], por el momento es instructivo ver la extensa y profunda consideración que se le da al tema. Resulta significativo escuchar a un habitante local, un hindú, relatar cómo Issa predicaba al lado de una pequeña laguna, cerca del bazar, bajo un gran árbol que ahora ya no existe. Al observar esas indicaciones puramente físicas se puede entender la seriedad con la que se trataba este tema»[41].

«Los escritos de los lamas dicen que Cristo no murió a manos de los judíos, sino de los representantes del gobierno. El Imperio y los ricos mataron al Gran Maestro que llevaba luz a los trabajadores y a los pobres. ¡El sendero para lograr la luz!»[42]

«Escuchemos lo que se dice de Cristo en las montañas del Tíbet. En los documentos, que tienen una antigüedad de unos 1.500 años, podemos leer:

---

[40] En su libro *Viajes al Asia interior* (págs. 28-29), George Roerich dice: «Parece muy probable que existiera en Ladak, durante los siglos VIII a X de nuestra era, una población flotante cristiana-nestoriana, cuando las colonias nestorianas abundaban a lo largo de las rutas comerciales del Turquestán y de otras regiones del Asia central. Resulta imposible determinar ahora si esos visitantes nestorianos a Ladak eran mercaderes o peregrinos. En la zona que rodea Ladak y Cachemira se encuentran curiosas leyendas de un personaje cristiano, que se admiten entre la población mahometana de las dos provincias».
[41] Roerich: *Altai-Himalaya*, págs. 89-90.
[42] Ibíd., pág. 90; Grant et al.: *Himalaya*, pág. 148.

IV: 12-13   Issa abandonó secretamente a sus padres y junto con los mercaderes de Jerusalén se dirigió hacia Ind para perfeccionarse en la Palabra Divina. Y para el estudio de las leyes del Gran Buda.

V: 5   Pasó un tiempo en Djagernath, en Rajagriha, en Benarés. Todos le amaban porque Issa vivía en paz con los vicias y los sudras, a quienes instruía.

IV: 6-8   Pero los brahmanes y kshatriyas le dijeron que Brahma les prohibía acercarse a quienes habían sido creados de su vientre y de sus pies. Los vicias podían escuchar los Vedas sólo en los días festivos, y los sudras no sólo tenían prohibido estar presentes durante la lectura de los Vedas, sino que ni siquiera podían mirarlos. Los sudras estaban destinados a servir eternamente como esclavos de los brahmanes y los kshatriyas.

V: 10-11, 20-23   Pero Issa no escuchó los discursos de los brahmanes y fue entre los sudras para predicar contra los brahmanes y los kshatriyas. Negó con toda su fuerza el derecho del hombre a arrogarse el poder de negar dignidad humana a sus compañeros. Issa predicó que el hombre había llenado los templos con sus abominaciones. Con el fin de reverenciar metales y piedras, el hombre sacrificaba a su prójimo, en quien habita la chispa del Espíritu Supremo. El hombre degrada a quienes trabajan con el sudor de su frente con objeto de ganarse la buena voluntad de los haraganes que se sientan a una mesa lujosamente dispuesta. Pero quienes priven a sus hermanos de las bendiciones comunes serán asimismo privados de ellas. Y los brahmanes y kshatriyas se convertirán en los sudras de los sudras, en quienes el Espíritu Supremo habitará eternamente.

v: 25-27   Los vicias y los sudras quedaron profundamente sorpren-
           didos y preguntaron qué podían hacer ellos. Issa les dijo:
           «No veneréis a los ídolos. No os consideréis a vosotros pri-
           mero. No humilléis a vuestro prójimo. Ayudad al pobre.
           Sostened al débil. No hagáis mal a nadie. No codiciéis lo
           que no poseéis que otros poseen».

VI: 1-2   Los brahmanes y los guerreros, al conocer las palabras que
           les había dicho a los sudras, decidieron matar a Issa. Pero
           éste, advertido por los sudras, se fue del lugar por la noche.
           Después, cuando hubo aprendido las escrituras, Issa fue al
           Nepal y a las montañas del Himalaya.

VII: 4,5,9 «Pues bien, realiza para nosotros un milagro», le pidieron
           los sacerdotes. A lo que Issa les contestó: «Los milagros
           están aquí desde el mismo día en que el mundo fue crea-
           do. Quien no puede contemplarlos está privado del ma-
           yor don de la vida. Pero ¡ay de vosotros enemigos de los
           hombres, ay de vosotros que esperáis que Él dé fe de su
           poder con un milagro!»

VII: 13   Issa enseñaba que los hombres no deben esforzarse por con-
           templar el Espíritu Eterno con sus propios ojos, sino sentir-
           lo con el corazón y convertirse en un alma pura y digna.

VII: 14-16 «No sólo no debéis realizar ofrendas humanas, sino que no
           debéis sacrificar animales, porque todo ha sido dado para el
           uso del hombre. No robéis los bienes de los otros, porque
           eso sería usurpar a vuestros seres próximos. No engañéis,
           para que no sufráis agravio.

VIII: 9   «No veneréis al Sol, que sólo es una parte del universo.

VIII: 13   »Mientras las naciones carecieron de sacerdotes, estuvieron regidas por las leyes naturales y conservaban la pureza de su alma.

VIII: 20-21   »Y yo digo: tened cuidado vosotros, los que desviáis a los hombres del camino verdadero y llenáis al pueblo de supersticiones y prejuicios, que priváis de visión a los que ven y predicáis el servilismo a las cosas materiales».

IX: 1   Issa contaba veintinueve años cuando regresó a la tierra de Israel.

IX: 5, 7-9   Issa predicó: «No os rindáis a la desesperanza, no abandonéis vuestros hogares, no mancilléis la nobleza de vuestros sentimientos, no veneréis a ídolos, sino imbuíos de esperanza y de paciencia. Levantad al caído y sostened al hambriento, socorred al afligido para que así seáis totalmente puros y justos en el último día que estoy preparando para vosotros».

IX: 16-17   Si realizáis actos de bondad y amor, hacedlo con corazón generoso. Y que no haya en vuestros actos la esperanza de ganancia o cálculos de beneficios. Pues las ganancias o los beneficios no os acercarán».

X: 3   Entonces Pilato, gobernador de Jerusalén, dio la orden de que capturaran al predicador Issa y lo entregaran a los jueces sin despertar, no obstante, la disconformidad del pueblo.

X: 8, 9   Pero Issa enseñó: «No busquéis caminos rectos en la oscuridad y poseídos por el miedo. Antes bien: reunid fuerzas y daos apoyo unos a otros. Quien da apoyo a su prójimo se fortalece a sí mismo.

X: 14 »¿No veis que los ricos y los poderosos están sembrando el espíritu de rebelión contra la conciencia eterna del cielo?

X: 21 »He tratado de resucitar las leyes de Moisés en los corazones de la gente. Y digo que no entendéis su verdadero significado porque no enseñan la venganza, sino el perdón. Sin embargo, el significado de esas leyes ha sido distorsionado».

XI: 4 Pero el gobernador, encolerizado, envió cerca de Issa a criados suyos disfrazados, para que vigilaran sus actos y le informaran de lo que decía al pueblo.

XII: 1 «Tú, hombre justo —dijo el criado del gobernador de Jerusalén disfrazado, acercándose a Issa—, enséñanos, ¿debemos cumplir la voluntad del César o esperar la cercana liberación?»

XII: 2 Pero Issa, reconociendo al criado disfrazado, dijo: «No te he dicho que fueras a ser liberado de César; lo que he dicho es que el alma inmersa en el pecado será liberada de éste».

XII: 8, 10- Entonces, una anciana se acercó a la multitud, pero fue
16 empujada hacia atrás por uno de los disfrazados. Entonces Issa dijo: «Reverencia a la mujer, madre del universo. En ella está la verdad de la creación. Ella es el fundamento de todo lo bueno y hermoso. Ella es la fuente de la vida y la muerte. En ella yace la vida del hombre, pues ella es el socorro de sus trabajos. Ella te da a luz con fatiga, ella vigila tu crecimiento. Hasta su misma muerte, tú le traes angustia. Bendícela. Hónrala. Ella es tu única amiga y sostén en la Tierra. Reverénciala. Defiéndela. Amad a vues-

tras esposas y honradlas porque mañana serán madres, y después, las madres de la raza humana. Su amor ennoblece al hombre, alivia el corazón amargado y amansa al salvaje. Esposa y madre, un tesoro que no tiene precio. Ellas son el adorno del universo. De ellas sale todo lo que puebla el universo.

XII: 17-21   «Así como la luz se separa de la oscuridad, la mujer posee el don de separar en el hombre las buenas intenciones de los pensamientos malignos. Vuestros pensamientos más nobles deberán corresponder a la mujer. Sacad de ellos vuestra fuerza moral, que debéis poseer para sostener a los vuestros. No la humilléis porque con ello os humilláis a vosotros mismos. De modo que perderíais el sentimiento del amor, sin el cual nada existe sobre la Tierra. Reverenciad a vuestra esposa y ella os defenderá. Y toda pena que causéis a la madre, la esposa, la viuda, o a cualquier otra mujer, se la causaréis al Espíritu».

XIII: 3   Así enseñaba Issa, pero el gobernador Pilato, atemorizado por la devoción del pueblo hacia Issa, el cual, según sus enemigos, quería sublevar al pueblo, ordenó a uno de sus espías que le acusara.

XIII: 5,18   Issa, que sólo enseñaba acerca de la salvación de su prójimo, soportó todos los sufrimientos. Dijo: «No está lejos el tiempo en que por la Voluntad Suprema el pueblo será purificado, porque entonces llegará la proclamación de la liberación de los pueblos y su unión en una familia.» (El subrayado es de Roerich.)

XIII: 22   Y entonces, dirigiéndose al gobernante, proclamó: «¿Por qué degradas la dignidad y enseñas a tus subordinados a vivir con el engaño, cuando incluso sin eso contabas con los medios para acusar a un inocente?»[43]

Tras citar estos manuscritos, Roerich escribió en *Altai-Himalaya*: «Así, las leyendas de Asia tejen una imagen de Jesús grandemente ennoblecida y cercana a todas las naciones. De forma que Asia conserva esas leyendas en sus montañas. Por ello, no es sorprendente que las enseñanzas de Jesús y Buda unan a todas las naciones en una sola familia. Con todo, es hermoso que esta luminosa idea de la unidad se exprese tan claramente. ¿Mas, quién se opone a ella? ¿Quién va a reducir la decisión más simple y hermosa de la vida? La Unidad terrenal se funde sencilla y científicamente en la gran Unidad de todos los mundos. Los mandamientos de Jesús y de Buda reposan en un solo anaquel. Y los signos del antiguo sánscrito y del pali unen todas las aspiraciones»[44].

El autor prosigue su relato en *Himalaya*:

«Otra fuente, históricamente menos consolidada, habla sobre la vida de Jesús en el Tíbet:

Cerca de Lhasa había un templo de enseñanza con una gran abundancia de manuscritos. Jesús quería familiarizarse con ellos. Ming-ste, un gran sabio de Oriente, se hallaba en este templo. Al cabo de mucho tiempo, y tras haber pasado enormes peligros, Jesús, acompañado por un guía, llegó a este templo tibetano. Ming-ste y todos los maestros abrieron las puertas de par en par y le dieron la bienvenida al sabio judío.

Ming-ste conversaba a menudo con Jesús sobre el futuro y sobre el deber sagrado aceptado por el pueblo de este siglo.

Finalmente, Jesús llegó a un paso de montaña y, en la capital de Ladak, Leh, fue felizmente aceptado por los monjes y por el pueblo de la clase baja. Jesús enseñó en los monasterios y en los

---

[43] Grant et al.: *Himalaya*, págs. 148-153.
[44] Roerich: *Altai-Himalaya*, pág. 93.

bazares; allí donde se reunía la gente sencilla, allí predicaba.

No lejos de este lugar vivía una mujer cuyo hijo había muerto; y se lo llevó a Jesús. En presencia de una multitud, Jesús puso su mano sobre el niño y éste se levantó curado. Muchos llevaron a sus hijos y Jesús puso sus manos sobre ellos, curándolos.

Jesús pasó muchos días entre los habitantes de Ladak, enseñándoles a curar y a transformar la Tierra en un cielo de bendición. Ellos le amaban, y cuando llegó el tiempo de su marcha se apenaron como niños. Esa mañana salió una multitud a despedirle. Jesús les dijo: «Vengo para enseñar las posibilidades humanas. Lo que yo he creado, todo hombre puede crear. Y lo que yo soy, todo hombre será. Estos dones pertenecen a todas las naciones y a todas las tierras, pues éste es el pan y el agua de la vida».

Dijo Jesús sobre los buenos cantantes: «¿De dónde viene su talento y su poder? Pues en una corta vida no es posible acumular esa calidad de voz y ese conocimiento de la armonía y el tono. ¿Son esto milagros? No, porque todas las cosas ocurren como resultado de las leyes naturales. Hace muchos miles de años, esas personas ya moldeaban su armonía y sus cualidades. Y vuelven de nuevo para aprender más de las variadas manifestaciones»[45].

Retomando el hilo en *Altai-Himalaya*, leemos:

«Tras la concepción vital del bienestar general señalado por Jesús y preservado por los budistas, nos vienen a la memoria las palabras de Eusebio en su libro *La vida de Constantino*: "Para darle al cristianismo mayor atractivo a los ojos de la nobleza, los sacerdotes adoptaron las prendas exteriores y los adornos utilizados en los cultos paganos". Todo el que conozca el culto de Mitra podrá apreciar la justicia de ese comentario. Un devoto neoplatónico y venerador de la filosofía antigua, Clemente de Alejandría, enseñó a los obispos cristianos».

---

[45] Grant et al.: *Himalaya*, págs. 153-156.

«¡Ignorancia! Los príncipes rusos perecieron en las tiendas de los kanes por negarse a reverenciar la imagen de Buda; sin embargo, los monasterios del Tíbet, al mismo tiempo, conservaban ya los maravillosos versos sobre Jesús. Cirilo de Alejandría provocó la ruina de la ascética Hipatia, pero fue al propio pupilo de ésta, Cinesio, a quien se ofreció el obispado de Ptolomeo antes incluso de que aceptara el bautismo.

»¡Superstición! Jerónimo aconsejó a los cristianos recién convertidos que pisotearan el cuerpo de su madre pagana.

»¡Cinismo! El papa León X exclamó: "¡Qué útil es para nosotros esta alegoría del Cristo!"».

«No hay que olvidar que Orígenes, quien conocía el significado de los antiguos misterios y entendía el significado auténtico de las enseñanzas de Jesús, llegó a decir en *Los hechos*: "Y todos los creyentes se unieron y lo tuvieron todo en *posesión única*. Y las casas que fueron vendidas y todas las propiedades se distribuyeron a cada uno según sus necesidades. Y todos los días, habitando unidos y repartiendo el pan en sus hogares, compartieron su alimento con alegría y simplicidad de corazón".

»Orígenes entendía por qué ese bienestar general era tan importante y examinó profundamente la verdad. Por esta causa, la iglesia, a veces extremadamente generosa para conceder el título de santo, le negó a él ese título; pero ni siquiera los enemigos dejaron de considerar a Orígenes un maestro. Pues él abordó con un planteamiento científico la enseñanza y no tenía miedo de hablar de aquéllo que era evidente para él.

»¿De qué fue acusado Orígenes? En las *Vidas de santos*, se dice de él: "Orígenes, maravilla de su tiempo por razón de lo prodigioso de su mente y la profundidad de su erudición, fue condenado por hereje en los dos Concilios de Alejandría y, después de su muerte, en el de Constantinopla. Orígenes no pensaba que eran correctas muchas verdades de la iglesia cristiana. Al exponer las enseñanzas no correspondientes a los gentiles acerca de la preexistencia del alma, no reflexionó apropiadamente sobre Cristo, pues creía que había sido creado un cierto número de seres espirituales de igual valor, entre los cuales uno se esforzó con un amor tan ardiente que se unió con la Palabra Suprema y se convirtió en su portador sobre la Tierra. Al mantenerse fiel a la creencia herética en la encarnación del Verbo Divino y la creación del mundo, Orígenes no comprendió correctamente la muerte de Cristo por medio de la crucifixión, representándola como algo que tenía su contrapartida espiritual en un mundo espiritual. Atribuía demasiadas cosas a los actos de las fuerzas naturales con las que está dotada nuestra naturaleza [...]". ¡Admirables fueron los concilios que podían hablar contra el significado cósmico e infinito de la materia!».

«Entre las luchas y en la manifestación de la verdad, sobre los carros del tiempo, ascendieron los legisladores del bienestar humano: Moisés, el dirigente incansable; Amós, el austero; Buda, el león-conquistador; Confucio, la justicia de la vida; Zoroastro, el poeta llameante del Sol; Platón, transfigurado y reflejado en sus "sombras"; el bendito Issa, grande en el sacrificio inmortal; el solitario Orígenes, el sabio comentador; Sergio, gran maestro ascético. Todos caminaron infatigablemente; todos fueron víctimas de la persecución en su época; todos sabían que las enseñanzas para el bienestar general acabarían inevitablemente pasando; todos sabían que cada sacrificio en nombre del bienestar general no era sino un acercamiento del camino».

«En la montaña hablan de estas enseñanzas y las escuchan con simplicidad; y en los desiertos y las estepas la gente canta en su vida cotidiana acerca de la eternidad y sobre el mismo bienestar general. Los tibetanos, los mongoles, los buriatos, todos recuerdan esta felicidad»[46].

---

[46] Roerich: *Altai-Himalaya*, págs. 94-96, 97-98.

Capítulo V

«¡ESTOS LIBROS DICEN QUE VUESTRO JESÚS ESTUVO AQUÍ!»

*Testimonio de Elisabeth Caspari
sobre los textos de Himis*

ELISABETH CASPARI

El pergamino en bandeja

Muchos de los grandes avances científicos e históricos del mundo se deben a personas que buscaban algo totalmente distinto. Colón buscaba las Indias cuando encontró las Bahamas, Roentgen experimentaba con rayos catódicos cuando descubrió los rayos X, y Fleming estudiaba las bacterias cuando se tropezó con la penicilina.

Uno apenas sabe lo que hay más allá de la siguiente esquina. Los ingredientes necesarios parecen ser tan sólo una mente curiosa, perseverancia, osadía para seguir los presentimientos —la facultad intuitiva del corazón—, y finalmente confiar en la promesa «busca y hallarás», que en modo alguno garantiza qué es lo que se va a encontrar, sino sólo que algo vendrá como recompensa al noble esfuerzo... si se es fiel hasta el final.

Tomemos como ejemplo el caso de Elisabeth Gétaz. Sus planes no incluían seguir la ruta hasta Ladak y redescubrir los manuscritos que Nicolás Notovitch, Swami Abhedananda y posiblemente Nicolás

Roerich afirmaban haber encontrado. Una enfermedad en los huesos del pie la incapacitaron para andar durante gran parte de su infancia. Sus objetivos inmediatos eran más bien conseguir levantarse de la cama que viajar por arriesgados pasos de montaña hasta un remoto monasterio budista del Himalaya. Pero la presencia de nuestro destino puede resultar abrumadora; paso a paso, nuestras vidas se van desplegando. Y para Elisabeth, el primer paso fue simplemente ése: dar un paso.

Las cosas no parecían prometedoras. Muchos cirujanos trataron, sin éxito, de operarle el pie, y su consejero espiritual llegó a la conclusión de que no era voluntad de Dios que ella recuperara la salud y corriera y jugara como los otros niños. Pero ella, pese a las circunstancias adversas, no desistió.

Su familia localizó finalmente a un médico que creía poder ayudarla. Su tratamiento era una novedad. Dadas las circunstancias, era lo único que ofrecía un resquicio de esperanza, y en más de un sentido. Le recetó tratamientos solares, ¡y funcionaron! A los cuatro años de iniciar el tratamiento, podía andar.

Durante la recuperación, Elisabeth comenzó a estudiar piano. Podía tocar ese instrumento con el pie apoyado. Se enamoró de él y se convirtió en una excelente pianista; así que empezó a haber una gran demanda de sus servicios como profesora de piano en su pueblo natal de Château d'Oex y alrededores, en Suiza.

Como era de esperar, la señorita Gétaz decidió que su vocación era enseñar música a los niños. Estudió mucho y recibió un diploma de perfeccionamiento en el Instituto de Ribaupierre, en Montreux, Suiza. Ingresó más tarde en la École Normale de Musique de Lausanne y recibió allí dos títulos de nivel avanzado sobre Pedagogía musical. Tras graduarse, fundó una escuela de música en Château d'Oex y desarrolló un método de enseñanza especial que eliminaba el trabajo pesado de los ejercicios, convirtiendo su escuela en un éxito inmediato. Desde toda Europa, estudiantes de piano tanto principiantes como aspirantes a profesores de música acudían en masa a su escuela alpina.

En 1929, el señor Charles Caspari llegó a Château d'Oex para recuperarse con el aire fresco de la montaña y la luz del Sol. No sólo recuperó la salud, sino que conoció y cortejó a la señorita Gétaz. Después de casarse, él se ocupó de muchos detalles administrativos de la escuela dejándole a ella más tiempo para la vocación que amaba: la música. Trabajaron juntos en Château d'Oex durante ocho años.

Pero el dedo del destino no se contentaba con dejar a la señora Caspari en los Alpes. En la primavera de 1937 una observación casual puso en movimiento una cadena de acontecimientos que la conducirían por toda la India y finalmente a la planta superior del monasterio de Himis, en el Himalaya. Un día le dijo un amigo: «Un gran maestro viene a Francia para dar conferencias sobre ciencia y religión. Deberíais ir».

«¿Por qué no?» pensaron los Caspari. Cruzaron por tanto el Lago Ginebra hasta Evian, en donde daban la conferencia. Estaba patrocinada por los miembros suizos de Mazdaznan[1], el movimiento zoroástrico occidental. La señora Caspari se interesó por las enseñanzas y se afilió a la organización poco después. En la conferencia conoció a los dirigentes de Mazdaznan. Cuando se enteraron de que ella iba a ir pronto a Londres, le hicieron una petición aparentemente irrelevante: «¿Sería tan amable, señora, de transmitir nuestros saludos a nuestra amada Madre Superiora?» Ella aceptó encantada.

La cita fue más de lo que esperaba. Al ir en un taxi por las calles de Londres hasta la dirección dada, imaginaba que la dirigente del movimiento sería una remilgada matrona inglesa. Con gran sorpresa por su parte, el conductor la llevó a un edificio tan impresionante como el Palacio de Buckingham. Acompañaron a la señora Caspari a un salón Luis XIV en donde se encontró ante una dama imponente, que resultó ser una americana, llamada Madre Gloria por los seguidores de Mazdaznan: la regia Sra. Clarence Gasque.

---

[1] *Mazdaznan*: en avestán (antigua lengua iraní), pensamiento divino o conocimiento de Dios en el hombre. *Mazda*: «sabiduría», también Dios o luz; *Nan*: «venerable» o ser venerado.

En la conversación que siguió, la Sra. Caspari se enteró de que la Sra. Gasque era también dirigente del «World Fellowship of Faith», formado por la unidad y cooperación de los comprometidos en la búsqueda espiritual. La Sra. Gasque, encantada al descubrir que la señora Caspari era músico, le explicó que estaba planificando una gira de conferencias por las ciudades del norte de Inglaterra. A su modo, directo y encantador, le dijo: «Necesito un pianista. Tiene que venir conmigo».

«Pero tengo un esposo y una escuela de música», contestó la Sra. Caspari. «No puedo irme así como así, he de volver a casa».

La Sra. Gasque le entregó el teléfono: «Hable con su marido».

Charles le dijo que siguiera lo que le dictara su corazón y ella aceptó la invitación. Se inició así una larga amistad entre la Sra. Caspari y la Sra. Gasque.

Al final del ciclo de conferencias, la señora Caspari regresó a su escuela de música. Pero no por mucho tiempo.

La mañana de un lunes de diciembre de 1937, recibió una carta de la Sra. Gasque en la que le decía que estaba planeando un viaje al Tíbet con paradas en Ceilán, India y Cachemira. Para el viaje, proponía el estudio del budismo y un peregrinaje al monte Kailas, una montaña sagrada tibetana. Terminaba la carta diciendo: «Usted y su marido vienen conmigo».

La oferta era demasiado tentadora. Los Caspari, interesados también en las religiones de Oriente, sabían ya que no podían declinar una petición de su querida amiga. Sólo contaban con tres breves semanas para dejar resueltos sus asuntos, hacer las maletas y partir hacia Ceilán en el barco de vapor Orontes.

En todos los países, la Sra. Gasque y su grupo, formado por nueve personas, fueron recibidos con el máximo respeto e incluso con carácter ceremonial por los dirigentes religiosos. Una mañana su tren llegó a Madrás a las seis en punto. La señora Caspari despertó y miró por la ventana. El Maharajá de Pithapuram, dirigente en la India del World Fellowship of Faith, estaba allí con todo su séquito,

con alfombra roja incluida. Insistió en que la Madre Gloria y la señora Caspari se quedaran en su Palacio de las Rosas.

Allí los viajeros se hospedaron en una elegante casa de huéspedes
rodeados por el legendario esplendor de Oriente. Esa primorosa hospitalidad se convirtió en habitual durante el recorrido de una gran
parte de su viaje.

Tras pasar por Madrás, Bombay y Nueva Delhi, se dirigieron
hacia el norte, a Cachemira. En la primavera de 1938, la Sra. Gasque
alquiló un bungaló en Srinagar, capital de Cachemira, desde donde
prepararían todo el equipo para el camino hacia el Tíbet. Pasaron allí
la mayor parte de aquel año. Tenían que pensar en todo: alimentos,
equipo y criados, por no hablar de medicinas, acumulaciones de ba-
terías y cremas para protegerse de los elementos. No podían abordar
el Himalaya a la ligera.

Partieron una mañana de la primavera de 1939. Viajaron primero en autobús hasta donde pudieron. Más allá de ese punto, en la
fortaleza del Himalaya no podían arriesgar más ruedas que las de los
molinillos de oración[2]. Añadieron a su caravana doce criados, un traductor y 112 ponis, más guías y encargados o conductores de los
caballos.

Su objetivo era amplio, pero no inaudito. Pensaban detenerse en
varios monasterios de camino al monte Kailas para observar las prácticas del budismo, las costumbres y la vida cotidiana del pueblo que
tenía esas enseñanzas como fuerza motriz. Abrigaban también grandes esperanzas de llegar a Himis a tiempo para la famosa «danza del
diablo», renombrada por sus hermosos vestidos de ricos bordados.
Poco sabían entonces que regresarían enriquecidos, más allá de toda
expectativa, por una experiencia muy distinta del habitual camino
del peregrino. Tras pasar su primera noche bajo las estrellas, se levan-

---

[2] Cuando los comunistas chinos invadieron Ladak en 1962, el gobierno indio acabó precipitadamente
una carretera de 434 kilómetros (270 millas) desde Srinagar hasta Leh para contenerlos. Ahora, vehícu-
los todoterreno, autobuses de turistas y camiones hacen el viaje en dos días.

taron al amanecer y pronto estuvieron sobre la silla de montar, sin escatimar esfuerzos para levantar el campamento.

Por la habilidad de sus criados —los mejores que podían encontrarse en Cachemira—, y la previsión al preparar el equipaje, el viaje resultó menos difícil de lo que fue para Nicolás Notovitch casi cincuenta y dos años antes. Cuando los viajeros se acostumbraron a sus monturas, los criados galoparon adelantándose para preparar el primer campamento en el prado de Sonamarg. Prosiguiendo con lo que se convertiría en su rutina diaria, montaron las tiendas y empezaron a cocinar comida caliente para los viajeros hambrientos. Verdaderos magos en la cocina de montaña, en poco tiempo habían construido hornos improvisados y horneado pan fresco. De modo que así los peregrinos se habituaron a ese cómodo ritual.

Viajando siempre en sentido ascendente hasta el primer paso de altura, el Zoji La, a 3.500 metros (11.580 pies), descubrieron al llegar que la nieve cubría el suelo pese a hallarse en el mes de julio. Los guías les hicieron viajar en fila india y en absoluto silencio. «No hablen —dijeron—, podrían producir una avalancha».

Al descender, la nieve desapareció tan repentinamente como había aparecido y les asaltó el dulce olor de setos de rosas silvestres. Los viajeros continuaron por desfiladeros traicioneros, bordeando gargantas a través de desiertos abrasadores que se volvían helados al anochecer por el viento que traía partículas de los glaciares, y salvando abismos por puentes increíblemente estrechos.

Aunque la caravana era grande, no era extraño que las fieras salvajes merodearan cerca de las tiendas de la Sra. Gasque y los Caspari. Algunas noches gratas, las dos damas podían pernoctar en bungalós construidos para uso social.

Al dirigirse hacia Leh, encontraron habitantes de esta tierra aparentemente inhóspita. Los amables, abiertos e ingeniosos ladakis estaban siempre dispuestos a sonreír, a gritar joolay, joolay («hola, hola»), y a ofrecer una grata bienvenida a la Sra. Gasque.

Recibidos por el lama rector o por el jefe del pueblo en cada punto de parada, se les servía con gran ceremonia el té tibetano. Esta bebida, parecida a una sopa, se condimentaba con mantequilla rancia de yak; y cuanto más importante fuera el huésped, más rancia era la mantequilla. Por tanto, ¡el trozo más rancio se reservaba siempre para la Sra. Gasque!

Atravesando lentamente la antigua ruta de caravanas, visitaron Mulbekh, Lamayuru y otros monasterios. Lo más sorprendente era el constante contraste que caracterizaba al país. Vientos helados que se convertían en suaves brisas a unos cientos de pies. Lamas sonrientes viviendo en palacios encantados erigidos junto a eriales. Altas mesetas aparentemente interminables, desprovistas por completo de vegetación, interrumpidas por ricos oasis verdes rodeados de arboledas.

Moviéndose inmersos en el espíritu de Buda que todo lo impregnaba, hablaban con monjas y recorrían monasterios. Los rostros de los lamas, muchos de ellos jóvenes, expresaban jovialidad y una curiosidad infantil. Les parecía a los peregrinos que aunque las tradiciones hubieran sobrevivido, una gran parte de la auténtica sabiduría estaba enterrada en envejecidos manuscritos. Los pergaminos y los tankas (tapices representando vidas de santos y Budas), las esculturas y estatuas que vieron por el camino estaban cuidadosamente conservadas, aunque en algunos monasterios los frescos, en otro tiempo vibrantes, se desvanecían con el paso de los años.

Aunque el pueblo reverenciaba al Buda Gautama, parecía como si su religión, que ahora era sólo un ritual, les fuera transmitida sobre todo a través de las majestuosas montañas, incluso por la memoria de su inconsciente colectivo, en lugar de a través de los textos antiguos. Pero se seguían las tradiciones de forma escrupulosa. Las banderas de oración ondeaban en casi todos los puntos disponibles. Los molinillos de oración —cilindros que contenían oraciones o con éstas escritas sobre ellos— podían encontrarse metidos en las paredes, especialmente en los monasterios, en las manos de los peregrinos, o incrustados en paletas, colocadas en los arroyos para mantener una vigilia incesante.

Creían que dar vueltas a un molinillo u ondear una bandera equivalía a pronunciar la oración que llevaba escrita. Quizás fuera ésa su solución al mandato: «¡Reza sin cesar!»

Estas miríadas de impresiones, al igual que muchas manos esbozando escenas sobre un mural, se combinaban para dar forma a la historia de la señora Caspari. Cuando la primera parte, que sería la única, de su viaje tibetano tocaba su fin, la caravana llegó a Nimu, un pueblo situado antes de Leh. Se detuvieron aquí para lavar las ropas —y los caballos— en el río. Al acampar bajo el cálido sol a la vera del Indo, tuvieron la posibilidad de contemplar las cimas cubiertas de hielo: glaciares que brillaban bajo el Sol, con el suave río a sus pies.

Al día siguiente llegaron a Leh, que a 3.300 metros (11.500 pies) de altitud, es una de las ciudades más altas del mundo[3].

A la entrada de la ciudad encontraron un chorten[4] levantado allí como centinela silencioso. Les dio la bienvenida una pared de un cuarto de milla hecha con piedras en las que había esculpida una devoción de siglos: OM MANI PADME HUM[5].

Las calles estrechas eran características de una ciudad que nunca había conocido un auto. Sus atestados bazares eran lugar de encuentro para chinos, indios, cachemires, árabes y tibetanos. El palacio del rey, en donde había estado Roerich, lo dominaba todo. Visitaron el antiguo monasterio y se apresuraron hacia Himis y el espectáculo.

Al salir de la ciudad cruzaron la gran meseta desértica que separa Leh de Himis. En el transcurso de un caluroso día atravesaron este «desierto de piedras rosas», tal como lo llamaba su compañero de viaje Cyrano. Al anochecer todavía no habían llegado a Himis. Se encontraron de pronto en un aromático y fresco oasis situado al pie de una empinada garganta. Arriba, el invisible monasterio colgaba en el lado de una roca.

Se les dispensó la recepción habitual a la mañana siguiente, cuando llegó el grupo de bienvenida. El mismo abad y dos ayudantes principales bajaron para escoltar a la Sra. Gasque hasta Himis.

---

[3] La más alta es Wenchuan, en China, situada a 5.099 metros (16.732 pies).
[4] Sepulcro o tumba de un santo u hombre sagrado.
[5] Es un mantra budista: *Salve, joya del loto* (el fuego sagrado latiendo dentro del chakra).

Los monjes habían preparado una hermosa casa de huéspedes para las Sras. Gasque y Caspari. El resto del grupo acampó en tiendas cerca de un pequeño arroyo. Los peregrinos se enteraron, sin embargo, de que por las dificultades y retrasos de su viaje acababan de perderse la fiesta sagrada.

Pero, por suerte, antes de que pudieran abrigar algún tipo de decepción, el abad les dijo que el equipo de la fiesta no había sido empaquetado y que ¡ofrecerían a la Sra. Gasque una representación de los tres días de espectáculo!

Empezó al día siguiente con un despliegue de brillantes vestimentas y animados actores-lamas. Se desplegó ante ellos una impresionante representación de Armagedón. El poder del bien estaba personificado por Buda, en forma de león, que simbolizaba la fuerza y el valor necesario para sacar del mundo al maligno. Era acosado por demonios, esqueletos y animales con máscaras grotescas representados con gran júbilo por los lamas menores. Todos daban vueltas bajo el ronco sonido de la orquesta oriental —trompetas de tres metros (diez pies), platillos y tambores de todos los tamaños—, que aumentaba de volumen al llegar al clímax final, cuando se arrojaba a los malos espíritus y se celebraba el triunfo de Buda.

Tras la fiesta, se quedaron cuatro días en la lamasería dando una vuelta por el templo y la biblioteca[6], charlando con los monjes y gozando de la vista que había desde la terraza de la última planta de Himis.

---

[6] Cuando se le preguntó sobre la diferencia entre su relato de Himis y el de Roerich (la señora Caspari recuerda la biblioteca de Himis limpia, bien conservada y pequeña, mientras que Roerich afirmaba que los manuscritos se guardaban en «esquinas polvorientas»), la señora Caspari respondió que Himis había sido limpiado probablemente en la época del festival cuando ella estuvo allí. Además, había una diferencia de catorce años entre ambas visitas. Otra explicación de esa discrepancia puede encontrarse en un relato de Marco Pallis, un griego que visitó Himis en 1936. Observaba éste que Himis tenía dos «bibliotecas»: una pequeña, con una bien cuidada colección de manuscritos, y una sala más grande y menos organizada donde se hallaban desordenadas las pilas de libros (*Peaks and Lamas*, Londres: Cassell and Co., 1942, pág. 304). También es posible que un bibliotecario nuevo y más cuidadoso se hubiera hecho cargo de la biblioteca después de la visita de Roerich.

POCO ANTES DE QUE LOS PEREGRINOS PARTIERAN, EL
BIBLIOTECARIO, LLEVANDO ANTIGUOS MANUSCRITOS,
SE ACERCÓ A LA SRA. GASQUE Y A MME. CASPARI MIEN-
TRAS ESTABAN SENTADAS EN LA TERRAZA: «ESTOS LIBROS
DICEN QUE VUESTRO JESÚS ESTUVO AQUÍ».

Al tercer día, las Sras. Gasque y Caspari estaban sentadas en la terraza mirando a un pintor de tankas que estaba de paso. Cerca de ellas, el escribano, con las piernas cruzadas ante una pequeña mesa, pintaba un hermoso manuscrito tibetano con delicados pinceles.

Interrumpiendo la escena, el bibliotecario y otros dos monjes se aproximaron a las damas llevando consigo tres objetos. La señora Caspari los reconoció como libros budistas hechos con hojas de pergamino intercaladas entre dos tablas de madera y envueltas con brocados, de colores verde, rojo y azul, bordados con oro.

Con gran reverencia, el bibliotecario desenvolvió uno de los libros y enseñó los pergaminos a la Sra. Gasque:

«¡Estos libros dicen que vuestro Jesús estuvo aquí!»

Una sola frase.

La señora Caspari los miró con asombro. En unos segundos, el último versículo del libro de Juan pasó por su mente como un río interminable. Cuando era niña, en la escuela dominical de Château d'Oex había escuchado con admiración: «Y hay también otras muchas cosas que hizo Jesús, las cuales si se escribieran una por una, pienso que ni aun en el mundo cabrían los libros que se habrían de escribir».

¿Sabía el apóstol del amor de Cristo que su Jesús había estado aquí? ¿Le contó el Maestro su viaje al discípulo amado, con quien había compartido también los misterios del reino? Si fue así, ¿alguien había suprimido deliberadamente esta información histórica que resultaría tan significativa e inapreciable para los cristianos? ¿No quería Jesús que supiéramos cómo había pasado los diecisiete años más importantes de su vida, la preparación para su mensaje universal y triunfante?

Vuestro Jesús estuvo aquí.

Era incomprensible que un acontecimiento tan relevante se hubiera guardado en secreto para toda la cristiandad durante tantos siglos. ¿Por qué no conocía todo el mundo el viaje de Jesús a Ladak?

Ella y la Madre Gloria se miraron exultantes de alegría y de asombro. Juntas examinaron más atentamente los manuscritos, cubiertos de elegante escritura tibetana.

Buscando en su memoria, la señora Caspari recordó haber oído una leyenda que decía que Jesús había estado en India y Alejandría, pero nunca, ni en sus más remotos pensamientos, se le había ocurrido que «su Jesús» había llegado tan lejos y tan alto, hasta aquí, el Himalaya. En aquellos momentos desconocía totalmente la controversia que se había producido cincuenta años antes con Nicolás Notovitch, y no podía adivinar la importancia de su relato presencial en ese debate.

Observó que el bibliotecario hablaba con una convicción nacida de la antigua tradición del monasterio. Sus palabras sonaban con la autoridad de un conocimiento exacto entregado con los manuscritos, de un lama rector a otro. No se trataba de rumores, ni de una simple tradición oral, pues los escritos estaban allí en la mano... Y por un momento en su mano. La prueba estaba allí, mantenida intacta por la continuidad inviolada de una orden religiosa. Ahí estaba el pergamino. Ahí estaba la escritura. Ahí estaba el registro atesorado que decía que Jesús había ido en misión a la India. Y ahí estaban los monjes budistas, quienes reverenciaban a «su Jesús» como a uno de los mayores maestros espirituales de todos los tiempos.

La Sra. Gasque miró a los desconocidos anunciadores del misterio de los misterios; ¡Cristo en el Tíbet dos mil años atrás! También se dio cuenta de que entregaban el pergamino con la mayor devoción. Era obvio que los lamas no tenían otro motivo para revelar su secreto a las dos damas salvo el del amor y el sentido de afinidad con almas que se habían aventurado desde tan lejos de sus casas para estudiar el sendero de Buda. El bibliotecario, sin duda con el permiso del abad de Himis, halló profundo placer en llevar esta buena nueva que sólo podía provocar regocijo a los que reconocían en las enseñanzas de Buda afirmaciones del Ser Universal, el cual había hablado a través de Issa, el gran mensajero de la Verdad.

«¡Mi Jesús estuvo aquí! ¡En Himis!» pensó la Sra. Caspari. Quizás incluso se sentara en una de estas terrazas, aquí o en Leh, o estudiara en una de las antiguas bibliotecas. Meditó las implicaciones del descubrimiento. La mente le daba vueltas, confusa al pensar en los viajes de Jesús, tal vez por todo el mundo. Percibió que hasta ese momento Jesús había sido para ella, como para la mayoría de los cristianos, un producto de Palestina. Había nacido, vivido y muerto allí. Toda la formación religiosa que había recibido formaba parte de la tradición judía. Colocar a Jesús en el Tíbet o en la India significaba que había estudiado sus costumbres, su lengua, ¡su religión!

¿Por qué se habría visto Jesús obligado a realizar este viaje, lo mismo que ella, antes de su misión en Palestina? ¿Y con qué múltiples propósitos le envió allí nuestro Padre? Ciertamente, este encuentro casual en la cima del mundo tenía implicaciones teológicas de largo alcance. Quizás las enseñanzas que Jesús transmitió a Juan contenían a su vez las enseñanzas de Gautama o de los Vedas.

Y nosotros, que estamos considerando estas cuestiones, nos preguntamos también el motivo de que los monjes eligieran a la Madre Gloria y a Elisabeth Caspari. Muchos europeos habían visitado Himis, algunos escépticos, otros sinceros, pero sólo unos cuantos —por lo que nuestra investigación ha podido descubrir— oyeron hablar de los documentos. ¿Por qué a la Sra. Gasque y a la Sra. Caspari les correspondió la especial tarea de añadir sus voces a las escasas confirmaciones conocidas sobre la existencia de documentos de Issa en Himis?

Quizás los monjes vieran que estas peregrinas eran distintas, que eran personas dedicadas al estudio de su religión, reverentes, que aceptaban su herencia de conocimiento espiritual y no consideraban a Buda como un ídolo pagano o como una pieza de arte oriental. Evidentemente, sabían que esas dos devotas no representaban ninguna amenaza y no tratarían de confiscar los documentos ni de irse con «recuerdos» de su biblioteca. Por la razón que fuera, en esa ocasión en el verano de 1939, las Sras. Gasque y Caspari se unieron al pequeño grupo de peregrinos elegidos por la Providencia para revelar uno de los secretos mejor guardado de la vida de Jesucristo.

Cada miembro de ese grupo selecto viajó a Himis con un estado de conciencia distinto, con diversos grados de expectativa, y todos descubrieron la misma historia: Nicolás Notovitch, que había oído rumores y fue en busca de los documentos. Swami Abhedananda, quien fue a ver por sí mismo y a verificar la historia de Notovitch. Nicolás Roerich, quien había oído hablar de las leyendas de Issa contadas por todo Ladak y esperaba encontrar algún tipo de corroboración. Y finalmente las Sras. Clarence Gasque y Elisabeth Caspari, a quienes les sirvieron los libros antiguos en bandeja de plata sin haber levantado un solo dedo, y, sobre todo, desconocedoras de la leyenda o de los descubrimientos de Notovitch, Abhedananda o Roerich.

La Sra. Caspari descendió por la pendiente a la llanura con el resto del grupo. Esa noche, acampados en el oasis, ella y Charles escucharon la radio de onda corta. Se había declarado la Segunda Guerra Mundial. Tenían que regresar a Suiza lo antes posible. Decidieron no ir al monte Kailas, tal como habían planeado.

Aunque hicieron el viaje de regreso a toda prisa, llegaron a Srinagar demasiado tarde para conseguir una plaza en el último transporte civil. Quedaron atrapados. En la India. ¡Durante nueve largos años! Preguntándose lo que estaba sucediendo en su hogar, en su mundo.

La Sra. Caspari ocultó su precioso tesoro en el recuerdo, y sólo habló de ello muchos años más tarde en una entrevista de Summit University Forum, tras haber escuchado los hermosos versos sobre Jesús que se afirmaba fueron copiados por Nicolás Notovitch de antiguos manuscritos tibetanos en el monasterio de Himis.

Desde Srinagar, los Caspari fueron a ver a un amigo a Nueva Delhi. Allí, la Sra. Caspari decidió regresar a Madrás para asistir al curso de la famosa educadora María Montessori, a quien había conocido en la India antes del inicio de su peregrinaje. Era una buena manera de ocupar su tiempo y sus recursos creativos durante la guerra. La Dra. Montessori quedó encantada con los métodos musicales de la Sra. Caspari. «Usted era montessoriana antes de conocerme», declaró. La Sra. Caspari permaneció con su maestra recién descubierta y se hicieron grandes amigas.

Después de la guerra, los Caspari fueron a los Estados Unidos, pensando quedarse sólo un breve tiempo. Entonces, Richert y Lowell

Fillmore, hijos del fundador de la Unity, Charles Fillmore, sintieron curiosidad por el mensaje de Montessori. Richert fomentó la obra de la Sra. Caspari y en 1949 le ayudó a montar su propia escuela Montessori en Estados Unidos en Lee's Summit, Missouri, llamada Wee Wisdom Garden. Fue la primera escuela Montessori en Estados Unidos desde que la Dra. Montessori se había ido en la primera década del siglo. Pronto la Sra. Caspari tuvo tres escuelas y más de 90 estudiantes. Trabajando en equipo, los Caspari dedicaron el resto de su vida al progreso del mensaje Montessori en Estados Unidos, dando conferencias por todo el país.

Elisabeth Caspari organizó escuelas Montessori en California, Missouri, Kansas, Florida, Carolina del Sur y México. Varios cientos de centros preescolares Montessori se han establecido gracias a la Sociedad Montessori Panamericana, que fundó con el Dr. Feland Meadows. En los últimos cinco años, la Sra. Caspari, que tiene ahora 85 años[7], ha impartido cursos de entrenamiento para profesores, profesionales interesados y padres en Denver, Savannah y Los Angeles. Muy activa en la expansión de la revolución educativa Montessori, recientemente ha recibido invitaciones para dar sus cursos en la India, Australia, Filipinas, Suiza y Senegal.

En la actualidad, colabora en la dirección de Montessori International y da formación a profesores de Montessori en el bello Royal Teton Ranch, situado en Park County, Montana. En esta escuela privada, desde la etapa preescolar hasta el duodécimo grado, estudiantes y maestros de todo el mundo se benefician de los milagros del método Montessori. También aquí la Sra. Caspari ha encontrado la unidad de las enseñanzas de Cristo y de Buda que constituyen la base de la vida comunitaria, una búsqueda que la ha llevado a ella y a otros muchos estudiantes de la vida desconocida de Cristo, por todo el mundo, y finalmente a su Hogar.

---

[7] El 11 de julio de 2002 la Sra. Caspari falleció, cuando contaba 102 años.

Capítulo VI

LADAK HOY. IMPRESIONES DE UN ANTROPÓLOGO CULTURAL

El doctor Robert S. Ravicz rastrea las tradiciones de la vida y la veneración hasta el presente

Pueblo o bosque, agua o tierra,
santo es el lugar donde habitan los santos.

Santo es el bosque.
Santo es el lugar en donde los sentidos están en paz,
donde el santo encuentra refugio y simple regocijo.

EL DHAMMAPADA

Pintoresca encrucijada de una antigua cultura

En Ladak, el tiempo, la historia, la cultura y el lugar poseen su propia integridad. En esta tierra el tiempo se ha modelado según un patrón: parece haber perdido todo sentido. Pasado y presente están más unidos que en el mundo que conocemos.

Monasterios de siglos de antigüedad y muros fortificados, hoy en ruinas, que nos miran con la vista perdida, constituyen datos curiosos o indicaciones históricas cuando pasamos junto a ellos en jeep o en el autobús local (prácticamente no existen autos privados), a pie o en caravana. Sí, por la carretera principal van y vienen camellos y mulas cargados de grano, lana, mercancías y objetos de las fábricas actuales, artesanía de antaño e industrias caseras.

Los camellos evidencian milenios de civilización y movimiento de pueblos y culturas, ideas y objetos, entre las costas mediterráneas y esta ruta de tierras altas hacia el Asia central y China. De pie sobre la terraza del monasterio de Himis, protegido por las colinas, le cuentan a uno que los invasores mongoles barrieron los valles del Indo y de Leh, sin conocer la existencia o localización de Himis.

En este lugar de mayoría budista, no muy alejado al oeste del Tíbet, un muchacho musulmán y una joven cristiana se casan en una deslumbrante ceremonia de dos días de duración. Algunos detalles pueden ser ilustrativos.

Rodeada de sus parientes femeninos y de los objetos de la dote, la novia llora y gime durante un período de varias horas, esperando la llegada del novio y de sus familiares masculinos a la casa de su padre. Expresa la tristeza por abandonar el hogar del padre. Éste, en una habitación amplia situada arriba de su casa de tres plantas de Leh, recibe regalos y felicitaciones (muestras de simpatía) por la pérdida de su hija. Todo ello se entrega con expresiones de respeto y con fulares de oración blancos del tipo que utilizan los budistas en las ofrendas o bendiciones.

El griterío del exterior indica la llegada del novio y los familiares. Al acercarse a la casa, se les llena de epítetos y son, ritualmente pero con fuerza, recibidos por los parientes y siervos de la novia, situados a ambos lados del camino que conduce a la casa, armados con palos.

En dos banquetes, hospiciados en días sucesivos por los padres, se celebran festividades en amplias tiendas, cubriendo el suelo con tres o cuatro capas de alfombras orientales, de ricos coloridos y texturas, y relacionadas con diversos lugares: China, Afganistán, Tíbet y la geometría de Yarkand y del Asia central.

En el primer banquete, el padre de la joven proporciona la comida y el vino. Sentados a la mesa, sólo los huéspedes cristianos beben el vino y comen con cuchara y cuchillo; los huéspedes musulmanes beben té y comen con la mano derecha, sentados sobre el suelo alfombrado. Ninguna bebida alcohólica se sirve en la comida de la segunda noche, ofrecida por el padre del novio. Antes de servirse la comida, grupos de cinco o seis mujeres danzan tranquilamente al son de instrumentos de viento.

Los banquetes de boda, como otros eventos sociales y ceremoniales, proporcionan a las mujeres la oportunidad de exhibir sus mejores galas; son especialmente destacables las capas de seda a rayas, los tocados llenos de turquesas (*perak*), y las cajas de oración incrustadas con gemas, colgando de collares de coral y perlas.

Además de la iglesia moravia, situada al este de esta ciudad de diez mil habitantes, hay una gran mezquita en el centro de la ciudad, cerca del corazón de la zona comercial. Quizás constituye ésta el eje de la antigua ruta de la seda, que iba en dirección al norte hasta Asia central y China, y la ruta de la lana, que partía desde el sur del Tíbet en dirección al oeste, hasta Cachemira y los mercados de la India, desde donde se dirigía al mundo occidental. Allí, en Inglaterra, se tejía la mejor lana del Tíbet. Por todas partes en la ciudad, y en muchas millas cuadradas a la redonda, santuarios y monasterios atestiguan siglos de presencia budista.

La nueva presencia no viene hoy conformada por comerciantes, sino por visitantes: los turistas extranjeros que quieren bienes y servicios de un nuevo tipo y comercializan así con las relaciones interpersonales, por lo que las ceremonias budistas que quieren presenciar se empiezan a convertir en un espectáculo, más que en una expresión de valores intrínsecos. Con sus equipos de grabación de sonido e imagen, representan a las sociedades complejas de Oriente y Occidente. Evitando los viajes a camello y caballo, suelen elegir un rápido recorrido aéreo durante los meses de verano.

El caminar durante muchas semanas y durante varios viajes le vuelve a uno especialmente consciente de la esencia de un lugar. La combinación de colores de Ladak es algo apagada, pero alegre. El gris, el blanco y el marrón señalan las montañas, con algunos toques de malva y morado. Los chortens, que son relicarios encalados, y las casas de idéntico color armonizan con las fachadas de los monasterios, en los que se añaden marcos azules o rojizos a las ventanas.

Los adornos favoritos de las mujeres los constituyen el coral rojo y las piedras azul turquesa de los tocados y los ornamentos del cuello a base de perlas: una estética combinación de riqueza y ornamentación. Un intenso color rojo en las mejillas caracteriza a casi todos los individuos. Las flores silvestres parecen pequeñas, y predominan delicados tonos de rosa y amarillo. El azul del cielo no tiene par en el azul o el cielo de ningún otro lugar; la pureza de las turquesas se mide contrastándolas con el color del cielo.

Hay aquí inmensidad y restricción: el cielo se expande ilimitadamente hacia arriba, pero las altas cimas impiden vistas desde ángulos amplios. Los valles son minúsculos, limitando el volumen y la densidad de población. Entre el pueblo parece existir un ilimitado sentido del humor, resistencia y franqueza.

El espacio físico está dividido en zonas. Hay unos terrenos verdes de terrazas fluviales, cultivadas con cebada, trigo, coles, rábanos y cebollas, todo de gran tamaño y buena producción.

Luego están las residencias —un pueblo que se eleva por encima de los campos—, y, más alto todavía, el monasterio, por encima del cual la árida tierra se eleva hasta las nieves, salpicadas con algunos prados verdes ocasionales en donde pastan los rebaños de yaks y ovejas. Es el alto desierto, cuyas formas y vida están delineadas por las grandes montañas, el Himalaya, empujado hacia arriba desde la masa continental del sur de Asia por movimientos de tierra y presión geológica.

Estas montañas impiden que fluyan hacia el sur los vientos glaciales y el clima del Asia central, provocando que la mayor parte del sur de Asia sea tropical, incluso la que está al norte del Trópico de Cáncer. Apenas llueve en los pueblos del valle, pues las altas montañas atraen hacia sí las precipitaciones de los monzones. En el invierno hay que enfrentarse con un frío ártico, pero con un poco o con nada de hielo o nieve, temperaturas de 20º a 40º bajo cero equivalen a un frío seco. Algunas de las vías fluviales se congelan, habilitando senderos a los que necesitan viajar, pues caminar por las montañas es imposible y los pasos congelan toda salida o acceso a Ladak.

La gente pasa gran parte del frío invierno en una gran cocina-sala de estar que contiene una enorme estufa. Como hay poca leña en ese árido lugar, el combustible consiste fundamentalmente en estiércol animal. La arquitectura también se ajusta a esta ecología de altura: las casas y monasterios se construyen, cuando es posible, en las laderas de las colinas. Los animales se colocan en la planta baja y una abertura por encima de ellos permite que su calor corporal suba y caliente a los residentes de las plantas segunda y tercera.

La ecología y la subsistencia conforman modelos sociales. Como hay poca tierra arable, es conveniente mantener su propiedad y utilizarla en el ámbito familiar. Los hijos más jóvenes deben ingresar en el monasterio. Si vuelven a casa o permanecen en ella, se convierten en parte de una casa poliándrica fraternal. Entre el monasterio y el pueblo hay un intercambio de bienes y servicios; los lamas cuidan de la vida espiritual y poseen casi la mitad de la tierra. Los aldeanos donan alimentos y trabajo.

También al viajar se toma conciencia del control sobre el entorno en la actividad diaria; así, si se piensa cruzar una corriente hay que planificarlo por la mañana, porque por la tarde la nieve fundida puede convertirla en un torrente enfurecido. Es el ritmo de este proceso natural el que da lugar a los grandes caudales de ríos del sur de Asia, proporcionando medios de subsistencia a millones de personas.

El río Indo corre a su paso por Ladak a veces plácido y a veces agitado, uniéndose a otras corrientes del Himalaya para nutrir las culturas del sur y del oeste. Es el mismo río que fomentó el desarrollo de las civilizaciones, en el Indo, de Harappa y Mohenjo-daro, hace cinco mil años.

Lo que a nosotros nos parecen ponis son caballos pequeños y robustos, adaptados durante miles de años a los rigores del terreno montañoso y a las necesidades de los pueblos dedicados al pastoreo. Producen leche y mantequilla y sirven con sorprendente destreza y manejo en la ardua tarea de pastorear yaks por las pendientes y escarpadas laderas de las montañas.

Cuando celebran matrimonios entre personas de pueblos distintos, el novio y la familia llevan ceremoniosamente a la novia a su pueblo. Cabalgando sobre caballos, y acompañados por lamas engalanados con trajes rituales, se detienen a descansar en un prado de la montaña, desmontan todos para ver la danza de los lamas y se dirigen luego a su destino: el novio y la novia, juntos en un solo caballo, como símbolo de su unión en la vida.

El sonido de unas campanillas que suenan en los pasos, en un sendero de la montaña o en los valles, procede de una campana hecha con una mezcla de metales, que cuelga del cuello del caballo, y nos hace percibir que es uno de los pocos sonidos existentes en este espectacular paisaje.

Capítulo VII

EPÍLOGO

Relato de dos mundos

Cuestiones finales

Recapitulemos: Notovitch contó que un lama le había dicho en Mulbekh, en el año 1887, que había datos sobre la vida del santo Issa en Lhasa y otros monasterios principales. Afirmó más tarde haber visto ese documento en Himis y en 1894 publicó los versos que dijo le habían leído, tal como se los tradujo su intérprete. El libro creó cierta controversia que, al parecer, se resolvió cuando el Profesor J. Archibald Douglas fue a Himis e interrogó al lama rector, quien afirmó que todos los puntos sobresalientes de la historia de Notovitch eran absolutamente falsos.

En 1922, Swami Abhedananda viajó a Himis, preguntó por Notovitch y su descubrimiento, y le dijeron justamente lo opuesto. El lama no sólo confirmó la historia de Notovitch, sino que a su vez ayudó a Abhedananda a traducir los mismos versos, que el Swami publicó posteriormente en bengalí en el libro *En Cachemira y Tíbet*, junto con una parte de la traducción inglesa del texto de Notovitch. Además, Abhedananda verificó muchos de los pormenores de la historia de Notovitch que habían sido cuestionadas.

En 1925, mientras dirigía una expedición a través de Asia central, Nicolás Roerich visitó Himis. Más tarde publicó los escritos que descubrió en el monasterio o en otros lugares, los cuales eran semejantes a los de Notovitch.

También dijo haber descubierto durante su viaje muchos otros relatos, escritos y orales, acerca de la estancia de Issa en Oriente. Conocía el libro de Notovitch, pero en modo alguno dependió de él para su obra. Su hijo George Roerich, famoso orientalista que hablaba tibetano, se habría dado cuenta en seguida del fraude si le hubieran mostrado un documento falso.

Finalmente, en 1939, sin ningún conocimiento anterior de las leyendas de Issa o del libro de Notovitch, Elisabeth Caspari vio tres libros que le exhibía el bibliotecario de Himis diciéndole: «¡Estos libros dicen que vuestro Jesús estuvo aquí!».

En ese momento de la historia es cuando el detective suele sentarse, o pasear lentamente de un lado a otro, en un gran estudio revestido de caoba. Un fuego rugiente chisporrotea en la gran chimenea de piedra. El diálogo puede variar un poco, pero las preguntas son siempre las mismas: ¿Por qué? ¿Qué significa todo esto?

¿Es posible que esos tres hombres, Notovitch, Abhedananda y Roerich, hayan forjado sus historias o hayan sido engañados por diversos lamas? Muy improbable. ¿Y qué hay de Elisabeth Caspari? ¿Y del magistrado Bill Douglas y el viajero del mundo Ed Noack y el Profesor Bob Ravicz y otros que como ellos pueden aparecer? ¿Acaso cabría hablar de una conspiración perpetua para gastar una broma a los occidentales que van a Himis? Tampoco es probable. Tal como planteó el Profesor Roerich: «¿Cómo es posible que un fraude reciente penetre en la conciencia de todo Oriente?»

Nuestro meditabundo detective razona que la teoría del viaje de Jesús a la India, aunque sea improbable para muchos occidentales, sigue viva en Oriente. Recuerda que en el libro *Los años perdidos de Jesús revelados*, el Dr. Charles Francis Potter observó que su libro sobre Jesús y los esenios era popular en la India. «Parece ser —escribió Potter— que muchos hindúes creen que Jesús pasó sus años perdidos, al menos en parte, en la India, obteniendo muchas de sus mejores enseñanzas de los Vedas¹. ¿Acaso no dijo él: «Pon mi yoga sobre ti y aprende de mí, pues mi yoga es sencillo»?²

---

¹ La versión que hace Notovitch del manuscrito de Issa contiene pasajes (*La vida del santo Issa* V:12-21, 26 págs. 175-176 de este volumen) que indican que Jesús rechazó los Vedas y los «ídolos» hindúes. Puesto que Juan, el discípulo más cercano de Jesús, empieza su evangelio con una cita de los Vedas, la autenticidad de esos pasajes puede cuestionarse. Como observa Sir John Woodroofe: «El cuarto evangelio posee un comienzo grandioso: "En el principio era la Palabra, y la Palabra estaba con Dios, y la Palabra era Dios". Son las mismas palabras del Veda. *Prajapatir vai idam asit:* En el principio era Brahman. *Tasya vag dvitiya asit;* con quien estaba Vak o la Palabra [...] *Vag vai paramam Brahma;* y la palabra es Brahman» (*The Garland of Letters*, 7ᵗʰ ed. [Pondicherry: Ganesh&Co., 1979] pág. 4).

Notovitch abrazó la religión ortodoxa rusa. En la conclusión de su libro (no publicada en este volumen) dice de Jesús: «En sus sermones no sólo desaprobaba la privación de los derechos del hombre, para que se le considerase como tal, mientras se veneraba a monos o a trozos de mármol o metal, sino que también atacaba el principio mismo del brahmanismo, su sistema de dioses, su doctrina y su *Trimurti* (Trinidad), el escollo de esta religión». Afirmaba también: «Jesús negaba la existencia de todos esos absurdos dioses jerárquicos que obscurecen al gran principio del monoteísmo» (Nicolás Notovitch: "Résumé" en *The Unknown Life of Jesus Christ*, trad. Violet Crispe [London: Hutchinson & Co., 1895], págs. 227-230).

Ambas observaciones son incongruentes con un pasaje de *La vida del santo Issa* (V:4, 5), en el que Jesús estudia diligentemente los Vedas y después los enseña. Por tanto, el lector debería considerar la posibilidad de que los versos que censuran los Vedas pudieran haber sido introducidos por el propio Notovitch —teniendo en cuenta el hecho de que según su propio testimonio compiló los versos de *La vida del santo Issa* de más de un volumen, y los dispuso después por orden cronológico (véanse págs. 85-86 de este volumen)—, para que los cristianos no se sintieran tentados a buscar consuelo espiritual e iluminación fuera de su propia doctrina y escrituras.

No tenemos ninguna prueba de esta conjetura, sólo la apreciación de la gran mente de Jesús y su capacidad para comprender *Trimurti* (Brahma, Vishnu y Shiva) así como las múltiples manifestaciones del único Dios conforme a la Ley del Uno y originadas en ella. «Escucha, Israel: El SEÑOR nuestro Dios es el único SEÑOR» (Deuteronomio 6:4); y conforme a su enseñanza de la Trinidad, su identificación del Padre y el Espíritu Santo como Personas, ejemplificando él al Hijo como una Persona, completando así nuestra comprensión del Gran Tres en uno. (Obsérvese que la versión que hace Abhedananda del manuscrito de Himis no incluye la censura de los Vedas.)

² Charles Francis Potter: *The Lost Years of Jesus Revealed*, ed. rev. (Greenwich, Conn.: A Fawcett Gold Medal Book, 1962), pág. 10. Hay algún desacuerdo con respecto a la precisión en el uso que hace Potter de la palabra *zeugos*; especialmente porque los estudiosos no conocen una palabra griega actual para «yoga», y mucho menos una que se utilizara hace dos milenios. Como "yoga" y "yugo" derivan de la misma raíz proto-indoeuropea, *ycug* (que conecta el sánscrito *yuga*/yugo con el griego *zugon*/yugo, y el sánscrito *yoga*/unión con el griego *zeugma*/vínculo), su utilización de la palabra parece razonable.

Como casi todos los habitantes de Palestina hablaban griego, así como arameo, los estudiosos bíblicos aceptan ahora generalmente que Jesús hablaba griego. No tenemos ningún dato que nos indique en qué lengua pronunció originalmente Jesús esta frase. Pero si la pronunció en griego, sería muy aclaratorio saber la palabra que utilizó realmente.

El significado de «yoga» (en sánscrito literalmente "yugo, unión, actividad disciplinaria") implica la necesidad de un sendero de discipulado, es decir, un sendero de *youg* (unión con Dios), a fin de cumplir con las responsabilidades de discipulado y cristeidad. Tal como se utiliza aquí, yoga significa «mi camino», «mi sendero» o «mi darma». Así, en este contexto, yugo/yoga significa el manto y la autoridad del Maestro y sus «enseñanzas». «Carga» alberga el principio del «Karma», «pues todo hombre llevará su carga» (Gal. 6:5). El darma del señor es su enseñanza. La carga kármica del Señor es el karma o pecado del mundo que llevó por nosotros, pues él es un ser libre de karma. Así, Jesús llamó a sus discípulos o futuros discípulos, para que «siguieran mi camino», es decir, «mi actividad disciplinaria». Cuando afirma: «mi yoga es fácil», está diciendo: mi camino es el mejor o el más fácil, el más directo. De todos los senderos de los avatares, he sintetizado para vosotros el único auténtico que os llevará a la unión con Dios. (ver «La carga del Señor» [Jer. 23:33-40]).

Supongamos entonces que el texto —o textos— existen y que la historia es cierta. ¿Qué sucede entonces? Llegado ese punto, el detective se apoya en la repisa de la chimenea y mira fijamente las llamas. Un leño ardiente chisporrotea hacia el conducto de humos y lentamente emerge la condición imprescindible de todo trabajo de un detective, una teoría:

Existe la creencia general, piensa el detective, de que Jesús lo aprendió todo de Moisés y de los profetas y, sin embargo, fue enseñado por Dios. No obstante, *La vida del santo Issa* y otras joyas del corazón de Asia, afirman precisamente lo opuesto: que fue a Oriente «con objeto de perfeccionarse en la Palabra Divina y estudiar las leyes de los grandes Budas».

En el transcurso de sus viajes, parece ser que Jesús conoció a hombres santos orientales, y ello con una finalidad. Al parecer, los buscó y planeó el itinerario con prolongadas estancias en las comunidades espirituales más destacadas de la época, con el fin de investigar, observar y recoger notas para una obra que iba a escribir, caligrafiándola con su propia sangre.

Según los textos y las leyendas, allí, entre aquéllos que pensaban como él (aquéllos cuyas exploraciones más allá de lo tangible fomentaban la nueva era anunciada por el nacimiento de Cristo), rezó, meditó, practicó yoga, estudió y enseñó. Ambos mundos le recuerdan claramente por haber curado enfermos, resucitado muertos, exhortado a la gente a amar, y desafiado a sus opresores atrincherados. Desenmascaró a la misma hipocresía que denunciaría en la clase sacerdotal de Palestina, pronunciándose con desaprobación contra los brahmanes, los kshatriyas y los abogados, arrojando a los demonios poseyentes; en suma, haciendo todas las cosas por las que más tarde pagaría con su vida, la vida con la que escapó por poco del escenario oriental.

Y si leemos entre líneas y consideramos sus actos extraordinarios, que no niegan sino que cumplen las leyes de la física material y espiritual, es también evidente que buscó y alcanzó el título de adepto

sobre los elementos y las fuerzas elementales, así como el control sobre los latidos del corazón y las funciones corporales. Y que dominó
las artes de la bilocación y la alquimia, perceptibles posteriormente en
sus repentinas apariciones y desapariciones[3], en la transmutación del
agua corriente en el mejor de los vinos[4], y en su conversión de las
almas tibias «omnidireccionales» en devotos ardientes y unidireccionales.

Hizo todo esto y más, no como un dios sino en cumplimiento de
un sendero conocido de dominio sobre sí mismo, una evolución natural del alma hacia el despliegue del esplendor aprisionado en el
interior. Parece ser que declaró con plena convicción que el suyo era
un camino predeterminado por el Padre, que pueden seguir todos
Sus hijos si se mantienen en Él con entusiasmo y buen ánimo.

¿Se trató de un ensayo para su misión en Palestina? ¿O fue eso y
algo más?

¿Era él el estudiante sabio que buscaba al Maestro más sabio?
¿Había investigado la periferia del conocimiento en su patria sólo
para luego retroceder, milla tras milla (dotado por la voluntad absoluta del Padre), derribando las barreras de la mente más allá del horizonte del espacio y del tiempo de los tutores de su infancia?

¿Fue el auténtico *revolucionario del Espíritu* —como se le llamó,
agitador de masas—, en busca de su Reino, de su propia Conciencia
Superior? ¿Es eso lo que encontró en la cima del mundo, su propio

---

[3] Mateo 14:22-33; Marcos 6:45-51; Juan 6:15-21; Lucas 4:28-30; Juan 8:59; Mateo 28:9, 10, 16-18;
Marcos 16:9-14, 19; Lucas 24:13-53; Juan 20:11-29; 21:1-14; Hechos 1:3, 9-11; The Acts of Barnabas,
en Alexander Roberts y James Donaldson, eds.: *The Ante-Nicene Fathers,* American reprint of the
Edinburgh ed., 9 vols. (Grand Rapids, Mich.: Wm. B. Eerdmans Publishing Co., 1981), vol. 8. *Fathers
of the Third and Fourth Centuries: The Twelve Patriarchs, Excerpts and Epistles the Clementina, Apocrypha,
Decretals, Memoirs of Edessa and Syriac Documents, Remains of the First Ages,* pág. 493 (a partir de ahora,
ANF); The Acts of Philip, en ANF, págs. 499, 501, 505-506, 509; Acts of Andrew and Matthias, en
ANF, págs. 517-525; Acts of Peter and Andrew, en ANF, págs. 526, 527; Acts and Martyrdom of St.
Matthew the Apostle, en ANF, págs. 528-529; Acts of the Holy Apostle Thomas, en ANF, págs. 535,
537, 542; The Secret Book of John, en Willis Barnstone, ed., *The Other Bible* (San Francisco:
Harper&Row, 1984), págs 53, 61 (a partir de ahora citado como TOB); The Gospel of the Hebrews,
en TOB, pág. 335; The Apocryphon of James, en TOB págs. 345- 349; The Gospel of Bartholomew,
en TOB, págs. 351-355, 357-358; The Acts of John, en TOB, págs. 418-419, 420; The Acts of Peter,
en TOB, pág. 433; G. R. S. Mead, trad.: *Pistis Sophia,* ed. rev. (London: John M. Watkins, 1921), págs.
4, 5. Véase también nota 7.

[4] Juan 2:1-11.

Shangri-la? ¿Y todo eso tanto *fuera*, en los sagrados santuarios y montañas místicas y exuberantes valles que acunan a ese pueblo peculiar de ojos brillantes tan llenos del fuego del alma, como *dentro*, en la cámara secreta de su propio y precioso corazón, en donde arde la llama trina? ¿Fue su autodescubrimiento la clave de la fuerza que tuvo, y que le hizo soportar como nadie más ha soportado, el peso entero del karma del mundo, la cruz de Piscis?

¿Se encontró con Maitreya, cara a cara, lo mismo que Moisés, antes que él, había hablado con su Jerarca?

¿Conoció a Gautama en su ser más íntimo?

¿Ascendió por el cordón cristalino y a través del chakra de la coronilla abrazó a Sanat Kumara?

Bajando de las nubes con un ruido sordo que hace con la mente —por haber ido tan lejos como sólo un hombre dueño de sí mismo como él podría aventurarse a ir, pero sin obrar con precipitación (a pesar de Scotland Yard)—, nuestro detective se pone metódico, casi empírico: quedan todavía algunos cabos sueltos. Al fin y al cabo, recuerda, no sabe lo que fue de Notovitch. Ni de Douglas, respecto a eso. Ni puede verificar a través de su propio testimonio la realidad o autenticidad de los manuscritos en el pasado o en el presente. «¿Qué he demostrado, entonces?», se dice a modo de castigo por haberse dejado llevar tan lejos con el misterio de Jesús.

A pesar de las dudas, cuyas sombras parpadean en la pared, se rasca la cabeza y se atreve a proponer algunas cuestiones finales:

¿Por qué a la mayoría de la gente de Occidente le resulta desconocida la teoría, tan aceptada en Oriente, de que Jesucristo, el avatar de la era de Piscis, fue a la India y al Tíbet durante los llamados *años perdidos*?

¿Han sido los hechos intencionadamente ocultados? ¿Por él mismo? (¿hasta que llegara el momento oportuno?) ¿Por los evangelistas? (¿De acuerdo con su profecía, como la de que el Espíritu Santo vendría primero antes que los secretos fueran revelados?[5]) ¿O por un diseño diabólico... de editores posteriores? (¿para evitar la imitación de Cristo y Su Sendero a las futuras generaciones de su semilla espiritual?) ¿Han de ser desenterrados todavía del Vaticano sesenta y tres manuscritos, o parte de ellos, que tratan este mismo tema, tal como se le dio a entender al periodista ruso?

¿Viajó Jesús a otros lugares en el transcurso de su vida? ¿Fue a Bretaña, de joven, con su tío José (de Arimatea), para educarse en las escuelas de sólida reputación de los antiguos druidas, quienes se cuenta que aprendieron de Pitágoras? («Esto ya es demasiado, muchacho, ¡hasta para el detective más lanzado!», protesta. «Sin embargo, —replica el otro lado de sí mismo— ¡la leyenda *ha* persistido entre los bretones durante siglos!»).

No sorprende que los judíos se maravillaran y dijeran: «¿Cómo conoce este hombre las escrituras si nunca las ha aprendido?»[6] Quizá fueran *ellos* los que nunca aprendieron que él había atravesado muchos mundos y había sido enseñado, como Enoc, por el Padre y sus emisarios angélicos, algunos, encarnados y otros, no.

¿Cuánto vivió exactamente, *en cuerpo físico*, después de la resurrección?

Si no me equivoco, nuestro detective prosigue, incapaz de detener el giro de las ruedecillas de su mente, ¿acaso Pablo y Pedro no se encontraron con él muchas veces y hablaron sin dificultad, *después* de la «desaparición» de Betania, llamada *la* Ascensión?[7] ¡Cuántas «idas y venidas» se produjeron!

¿Y cuál fue el final?

¿Demostró el Maestro que era un adepto al sobrevivir a la crucifixión y desaparecer luego de la vista de ellos en esa «nube» encima del

[5] Juan 14:26; 15:26; 16:7-16.
[6] Juan 7:14-16.
[7] Hechos 9:1-20; 22:6-21; 26:12-18; 18:9, 10; 10:9-16; 23:11; II Tim. 4:17; Acts of the Holy Apostles Peter and Paul, en ANF, págs. 484-485.

monte Betania? ¿O acaso (aquí nuestro detective hace su apuesta más audaz) salió así del escenario de Palestina y fue a predicar y enseñar a sus discípulos, tal como escribe el padre de la Iglesia Ireneo, pasando sus últimos años en la mágica tierra de Cachemira, tal como dicen algunos? ¡Quizá nunca murió! Quizá sólo trascendió su vida terrenal por etapas, así de simple, para al final desaparecer para siempre de nuestra vista, en un último *Mahasamadhi*, tal como llaman los teólogos a la ascensión.

No obstante, durante casi dos mil años, sus seguidores en gran número han afirmado haberle visto, haber hablado con él, haber escuchado su voz, haber sido curados por él... ¡Y hasta haber cenado con él!

Nuestro detective, con la mente a toda máquina y el sudor cayéndole por la frente, parece recordar ahora las sólidas tradiciones que cuentan que después de la crucifixión, Marta, junto con María Magdalena, otras Marías y Lázaro, fue a Francia a propagar la Fe. De modo que la iglesia de su ministerio sigue aún en pie en Tarascon, depositaria de sus reliquias.

¿Acaso esos discípulos principales del Señor atendían en la Galia las necesidades del Maestro del Mundo y sus discípulos? Si hubiera estado vivo, aquéllos sólo podrían haberse encontrado, caso de tener oportunidad, en donde se hallase su maestro. «Pues allá donde se encuentre el cadáver de la res, se reunirán las águilas»[8]... ¿Era una indirecta de Jesús, para que quien le buscara a él buscara a sus principales discípulos? ¿Intentaba Jesús realmente establecer, tal como algunos han querido demostrar, un reino y un linaje de los hijos de Dios? ¿Y, una vez hecho eso, se marchó, el Joven eterno, al encuentro de otras circunstancias nuevas y otras ovejas en el Lejano Oriente?

¿Quizá fue como el Conde de Saint Germain —el hombre maravilloso de Europa (que vino después de él y, sin embargo, estaba antes que él)— el hombre que nunca muere, lo sabe todo y va de un

---

[8] Mateo 24:28.

lugar a otro llevando su elixir de Luz líquida a todos los que creen en la Verdad, toman la Cruz y le siguen?...

Justo cuando crees que estás empezando a tener los cabos atados, aparece otra carpeta amarillenta de fuente desconocida. Ahora la información que hay sobre el escritorio empieza a tener sentido: desde las páginas de la historia, los registros de *akasha* y la memoria racial indeleble sobre el perfil siempre vivo del mejor de los hijos del hombre..., pruebas que dejaremos para el próximo libro.

¿Adónde conduce todo esto? Tú sacudes la cabeza, tomas los documentos y, con la linterna de Diógenes en mano, sales de noche buscando al único que conoce realmente la respuesta.

Capítulo VIII

TÍTULOS DE CRÉDITO

Al caer el telón, un tributo
al guionista y al reparto

Todo el mundo es un escenario,
y todos los hombres y mujeres, simples intérpretes:
tienen sus salidas y sus entradas
y durante su actuación un hombre interpreta muchos papeles [...].

SHAKESPEARE: *COMO GUSTÉIS*

Agradecimiento a los colaboradores

Este Misterio Divino ha estado preparándose durante dos mil años por lo menos. Todos los intérpretes, y sus papeles, han pasado ante nosotros en la pantalla de la vida. Y en el drama de los que fueron enviados por los ángeles para seguir las huellas de Cristo, aunque algunos no conocieran el terreno sagrado que pisaban, hubo en cierto sentido tanto suspense como en el drama que viviera el Maestro original y sus apóstoles.

Los acontecimientos de la vida de Cristo hasta ahora desconocida, los llamados años perdidos, fueron escritos por Dios mucho antes de que nuestra mente pudiera captar su realidad en el Verbo hecho carne. También es Él el autor de los papeles de reparto secundarios cuyos pasos hemos rastreado en este libro: los otros peregrinos que llegaron a escena y los escribas anónimos y aureolados que en su correspondiente tiempo y lugar acariciaron sus pies benditos... y registraron sus peregrinaciones.

¡Éste es el plato fuerte de la Palabra[1] cuyo tiempo ha llegado! Los capítulos «perdidos» hace mucho tiempo en la *Mayor historia jamás contada* y la *Mayor vida jamás vivida*. No podía permanecer oculta[2]; pues el pueblo, los suyos, tenían que saber. La prueba se ha mantenido gracias a la mano de Dios. Un sinnúmero de personas han interpretado su papel, a veces con total inconsciencia de la llama que con esa antorcha invisible se estaba pasando de mano en mano, de boca en boca, de corazón a corazón, en recuerdo de este Hijo de Dios, este Salvador que cambió el mundo de forma que ni éste ni nosotros seguimos siendo ya los mismos.

Nosotros, los que hemos reunido fuerzas para atar los cabos sueltos, para recomponer las piezas del rompecabezas y organizar los capítulos, somos los intérpretes menos importantes de este reparto de dos mil años de portadores de la antorcha en la noche. Los trazos de nuestra pluma y nuestras reflexiones han de ser un monumento dirigido al Padre y a sus ángeles registradores que lo unieron todo y lo mantuvieron hasta el tiempo designado.

«¡Estad atentos, ha llegado el momento; estad atentos, es el día de la salvación!», proclamaba el apóstol.[3]

Creo que hoy en día, como nunca antes, seguidores del Mesías de todas las clases sociales están dispuestos a considerar un enfoque no ortodoxo de la vida y la misión del hombre-dios por encima de todos los otros, el cual puede generar el máximo impacto en sus vidas y espíritus, si no lo ha hecho todavía.

Las ramificaciones del viaje de Jesús a Oriente son asombrosas. ¿Nos atrevemos por fin a considerar que aquél que se humilló a sí mismo como hombre[4] *por nuestro bien* adoptó también el papel de estudiante bajo la tutela de sus predecesores, las grandes Luces de la antigüedad, demostrando *por nuestro bien* que aquél que ha de ser

---

[1] Heb. 5:12-14.
[2] Mateo 10:26; Marcos 4:22; Lucas 12:2; 1 Cor. 2:7-10.
[3] 2 Cor. 6:2.
[4] Fil. 2:5-8.

Maestro ha de ser primero siervo?[5] ¿Que el que va a enseñar debe primero estudiar, y mostrarse del agrado de Dios?[6] ¿Y que el Salvador *de todos los hombres* está obligado por el Uno que le envió a dar un mensaje y un ejemplo relevante para *todos los hombres*, para que a través del tejido mismo, de la lengua y el ritual de sus propias tradiciones religiosas, también ellos puedan «contemplar su gloria»[7]?

¿Cómo puede el hindú, el budista, el seguidor de Zoroastro o el de Confucio hallar pertinente al Hijo de Dios (o a su recipiente, el Hijo del hombre) sobre el telón de fondo constituido por la Tora, el Talmud o los profetas hebreos? Aquél que fue la encarnación de la consumada Luz de la historia (el mayor de los hijos del hombre), debe ser también la encarnación del máximo bien de todas las religiones del mundo, la personificación anticipada de sus enseñanzas y ejemplos, *esperado* por su doctrina y por su cuerpo de creyentes.

¿Sólo vino al mundo por los judíos? Si es así, ¿fue a Oriente buscando las tribus perdidas que habrían emigrado allí? ¿Y a otras más? ¿A esas «otras ovejas» que dijo eran suyas, y sin embargo «no de *este* redil»?[8]

Todo se había hecho antes: la India fue un ensayo general para la gran representación (*lila*), la epopeya de los milenios. Seguramente, aquel joven, sabio entre los eruditos de Jerusalén antes de su partida hacia Oriente[9], no habría tenido dificultad en burlar a los brahmanes en su propio engaño o en exponer los engaños que cometían éstos con el pueblo[10], igual que arrojó del templo a los cambistas a su regreso a Palestina[11].

Fue la conspiración de Padre e Hijo para utilizar el escenario oriental como período de prueba o *preestreno* para el éxito de todos los

---

[5] Mateo 20:25-28; 23:11; Marcos 9:35; Lucas 22:26, 27.
[6] 2 Tim. 2:15.
[7] Juan 1:14, 17:24.
[8] Juan 10:16.
[9] Lucas 2:46, 47.
[10] *La vida del santo Issa* V:6-27; VI:15, 16; VII:1-12; VIII:1-22.
[11] Mateo 21:12.

tiempos: el drama clásico número uno del triunfo del Hijo sobre las fuerzas del mal, representando un ministerio breve pero magníficamente dirigido (por el Director Divino que le envió), que aclararía las verdades esenciales, con signos, parábolas y milagros, del depósito de sabiduría oriental.

La vida y las escrituras que Jesús tejió con los hilos de la eternidad, y que tan sólo la mente occidental había de saborear, constituyen el gran legado a las almas nacidas de una civilización que no ha despertado a los recuerdos de la Madre patria[12], realidades que por otro lado se mueven a priori con facilidad en los corazones de los niños de la India. Las pistas están allí, para quien las busque con deseos de ver el testamento y la última voluntad de Cristo, en cada fragmento de evangelistas, gnósticos, relatos apócrifos, padres de la Iglesia y algunas anotaciones históricas, y en mucho de lo que nos han quitado los malhechores, los que han amañado las sagradas escrituras, quienes, sin que nosotros se lo encargáramos, han validado nuestra herencia espiritual.

Hoy el Señor nos devolverá los libros olvidados y perdidos, una gran enseñanza para la liberación de nuestro espíritu, así como consuelo para nuestras pruebas por el karma, en estos últimos días. A través de manos invisibles y de muchos héroes que no han sido alabados, él ha encontrado el modo, tal como hace siempre, para llegar hasta nosotros en situaciones extremas, con su verdad y su amor. Sus palabras tranquilizadoras resuenan como las campanas de Ladak con su sonido cristalino que todo lo impregna:

> Y yo rogaré al Padre, y os dará otro Consolador, para que esté con vosotros para siempre:
> El Espíritu de verdad, al cual el mundo no puede recibir, porque no le ve, ni le conoce; pero vosotros le conocéis, porque mora con

---

[12] El continente de Lemuria, perdido hace mucho tiempo, que se hundió bajo el Pacífico hace más de 12.000 años en un cataclismo de fuego. Se dice que la Madre patria es el origen de las doctrinas y escrituras del antiguo hinduismo. Véanse los libros de James Churchward: *The Children of Mu, The Cosmic Forces of Mu, The Lost Continent of Mu, The Sacred Symbols of Mu*, y *The Second Book of the Cosmic Forces of Mu*, publicado todo en Nueva York por Paperback Library, 1968.

vosotros y estará en vosotros.

No os dejaré huérfanos; vendré a vosotros.

Todavía un poco y el mundo ya no me verá más; pero vosotros me veréis; porque yo vivo, vosotros también viviréis.

En aquel día vosotros conoceréis que yo estoy en mi Padre, y vosotros en mí, y yo en vosotros. [...]

Os he dicho estas cosas estando con vosotros.

Mas el Consolador, el Espíritu Santo, a quien el Padre enviará en mi nombre, él os enseñará todas las cosas, y os recordará todo lo que yo os he dicho [...][13].

De cierto, de cierto os digo: el que en mí cree, las obras que yo hago, él las hará también; y aun mayores hará, porque yo voy al Padre.[14]

Se levanta el telón para el acto final: Jesús aparece en el escenario, a la derecha, bajo los focos (el Padre, sentado en el centro, a media luz, en el crepúsculo de la inconsciencia de la humanidad), e interpreta el papel del iniciado en el sendero de la cristeidad personal. Emerge vigoroso y viable, desde los pergaminos de los años perdidos, como la personificación en la carne de la misma ley «escrita en nuestro corazón»[15] cuya señal exterior hemos estado esperando.

El Uno enviado para salvarnos ha venido a representar nuestra misión en la vida. Ha elegido hacerlo sobre el telón de fondo de la victoria de su alma sobre la muerte y el infierno. Ahora sabemos —pues le vemos cara a cara, nos conoce y seremos semejantes a él[16]— que nosotros también debemos perseguir el llamado de las obras de Cristo, no rehuyendo la meta del dominio sobre uno mismo que revela el discipulado de nuestro Maestro.

No seremos pecadores por siempre, ni discípulos que siempre están aprendiendo y no llegan nunca al conocimiento de la Verdad.[17]

---

[13] Juan 14:16-20, 25, 26.
[14] Juan 14-12.
[15] Jer. 31:33; Heb. 8:10.
[16] 1 Cor. 13:12; 1 Juan 3:2.
[17] 2 Tim. 3:7.

Debemos abrazar la meta del amigo de Cristo[18], del hermano, la hermana, y finalmente los coherederos[19] del mismo manto de filiación que él se puso (para nuestro aprendizaje y ejemplo); aunque él durante todo el tiempo fue y es el Hijo de Dios: «desde el principio», «antes que Abraham fuese, YO SOY»[20].

Viéndole allí, nuestros ojos se paralizan. Ante nosotros, su figura se funde con las escenas antiguas y vemos como en una película los registros de todo lo que sucedió en su vida: desde el nacimiento y la niñez, pasando por su juventud y los años perdidos, su ministerio y más allá, hasta que las escenas se desvanecen en la niebla de los siglos siguientes.

Tras haber visto su magnífica interpretación, sólo nos cabe confirmar la Verdad inmortal de que este Hijo habita también dentro de nosotros: ¡también nacerá dentro de nosotros este Sol de la Justicia![21] Éste es el mensaje de la dramatización que hizo de nuestra vida vista a través de la suya. Para que también nosotros veamos el lucero de la mañana[22] desde lo alto que aparece en la hermosa Presencia del que YO SOY EL QUE YO SOY[23]; el mismo al que se dirigió nuestro Señor diciendo: «Abba, padre»[24]. Esto es lo que nos comunica su corazón. Ya no habla en parábolas, sino que nos dice:

También nosotros podemos intentarlo. Podemos marcarnos en nuestra vida el objetivo de la cristeidad. Ver ante nosotros y encima de nosotros la Luz de nuestra realidad divina, impulsándonos hacia delante. Podemos seguir a nuestro Señor por todo el camino hasta el Himalaya y en su regreso al Hogar; despiertos por fin al reino (conciencia) interior, cuya Fuente de energía y Poder creativo ilimitados él utilizó, asegurándonos el acceso, en este tiempo de angustia[25], al

---

[18] Juan 15:15.

[19] Rom. 8:17; Gál. 4:7.

[20] Juan 1:1-3; Juan 1:1; 2:13; Juan 8:58.

[21] Mal. 4:2.

[22] 2 Pedro 1:19.

[23] Exod. 3:14.

[24] Marcos 14:36.

[25] Dan 12:1.

sublime Ser Universal: «*mayor es el que está en vosotros que el que está en el mundo*»[26].

Las luces están encendidas y han corrido el telón. No hay saludos ni bises por los actores. Comprendemos el mensaje: somos nosotros los que estamos en el escenario. Y el telón va a subir para nuestra encarnación final.

Dispongámonos a demostrar el mismo autoconocimiento espiritual que él poseyó ante un mundo que ha esperado demasiado tiempo la Verdad[27]. Una Verdad que necesitamos desesperadamente para adelantarnos a las calamidades profetizadas para el día de la venganza de nuestro Dios[28]. La Verdad del fuego sagrado que arde en el pecho de todos los hijos de Dios y la de la llama trina de la Trinidad que él llevó, de una nación a otra, en el cáliz de su corazón cuando siguió su camino en busca de «aquéllos que había perdido»[29].

¡En el nombre de Dios, no debemos ni podemos fracasar!

Ojalá los corazones, hechos uno con el suyo, encuentren en estas huellas de la vida de Jesús el hilo de contacto con su propio destino inmortal que habrán de representar en la escena mundial aquí y ahora. Pues nuestro Issa no es ningún maestro alejado del mundo. A pesar de los falsos pastores, se mueve entre nosotros para contarnos uno a uno, porque nos ama, el verdadero evangelio de su reino eterno, tan inminente en medio de esta escena mundial caótica.

De aquí a dos mil años él estará buscando todavía a los obreros pragmáticos de su mies[30] que esgrimirán la espada de dos filos del Espíritu[31]. El Fiel y Verdadero que hay en nosotros es llamado a sus ejércitos[32], reclutado entre nosotros para acabar con las ilusiones y los

---

[26] 1 Juan 4:4.
[27] Juan 18:38.
[28] Isa. 61:2; 63:4.
[29] Mat. 10:6; 15:24; 18:11; Lucas 19:10.
[30] Mat. 9:37, 38; Lucas 10:2; Juan 4:35.
[31] Heb. 4:12; Ef. 6:17; Ap. 1:16.
[32] Ap. 19:11-21.

engaños, y a punto de ahogar el alma y la sociedad en un cataclismo de enormes proporciones. Y si ése se produce, tal sacudida planetaria será la corriente de retorno (karma) de nuestra ignorancia de la Ley, de la esclavitud con que nos hemos entregado a los falsos dioses, de no habernos apropiado de la gracia de Dios de modo que todo lo que nos rodee impregne de fragancia el aire como las flores de glicina en verano.

Dejamos ahora la pluma y enviamos este libro de camino hacia ti, querido buscador, para que en las últimas horas del drama de la vida alcances, si lo deseas, la Estrella de tu Divinidad, que tan noble y apasionadamente exhibió en el escenario del mundo nuestro hermano Jesús. Y en su nombre la lanzamos en medio del caos, para que haga resonar la nota de la victoria de Cristo en otra alma,... y en la Verdad que hará libres a todos los hombres.

Por lo tanto, a la luz de todo lo que ha sucedido antes y todo lo que ha de venir, la autora expresa y reconoce su profundo agradecimiento por la cooperación y auténtico espíritu generoso de los que han colaborado en este libro, sin cuyas contribuciones *Los años perdidos de Jesús* no podrían hacer llegar a ti, lector, esa plenitud de alegría de todos aquellos actores cuyos relatos presenciales han desplegado el drama del santo Issa:

Dr. Robert S. Ravicz, profesor de antropología de la California State University, Northridge, por su imprescindible capítulo final que transmite al peregrino que ha seguido a Issa y a sus cronistas, mediante impresiones fotográficas y personales, sus sentimientos hacia el pintoresco pueblo del «Pequeño Tíbet» de hoy. Nos hallamos en deuda con el Dr. Ravicz por su sensible retrato de aquéllos asentados en la cima del mundo sobre uno de los hasta hoy secretos mejor guardados de la historia, y por sus explicaciones, que nos hacen conocer la vida cotidiana de esas personas.

El Dr. John C. Trever, director del Proyecto de Pergaminos del Mar Muerto, de la School of Theology de Claremont, California, por su generoso regalo de tiempo y conocimiento sobre la historia de los primeros tiempos del cristianismo, y por su erudición y devoción de toda una vida al tema, que tanto han enriquecido nuestra comprensión.

Elisabeth Caspari, alma sincera que realizó ese viaje y compartió después con nosotros su fascinante historia y tan oportunas fotografías, que sirven, sin duda, para recuperar las que perdió el criado de Notovitch; fotografías tomadas por ella y por su finado esposo Charles, a cuyo valiente espíritu también saludamos. La Sra. Clarence Gasque, en recuerdo, por su curiosa mente espiritual y por su vida de apoyo a la Verdad universal; y también por organizar y financiar el viaje que preparó el camino al premio gordo: «¡Estos libros dicen que vuestro Jesús estuvo aquí!»

Edward F. Noack, viajero a las tierras prohibidas de Oriente, por la vida que pasó orientada hacia el alto país del Himalaya y que condujo a él y a la compañera con la que fue pionero, Mrs. Helen Noack, a *ese lugar especial*; y por compartir sus fotografías y su amor.

A Jayasri Majumdar, Per Sinclair y Prasan Kumar De, por su traducción de *En Cachemira y Tíbet*, dada desinteresadamente para la gloria de Dios, realizada con el objetivo de unir Oriente y Occidente, y entregada para que se abra nuestra comprensión.

Richard y Janet Bock, por el esmero empleado durante cinco años de su vida en la película *Los años perdidos*, y por permitirnos utilizar libremente sus logros, los cuales han inspirado a tanta gente a emprender la búsqueda del Jesús histórico hasta la encarnación del avatar; por su generosa consideración al permitirnos utilizar el título *Los años perdidos de Jesús* para este libro; y sin pasar por alto el esfuerzo y la alegría de Janet Bock al escribir su conocido libro *The Jesus Mystery*, el cual familiarizó a Occidente en 1980 con los descubrimientos de Notovitch, Roerich y Abhedananda.

J. Michael Spooner, por su evidente placer al realizar, siguiendo la tradición artística de Nicolás Roerich, la pintura a la que corresponde la cubierta, titulada *Jesús, de joven, aproximándose a Ladak*, cuya concepción nació de nuestro deseo mutuo de inspirar a esta generación a buscar la montaña sagrada de Dios siguiendo los pasos del Maestro.

Al amado personal de Summit University Press, incluidos los equipos editorial, de investigación, artes gráficas e impresión, la sal de la tierra, más preciosa que el oro de Ofir[33], sin el cual este libro no habría podido nacer. Y a todos los colaboradores de nuestra comunidad de Camelot y del Royal Teton Ranch, cuyo apoyo, servicio e inenarrable amor son con toda seguridad un tributo al sendero eterno del santo Issa, la Luz que les guía.

ELIZABETH CLARE PROPHET

Shamballa occidental
Día de todos los santos, 1984

---

[33] Mat. 5:13; Isa. 13:12.

Apéndice

Nota número 2 del capítulo 1, página 14

Era una costumbre común en Israel recopilar los datos genealógicos, especialmente porque la sucesión al sumo sacerdocio y a la jefatura de la tribu, de la familia tribal y de la casa del padre, dependía del linaje. Hay datos registrados desde los principios de la nación hebrea (Números 1:2, 18; 1 Crónicas 5:7, 17). Las genealogías bíblicas raramente se ocupan de la descendencia puramente biológica, y la generación era sólo un modo de conseguir un hijo. Un hombre podía adoptar a un niño declarando simplemente que era su hijo, o póstumamente, por la ley matrimonial del levirato, según la cual el hermano del fallecido tenía que casarse con la viuda que no tenía hijos y tenerlos en nombre de su hermano (Deuteronomio, 25:5-10).

Los miembros de una tribu o clan trazaban su linaje partiendo de un antepasado común de hecho o de derecho (por una ficción legal), es decir, aquéllos que no eran de descendencia natural se amalgamaban efectivamente en el grupo mediante la adopción de sus antepasados. Los cronistas antiguos preferían frecuentemente la simetría (basada a menudo en un modelo de siete o diez generaciones) a la línea discontinua del padre al hijo; se omitían libremente vinculaciones para conservar el plan numérico.

En los evangelios de Mateo y de Lucas aparecen genealogías de Jesús con notables diferencias. La genealogía de Mateo (1:1-17) contiene 42 nombres listados en orden descendente desde Abraham hasta Jesús, agrupados artificialmente en tres períodos de 14 generaciones: el período premonárquico, de Abraham a David (750 años); el período monárquico, de David al exilio babilónico (400 años); y el período posmonárquico, del exilio babilónico a Jesús (575 años). Para mantener el plan de las 14 generaciones, Mateo tuvo que eliminar cuatro reyes entre Salomón y Jeconías. Sólo hay 13 nombres en el tercer grupo generacional. Como Mateo sabía contar, algunos creen que algún antiguo copista eliminó un nombre de la lista y se perdió para siempre.

La genealogía de Lucas (3:23-38) va en orden ascendente desde Jesús hasta Adán. Mientras que la genealogía de Mateo cuenta con 42 nombres, la de Lucas tiene 77 (36 de los cuales son totalmente desconocidos) organizados en once grupos de siete. En todos los grupos, salvo en los dos primeros, el último nombre de cada serie de siete (David, Josué, José, etc.) delimita una especie de clímax, que trae a la mente un panorama histórico que abarca la salida de Ur, la esclavitud en Egipto, la primera monarquía, el largo período de esperanzas mesiánicas, el exilio babilónico, la segunda monarquía y la era del auténtico Mesías. Como el número siete ocupa un puesto tan predominante en sus disposiciones genealógicas, Mateo y Lucas debieron tener en cuenta algún tipo de modelo numerológico.

Hay otras diferencias importantes entre los dos textos. Mateo trata de demostrar que Jesús es el Mesías davídico; Lucas, en cambio, pretende mostrar que es el Hijo de Dios. La línea de Lucas contiene 56 nombres desde Abraham a Jesús; la de Mateo, 41. La sección que va desde Abraham a David es el único lugar de las dos listas en donde se ve un acuerdo. Las dos líneas se separan en David: Mateo pasa por Salomón, mientras que la de Lucas pasa por su hermano Natán. Vuelven a unirse brevemente en Salatiel y Zorobabel, y después se separan otra vez. Con la excepción de estos dos nombres, y de José y Jesús, las dos listas contienen nombres diferentes sobre los que nada se sabe puesto que no son mencionados ni en el Antiguo Testamento ni en la literatura interbíblica. A pesar de las discrepancias, la mayoría de los estudiosos creen que los evangelistas trabajan a partir de registros y datos genealógicos conocidos.

La Iglesia de los primeros tiempos aceptó ambas listas como el linaje de José. La primera persona que se sabe consideró la cuestión de las genealogías diferentes fue Julio Africano (alrededor del año 220 de nuestra era). Su explicación de las diferencias aparentemente irreconciliables descansa en la ley del matrimonio levirático, que sostiene que si un casado muere sin hijos, su hermano tiene que casarse con la viuda y tener hijos en su nombre. El hijo primogénito de esa unión será considerado como hijo del hermano muerto, en lugar de hijo del padre biológico.

Africano sugirió que los abuelos de José, Mattán según la genealogía de Mateo y Melkí según la de Lucas, se casaron sucesivamente con la misma mujer, Estha, primero Mattán, y cuando éste murió, Melkí. Sus hijos, Jacob y Helí, eran hermanos de madre, pero de padres diferentes. Helí se casó y murió sin descendencia. Según la ley del levirato, Jacob se casó con la viuda de su hermano y engendró a José. En consecuencia, Mateo pudo decir «Jacob engendró a José» y Lucas «José, el hijo de Helí».

Puesto que ambos evangelistas tratan de legitimar con sus genealogías la ascendencia de David, algunos han afirmado que la tabla de Mateo contiene los *sucesores legales* al trono de David, mientras que la de Lucas contiene los *antepasados paternos* de José.

Otra solución es que Mateo esté dando la genealogía de José, en tanto que Lucas, la de María. (También hay quien apoya, aunque menos, la situación contraria.) Esta solución, que suele atribuirse a Annio Viterbo (alrededor de 1490), se hizo más popular después de la Reforma, pero sus raíces pueden remontarse al siglo V, y posiblemente en los escritos de Justino Mártir, del siglo II. Como la descendencia lineal pasaba por el hombre, se ha discutido que nunca se ha dado ninguna genealogía de una mujer y que la descendencia a través de las mujeres no era tenida en cuenta por los judíos. Un examen de las escrituras muestra que no fue siempre así. Hay una larga genealogía de Judit (8:1) y genealogías de herederas tanto en Números como en Crónicas. El que Lucas escribiera la genealogía de María encuentra aceptación en la iglesia ortodoxa oriental, la iglesia copta, y en algunos estudiosos occidentales, como los editores de *The Scofield Reference Bible*.

Ambas genealogías se hallan íntimamente relacionadas con el concepto de la concepción virginal: es decir, la doctrina de que Jesús fue concebido por el Espíritu Santo sin la intervención de su padre, José, y, por tanto, nació de una virgen, lo que suele conocerse con el nombre de parto virginal.

No es el propósito de las genealogías defender la concepción virginal de Jesús; se trataría de su presuposición, al menos en el caso de Mateo. Inmediatamente después de la genealogía, Mateo incluye un breve pasaje que explica cómo fue concebido Jesús (Mateo 1:18-25).

«El nacimiento de Jesucristo fue así: Estando desposada María su madre con José, antes que se juntasen, se halló que había concebido del Espíritu Santo» (Mateo 1:18), lo que ocurrió como cumplimiento de lo «dicho por el Señor por medio del profeta, cuando dijo: he aquí, una virgen concebirá y dará a luz un hijo, y llamarás su nombre Emanuel, que traducido es: Dios con nosotros.» (Mateo 1:22, 23)

Un propósito de este pasaje es mostrar que Jesús fue incorporado por orden divina a la casa de David, lo que ocurrió cuando José puso nombre a su hijo, algo que hubiera sido innecesario si José hubiera sido el padre natural de Jesús. El acto de José de dar nombre al hijo, que es una prerrogativa del padre, es también un acto de adopción y de inclusión, así, en la línea de David.

Es probable que el autor de esta parte de Mateo tuviera un «texto mesiánico de prueba», es decir, una lista de pasajes del Antiguo Testamento para demostrar que Jesús era el Mesías, utilizado como ayuda para las prédicas por los primeros cristianos, y que tomara de esa lista una versión mal traducida de Isaías 7:14, incorporándola a la narración sobre la infancia (Mateo 1:22,23). El pasaje de Isaías se lee en la versión Reina Valera: «Por tanto, el Señor mismo os dará señal: He aquí que la virgen concebirá, y dará a luz un hijo, y llamará su nombre

Emanuel». Cualquier discusión sobre la concepción virginal, en especial en referencia a Mateo, debe tener en consideración a Isaías 7:10-17, concretamente el versículo 14.

El examen de Isaías 7:14 (y si profetizaba el nacimiento del Mesías) y del uso y significado de la palabra «virgen», especialmente por cuanto predice la concepción virginal como signo mesiánico, ha dado lugar a algunos de los debates más famosos de la historia teológica.

Algunas versiones del Antiguo Testamento utilizan las palabras «una mujer joven» o «doncella» (Biblia de Jerusalén) en lugar de «virgen». El texto del pergamino de Isaías encontrado en la biblioteca de Qumrán ha aclarado que la palabra hebrea original utilizada para describir a la mujer era *almâ*, que significa «mujer joven». Comoquiera que el verso del original dice «la mujer joven», es probable que ésta fuera conocida por Isaías y por el rey Ahaz. *Almâ* es ciertamente una joven que ha llegado a la pubertad y es casadera si no se ha casado todavía, y, dado el contexto, puede referirse a la esposa del rey o a la esposa de Isaías. Pero no aclara si es una virgen, o en caso negativo, si estaba ya embarazada.

Cuando el texto masorético hebreo del Antiguo Testamento se tradujo al griego en la versión de los setenta, la palabra *almâ* fue traducida, por razones que no están claras, por la palabra *parthenos*, que significa «virgen», en lugar de *neanis*, literalmente «mujer joven». Algunos estudiosos creen que esto se hizo en el último siglo antes del nacimiento de Jesús. Pero no existe ningún manuscrito griego que se hubiera tomado del hebreo antes de los tiempos cristianos para poder demostrarlo. En consecuencia, es imposible determinar quién cambió la palabra, y por tanto la interpretación de Isaías 7:14, y si lo hicieron los judíos *antes* del nacimiento de Jesús o los cristianos *después* de la época de Jesús, falsificando el texto de los setenta para adaptar la traducción a la doctrina de la virginidad. (Editores posteriores de la versión de los setenta quitaron *parthenos* y volvieron a poner *neanis* para que el texto griego se conformara al original hebreo.) En cualquier caso, la traducción griega *parthenos* (virgen) hubiera seguido significando que una mujer que es ahora virgen se unirá por medios naturales a su esposo y concebirá al hijo Emanuel.

Aunque los estudiosos no están de acuerdo con respecto a la identidad del hijo, a lo sumo podría referirse a un príncipe de la línea de David que liberaría a Judea de sus enemigos. Lo que se cuestiona realmente en Isaías 7:14 no es el modo en que se concibió, ni la profecía del Mesías (el mesianismo no se había desarrollado todavía hasta el punto de que se esperara un solo rey futuro), sino más bien la cronología del nacimiento del hijo providencial con relación a los acontecimientos del Creciente Fértil.

Así, en un análisis final, ni el texto hebreo ni el griego de Isaías 7:14 se refieren a la concepción virginal sobre la que escribe Mateo; ni había nada en la interpretación judía del versículo que pudiera dar lugar a la idea de la concepción por medio del Espíritu Santo o a la creencia cristiana en la concepción virginal de Jesús. En opinión del estudioso jesuita Raymond Brown, experto en los relatos sobre la infancia, todo lo más, la reflexión sobre Isaías 7:14 dio color a la expresión de una creencia cristiana ya existente acerca de la concepción virginal de Jesús (Raymond Brown: *The Birth of the Messiah*, págs. 143-153).

Nuevos análisis de los relatos de la infancia (Mateo 1-2; Lucas 1-2) y sobre la genealogía de Lucas (se piensa que el último fue insertado en el capítulo tercero del evangelio cuando los dos primeros estaban compuestos) en relación con el resto del Nuevo Testamento arrojan dudas sobre la historicidad de la concepción virginal. Se esperaba al Mesías para el cumplimiento de la historia judía. Sin embargo, no se esperaba un nacimiento virginal en Israel, ni había ninguna indicación en la literatura del Nuevo Testamento (fuera de los relatos de la infancia) de que alguien fuera consciente de que Jesús había nacido sin la acción de un padre humano. Los evangelios se predicaron durante años sin ninguna mención a la concepción virginal, tema que nunca se tocó en los escritos de Pablo.

El bautismo de Jesús es el punto de partida de las primeras prédicas de la Iglesia tal como aparece en las Epístolas y los Hechos de Pablo. Marcos empieza allí, lo mismo que Juan, tras un breve pasaje introductorio sobre la preexistencia de la Palabra. Mateo y Lucas tratan el nacimiento de Jesús en los relatos de la infancia, pero no vuelven a mencionar su nacimiento en sus evangelios. Si los relatos de la infancia (compuestos probablemente después de los relatos sobre el ministerio de Jesús) se toman como prefacio de los evangelios de Mateo y Lucas, entonces estos evangelios empiezan también con el bautismo de Jesús.

Aparte de su ubicación introductoria, los acontecimientos de los relatos de infancia parecen desconectados de Mateo y Lucas, y ninguno de los personajes de sus escritos parece tener conocimiento alguno sobre las circunstancias milagrosas del nacimiento de Jesús; incluso sus hermanas, hermanos y madre parecen desconocer la concepción virginal de Jesús. Además, Marcos 3:21-31, especialmente Marcos 3:20,21 sugiere que le veían más bien como a sí mismos: «Vuelve a casa. Se aglomera otra vez la muchedumbre de modo que no podían comer. Se enteraron sus parientes y fueron a hacerse cargo de él, pues decían: "Está fuera de sí."» (Biblia Jerusalén). Si hubieran sido conscientes de su concepción milagrosa, no es probable que hubieran considerado su conducta alejada de su misión.

No hay en el Nuevo Testamento afirmaciones que indiquen que José fuera un padre adoptivo o tutor legal. Al dar la genealogía de Mateo, la vieja versión siria sinaítica sobre el Nuevo Testamento (un importante manuscrito griego basado en antiguas fuentes de finales del siglo II o principios del III) dice: «[...] Jacob engendró a José; José, desposado con María, la Virgen, engendró a Jesús que es llamado el Mesías». En la sección siguiente, refiriéndose a José (Mateo 1:18-25), la versión sinaítica siria reza: «Ella te dará un hijo [...] y tomó a su esposa y ella le dio un hijo y él le puso el nombre de Jesús». Poco después el mismo texto señala: «pero no la conoció hasta que [...]», haciendo referencia a la afirmación de Mateo de que José y María no tuvieron relaciones sexuales hasta después de haber tenido ella a su hijo primogénito.

Ello ha llevado a algunos estudiosos a afirmar que este pasaje del texto sirio sinaítico habla ciertamente de una concepción virginal; afirmación que para algunos teólogos no es del todo convincente, en especial a la luz de Mateo 13:55, 56 (versión Reina-Valera), que revela que Jesús es hijo de José: «¿No es éste el hijo del carpintero? ¿No se llama su madre María, y sus hermanos, Jacobo, José, Simón, y Judas? ¿No están todas sus hermanas con nosotros?» *A New Catholic Commentary on Holy Scripture* [Nuevo comentario católico sobre la Sagrada Escritura] observa que con respecto «al problema de la historicidad de los relatos de la infancia en Mateo», que a menudo tienen una naturaleza legendaria o *apócrifa*, «es imposible ser dogmático» (Reginald C. Fuller, editor. Londres: Thomas Nelson, 1975, pág. 907).

Si Jesús fue concebido por medios naturales, sigue en pie la cuestión del motivo de que José y María hubieran tenido relaciones sexuales antes de su matrimonio. Si suponemos que es exacto el informe de Mateo de que María tuvo el niño después de que ella y José se hubieran prometido pero antes del matrimonio, eso no sería tan inusual según las costumbres de la época.

La promesa de matrimonio, en la época de Jesús, tenía eficacia legal en las relaciones maritales, tal como se atestigua en el Antiguo Testamento y en el Talmud. El matrimonio quedaba sellado cuando el futuro esposo pagaba al padre o tutor de la novia un «precio» o dote como compensación por su pérdida. A partir de entonces ella estaba bajo el poder de él y le consideraba su «Baal», o sea, señor, maestro, esposo. La promesa sólo podía repudiarse con una carta de divorcio. Si la mujer yacía con otro hombre se consideraba adulterio. Si el hombre moría, la mujer se consideraba viuda y estaba sometida al levirato. Por tanto, matrimonio y promesa conllevaban similares derechos y responsabilidades.

«Poco después del pacto de promesa de matrimonio, el hombre tenía el privilegio y la obligación de cohabitar con su esposa. En el caso de una tradición primitiva relativa a las costumbres matrimoniales hebreas, parece ser que sólo pasaban unos cuantos días entre la transacción de la promesa y la cohabitación. La joven permanecía en la casa de su padre hasta que el esposo estaba dispuesto para recibirla. En esa época se solía celebrar una fiesta nupcial con bebidas para celebrar la transferencia de la novia al hogar del novio. Las relaciones íntimas entre parejas prometidas no estaban prohibidas por las escrituras judías. El Mishnah y el Talmud indican que el judaísmo palestino mostraba una tolerancia considerable hacia las uniones prenupciales en la época del Nuevo Testamento, y los niños concebidos como consecuencia de ello no se les estigmatizaba como hijos ilegítimos» (William E. Phipps: *Was Jesus Married?* [¿Estaba Jesús casado?], Nueva York: Harper and Row, 1970, págs. 39-40).

Un análisis de las actitudes hebreas hacia la procreación puede ayudar a clarificar la controversia sobre la concepción virginal. Durante algún tiempo antes del nacimiento de Jesús, los hebreos entendían que Dios tenía un papel activo en el engendramiento de cada individuo, que Yahveh crea cuando los padres procrean; algo que el estudioso bíblico William E. Phipps dice que podría llamarse una teoría de la paternidad dual: «esta doble perspectiva del hijo se estableció en la tradición judía. Un antiguo rabino dijo que la creación humana se producía de este modo: ni hombre sin mujer ni mujer sin hombre, y ninguno de los dos sin el Espíritu Divino».

«En el primer nacimiento relatado por la Biblia, Eva exclama: «He traído un hijo al mundo con la ayuda de YHWH». («He obtenido un hombre del SEÑOR»). Un rabino lo interpretaba así: "Hay tres personas en la creación de un hombre: la Sagrada, bendita sea, el padre y la madre". En esa afirmación talmúdica "se resume la teoría rabínica sobre la relación marital"».

Phipps señala que el concepto de paternidad dual no era una creencia exclusivamente judía. Confucio escribió: «La mujer sola no puede procrear; el hombre solo no puede propagarse; y el cielo solo no puede producir un hombre. Cuando los tres colaboran, nace un hombre. De ahí que todos puedan llamarse hijos de su madre o hijos del Cielo».

Afirma Phipps que la doctrina de la concepción virginal, al menos en Lucas, depende de dos términos griegos en Lucas 3 y de cuatro palabras en Lucas 1, que fueron añadidas probablemente por un escriba que no entendió bien la doctrina hebrea de la paternidad dual. Lucas 3:23 contiene una inserción que parece evidente fue obra de un escriba: «Jesús mismo al comenzar su ministerio era como de treinta años, hijo, según se creía, de José, hijo de Elí». Sostiene Phipps que las palabras «según se creía» hacen irrelevante el objetivo que tuvo en mente el compilador genealógico, que era establecer la descendencia hasta Jesús a través de José.

Lucas 1:34 contiene una inserción menos evidente de un escriba. «Entonces María dijo al ángel: ¿Cómo será esto? Pues no conozco varón.» La afirmación es incongruente cuando permanecen en el texto las palabras «no conozco varón». Phipps señala que una novia inteligente no se sorprendería mucho por los medios por los que podría quedar embarazada. Pero si se omite esa frase, el asombro de María se referiría al destino magnífico para un hijo de carpintero profetizado por Gabriel en los versículos precedentes, no al método de fertilización. Algunos estudiosos sugieren que lo que Lucas pudo escribir fue una antigua versión latina de este pasaje sin referencia a la concepción virginal.

Considerando estas y otras inserciones de los escribas, el Dr. John C. Trever, jefe del Proyecto de Los Pergaminos del Mar Muerto de Claremont, cree que no es necesario suponer que el autor del evangelio de Lucas se refiriera siquiera a la concepción virginal; parece ser que ese evangelio fue amañado para que guardara armonía con el de Mateo. Trever llega a esta conclusión: «Podemos decir con considerable apoyo que el evangelio de Mateo puede ser el origen de la doctrina del parto virginal».

Observa Phipps que no hay ningún modo de probar o de refutar el que los textos originales de Mateo y Lucas estuvieran amañados, pues los primeros manuscritos existentes son posteriores en varios siglos a los originales perdidos. Sin embargo, fue en los siglos II y III cuando la concepción virginal fue ensalzada entre los cristianos gentiles como el único modo adecuado de que el Logos Divino encarnase. Hoy en día la iglesia católica romana, la iglesia ortodoxa oriental y la iglesia copta sostienen que Jesús fue el resultado de una concepción virginal.

Es importante trazar una distinción entre la concepción virginal y el parto virginal, que se refiere al modo en que Jesús salió del vientre de María. Las tradiciones cristianas del siglo II sostienen que Jesús nació milagrosamente, sin dolor para su madre y dejándola físicamente intacta.

Tal como señala Raymond Brown, Mateo sólo se interesa por mostrar la virginidad de María antes del nacimiento de Jesús para que se cumpliera la profecía de Isaías. Sin embargo, al pasar el tiempo, la idea de la concepción virginal se extendió, y en el siglo II se desarrollaron las tradiciones del parto virginal, seguidas por la idea de que José y María no habían tenido nunca relaciones sexuales normales, llegando finalmente a la conclusión de que ¡también José era virgen!

Se ha apuntado a veces que los hermanos y hermanas de Jesús eran hijos de José, de un matrimonio anterior. «En la antigüedad hubo debates acerca de si aquellos eran medio hermanos de Jesús (hijos de José de un matrimonio anterior —*Protevangelium of James*; Epifanio—), o primos (hijos de un hermano de José o de una hermana de María —Jerónimo—) o hermanos carnales (hijos de José y María —Helvidio—)» (Brown: *The Birth of the Messiah*, pág. 132).

Esta autora no cree que la concepción de Jesús por su padre José, como agente del Espíritu Santo, le reste en modo alguno divinidad a su alma o magnitud a la Palabra encarnada en él; antes bien, mejora la disponibilidad de la plenitud de Dios a través de sus instrumentos humanos elegidos y ungidos.

Fuentes: John D. Davis: *A Dictionary of the Bible,* 4th ed. rev. (Grand Rapids, Mich.: Baker Book House, 1954); Matthew Black y H.H. Rowley, eds.: *Peake's Commentary on the Bible* (Walton-on-Thames, Surrey: Nelson, 1962); *New Catholic Encyclopedia,* voz «Genealogy», y «Luke, Gospel According to St.»; Isaac Asimov: *Asimov's Guide to the Bible-Volume Two: The New Testament* (New York: Avon, 1969); D. Guthrie y J.A. Motyer, eds.: *The New Bible Commentary Revised,* 3rd ed. (Grand Rapids, Mich.: Wm. B. Eerdmans Publishing Co., 1970); Phipps: *Was Jesus Married?; The Anchor Bible: Matthew* (Garden City, N.Y.: Doubleday & Co., 1971); Fuller: *A New Catholic Commentary on Holy Scripture;* Brown: *The Birth of the Messiah*; and *The Anchor Bible: The Gospel According to Luke* (I-IX) (Garden City, N.Y.: Doubleday & Co.; 1981); entrevista telefónica con el Dr. John Trever, 9 de noviembre de 1984.

Bibliografía

Ambercrombie, Thomas J.: «Ladakh —The Last Shangri-la». *National Geographic* 153 (1978): 332-59.

Ahluwalia, H. P. S.: *Hermit Kingdom: Ladak*. New Delhi: Vikas Publishing House, 1980.

Andreyev, Leonid: «The Realm of Roerich». *New Republic*, 21 diciembre 1921, págs. 97-99.

Bagchi, Moni: *Swami Abhedananda: A Spiritual Biography*. Calcuta: Ramakrishna Vedanta Math, 1968.

Barnstone, Willis: *The Other Bible*. New York: Harper & Row, 1984.

Bhavnani, Enakshi: «A Journey to "Little Tibet"». *National Geographic* 99 (1951): 603-34.

Bock, Janet: *The Jesus Mystery: Of Lost Years and Unknown Travels*. Los Angeles: Aura Books, 1980.

Brinton, Christian: *The Nicholas Roerich Exhibition: UIT Introduction and Catalogue of the Paintings by Christian Brinton*. New York: Redfield-Kendrick-Odell Co., 1920.

Brown, Leslie: *The Indian Christians of St. Thomas: An Account of the Ancient Syrian Church of Malabar.* Cambridge: Cambridge University Press, 1982.

Brown, Raymond E.: *The Birth of the Messiah: A Commentary on the Infancy Narratives in Matthew and Luke.* Garden City, N. Y.: Doubleday & Co., 1977.

Chetwode, Penelope: *Kulu: The End of the Habitable World.* London: John Murray, 1972.

Douglas, J. Archibald: «The Chief Lama of Himis on the Alleged "Unknown Life of Christ"». *Nineteenth Century*, April 1896, págs. 667-78.

Douglas, William O.: *Beyond the High Himalayas.* Garden City, N. Y.: Doubleday & Co., 1952.

Gambhirananda, Swami, comp. y ed.: *The Apostles of Shri Ramakrishna.* Calcuta: Advaita Ashrama, 1982.

Ghosh, Ashutosh: *Swami Abhedananda: The Patriot-Saint.* Calcuta: Ramakrishna Vedanta Math, 1967.

Goodspeed, Edgar J.: *Strange New Gospels.* Chicago: University of Chicago Press, 1931.

Grant, Frances R.; Siegrist, Mary; Grebenstchikoff, George; Narodny, Ivan y Roerich, Nicholas: *Himalaya: A Monograph.* New York: Brentano's, 1926.

Hale, Edward Everett: «The Unknown Life of Christ». *North American Review* 158 (1894): 594-601.

«Hamis Knows Not "Issa": Clear Proof That Notovitch Is a Romancer». *New York Times*, 19 de Abril de 1896, pág. 28.

Hassnain, F. M.; Oki, Masato y Sumi, Tokan D.: *Ladakh: The Moonland*, 2nd rev. ed. New Delhi: Light & Life Publishers, 1977.

Hennecke, Edgar: *New Testament Apocrypha.* 2 vols. Editado por Wilhelm Schneemelcher. Philadelphia: Westminster Press, 1963.

Lauf, Detlef Ingo: *Tibetan sacred Art: The Heritage of Tantra.* Berkeley & London: Shambhala, 1976.

«Literary Notes». *New York Times*, 4 de junio de 1894, pág. 3.

Müller, F. Max: «The Alleged Sojourn of Christ in India». *Nineteenth Century*, octubre 1894, págs. 515-21.

«New Publications: The Life of Christ from Tibet». *New York Times*, 19 de mayo de 1894, pág. 3.

Nicholas Roerich. New York: Nicholas Roerich Museum, 1964.

Nicholas Roerich. New York: Nicholas Roerich Museum, 1974.

Paelian, Garabed: *Nicholas Roerich.* Agoura, Calif.: Aquarian Educational Group, 1974.

Pagels, Elaine: *The Gnostic Gospels.* New York: Random House, 1979.

Phipps, William E.: *Was Jesus Married? The Distortion of Sexuality in the Christian Tradition.* New York: Harper & Row, 1970.

Robinson, James M.: *The Nag Hammadi Library in English.* New York: Harper & Row, 1977.

Roerich, George N.: *Trails to Inmost Asia: Five Years of Exploration with the Roerich Central Asian Expedition.* New Haven, Conn.: Yale University Press, 1931.

Roerich, Nicholas: *Altai-Himalaya: A Travel Diary.* New York: Frederick A. Stokes Co., 1929.

_____ *Heart of Asia.* New York: Roerich Museum Press, 1929.

_____ *Shambhala.* New York: Nicholas Roerich Museum Press, 1978.

The Roerich Pact and The Banner of Peace. New York: The Roerich Pact and Banner of Peace Committee, 1947.

«Roerich's Far Quest for Beauty», *Literary Digest*, 1 septiembre 1928, págs. 24-25.

Shivani, Hermana (Mrs. Mary LePage): *An Apostle of Monism: An Authentic Account of the Activities of Swami Abhedananda in America.* Calcuta: Ramakrishna Vedanta Math, 1947.

Smith, Morton: *The Secret Gospel: The Discovery and Interpretation of the Secret Gospel According to Mark.* New York: Harper & Row, 1973.

_____ *Clement of Alexandria and a Secret Gospel of Mark*. Cambridge, Mass.: Harvard University Press, 1973.

Snellgrove, David L. y Skorupski, Tadeusz: *The Cultural Heritage of Ladak —Volume One: Central Ladak*. Boulder, Colo.: Prajña Press, 1977.

Tibet under Chinese Communist Rule: A Compilation of Refugee Statements 1958-1975. Dharamsala: Information & Publicity Office of His Holiness the Dalai Lama, 1976.

Waddell, L. Austine: *The Buddhism of Tibet or Lamaism: With Its Mystic Cults, Symbolism and Mythology, and in Its Relation to Indian Buddhism*. Cambridge: W. Heffer & Sons, 1967.

Walker, J. Samuel: *Henry A. Wallace and American Foreign Policy*. Contributions in American History, nº 50. Westport, Conn. and London: Greenwood Press, 1976.

Williams, Robert C.: *Russian Art and American Money: 1900-1940*. Cambridge, Mass. and London: Harvard University Press, 1980.

El destino del alma

El destino del alma nos brinda una perspectiva única acerca de cómo dominar los componentes del ser: el ego, el karma y el Ser más allá del ser; y nos enseña a escuchar a la voz del alma para extraer de ella la sabiduría universal.

ISBN: 84-95513-22-6   235 páginas   11,5 x 18 cm   bolsillo

Meditación

¿Por qué meditamos? Para acelerar nuestra evolución. Y si no meditamos, ¿qué sucede? Simplemente pensamos. Según Mark Prophet una persona debería ser capaz de meditar igual en un mercado que en su casa. Todo lo que necesitas es aprender el proceso de abrir tus chakras, tu conciencia, de abrirte a Dios.

ISBN: 84-95513-24-2   96 páginas   14,5 x 21,5 cm

Mensajes desde el retiro de Saint Germain

El alma de un ser que acaba de fallecer nos cuenta desde el cielo sus impresionantes experiencias en el otro lado. Este autor invisible explica cuál es el verdadero propósito de la vida y nos recomienda que obtengamos el máximo provecho de nuestra estancia en la Tierra.

ISBN: 84-95513-13-7   224 páginas   14,5 x 21,5 cm

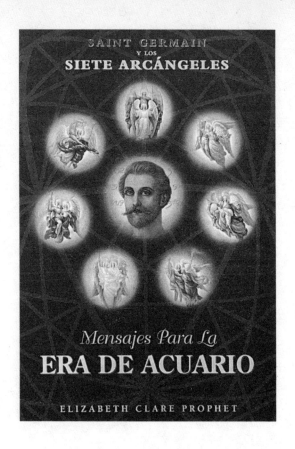

Mensajes para la Era de Acuario

Cómo afrontar los desafíos de nuestro tiempo. Nuestro papel en la era de Acuario y cómo podemos trabajar para mejorar nuestras relaciones personales, superar los obstáculos que se oponen a nuestro crecimiento espiritual y aliviar el sufrimiento de otros.

ISBN: 84-95513-07-2   288 páginas   11,5 x 18 cm   bolsillo

Secretos de prosperidad

La prosperidad no consiste simplemente en tener dinero. La verdadera prosperidad es tener sensación de abundancia, de que tienes derecho a vivir una vida abundante ya que eres hijo de un Padre y una Madre opulentos que te aman y que quieren darte todas sus riquezas. Es salud, riqueza, felicidad, alegría, paz, fe, esperanza, sabiduría, estar en sintonía con el flujo del universo y ser capaz de aceptar la abundancia de Dios.

ISBN: 84-95513-06-4   288 páginas   11,5 x 18 cm   bolsillo

Aventura del espíritu

Es un libro que consta de 7 lecciones, con ejemplos, historias reales, ejercicios, meditaciones y 86 ilustraciones, 22 de ellas a todo color. Se trata de un curso introductorio a las enseñanzas de los maestros espirituales de Oriente y Occidente que ayuda al lector a saber quién es desde un punto de vista espiritual, empezando por su origen espiritual y terminando por su destino final.

ISBN: 84-95513-20-X   264 páginas   14,5 x 21,5 cm

Otros títulos de *Porcia* 🔥 Ediciones

Meditación
Activar los chakras
El destino del alma
Amor y compasión
Aventura del espíritu
Manual del instructor
Mensajes para la era de Acuario
Karma, reencarnación y cristianismo
Nacer: una misión, otra oportunidad
Destellos de sabiduría de los Arcángeles
La respuesta que buscas está dentro de ti
Destellos de sabiduría del Arcángel Miguel
Secretos de prosperidad. Abundancia para el siglo XXI
Ángeles de protección. Historias reales del Arcángel Miguel
Los Ángeles te ayudan a crear milagros en tu vida
Mensajes desde el retiro de Saint Germain
Ángeles de la iluminación. Arcángel Jofiel
Ángeles del amor. El Ángel de la guarda
Ángeles de curación. El Arcángel Rafael
Ángeles de la guía. El Arcángel Gabriel
Ángeles del éxito. Los serafines
Rosario al Arcángel Miguel
El Arcángel Uriel
Luz y oscuridad

PORCIA EDICIONES, S.L.
Barcelona (España)
Tel./ Fax (34) 93 245 54 76

PORCIA PUBLISHING CORP.
Miami (U.S.A.)
Tel./Fax (1) 305 364 00 35

E-mail: porciaediciones@wanadoo.es

Para cursos, seminarios y conferencias

Barcelona (España)
Madrid (España)
Valladolid (España)

Tel. (34) 93 450 26 13
Tel. (34) 91 758 12 85
Tel. (34) 983 27 07 31

Porcia 🔥 *Ediciones*

¿Desea enviarnos algún comentario sobre este libro?

Esperamos que haya disfrutado al leerlo y que *Los años perdidos de Jesús* ocupe un lugar especial en su biblioteca. Es nuestro mayor deseo complacer a nuestros lectores, y, por ello, nos sería de gran ayuda si pudiera rellenar y enviarnos esta hoja a:

C/ Enamorados, 68 principal 1ª
Barcelona - 08013 (España)
o bien a:
9310 Fontainebleau Blvd. A - 607
Miami, FL 33172 (USA)

Comentarios:_____
_____
_____

¿Qué le llamó más la atención de este libro?_____
_____
_____

¿Le gustaría recibir un catálogo de nuestras publicaciones?
SÍ   NO

Nombre:_____
Dirección:_____
Ciudad:_____CP:_____
Provincia/Estado:_____
País:_____Teléfono:_____
E-mail:_____